own ∽ I Wouldn't Ever Change a
∽ Every Picture Tells a Story ∽
lian Girls ∽ You Wear It Well ∽
r ∽ All in the Name of Rock and Roll ∽ Stone Cold
Be Alright) ∽ Fool for You ∽ The Killing of Georgie
nsane ∽ You're in My Heart (The Final Acclaim) ∽
∽ Da Ya Think I'm Sexy? ∽ Dirty Weekend ∽ Ain't
the Thanks I Get? ∽ Attractive Female Wanted ∽
nd Scared ∽ Better Off Dead ∽ Passion ∽ Foolish
Was Home Tonight ∽ Gi' Me Wings ∽ My Girl ∽
It Ain't True ∽ Tonight I'm Yours (Don't Hurt Me)
∽ Jealous ∽ Sonny ∽ Young Turks ∽ Never Give
ve Me ∽ Body Wishes ∽ Sweet Surrender ∽ What
aster ∽ Ready Now ∽ Strangers Again ∽ Satisfied
∽ Camouflage ∽ Trouble ∽ Here to Eternity ∽
a Take Me Home ∽ Red Hot in Black ∽ In My Own
Rain ∽ Lost in You ∽ The Wild Horse ∽ Lethal
About Her ∽ When I Was Your Man ∽ Almost
o Out Dancing ∽ No Holding Back ∽ Moment of
tis ∽ Delicious ∽ When We Were the New Boys
ht I'm Yours ∽ Little Queenie ∽ Guess I'll Always
tton Hand Me Down ∽ Bad 'n' Ruin ∽ Sweet Lady
rm ∽ Love Lives Here ∽ That's All You Need ∽
ners ∽ My Fault ∽ If I'm on the Late Side ∽ Le
th (Water Down the Drain) ∽ The Hangman's Kne

歌者传记 ROD

浪人情歌
罗德·斯图尔特自传

The Autobiography

[英] 罗德·斯图尔特(Rod Stewart) 著 吴振寅 译

中国人民大学出版社
·北京·

前　言

我们故事的主人公在飞行旅程中撞上一只大雁。

我们把它叫作"先行一步",这是演出结束后避开拥挤的人群最好的办法。在最后一次返场加演结束后,我大汗淋漓地朝着高声呼喊、热烈鼓掌的观众鞠了一躬,然后小步跑下舞台,一直跑到边厢,那里会有人拿块大毛巾把我裹住。剧场里,灯光依旧很暗,观众还在呼喊着要我第三次返场。不过我已经走过了后台亮着荧光灯的过道,那里比舞台上要凉快许多。走出了场馆的后门,钻进一辆等候在那里的轿车,那些鼓掌和跺脚的声音都留在了身后。豪华轿车的门关上后,就完全听不到那些声音了,轿车疾驰。

这是 1995 年 7 月的一晚,轿车开到哥德堡附近的一个机场跑道,那里停着一架私人飞机。轿车里早就备好了替换的衣服,我在车上就换好了衣服。身后是三万名欢呼着的瑞典粉丝。等待着我的是一小段飞行,飞回伦敦。跟我一起的是几个乐队成员,他们也享受演出结束后先行一步的待遇。这次名为"阻碍"的巡演始于 6 月,计划一直进行到明年的 5 月,不过行程里有一小段空当,于是我就决定回家一趟。

通常这个时候,当飞机开始加速、升空时,我会伸直双腿,放松神经,让之前两个小时活跃的肾上腺素平复下来,想着将要在自己的床上安睡一晚,也期待工作一天之后,心满意足地享受着空服人员给我准备的美餐,还有冰冻的白葡萄酒。

可惜这次不是……

砰!

"这是怎么回事？"

我们刚刚升空不久，飞机的左侧就突然遭遇重击。

"刚才是机翼发出的声音吗？"

飞机剧烈倾斜了一下，然后慢慢恢复平衡。

"发生什么事情了？"

我坐在座位里吓得身体有点僵硬，再看看机舱里的其他人，想寻求点安慰。坐在我旁边的是我的老友阿兰·休厄尔——结实、可靠的大阿尔，他是个二手车经销商，体格健壮，常被人误认为是我的保镖。这时他已经脸色苍白，身子有些簌簌发抖。

对面坐着安妮·查利斯，我的经纪人团队的一员。她给我一个宽慰的眼神，说："肯定没什么大不了的，亲爱的。"不过她的表情有些勉强，所以也就没法让人真的放心。

坐在安妮旁边的是我亲爱的无所不知的经纪人阿诺德·施蒂费尔，他正全神贯注地看着最新一期的《建筑文摘》，好像完全没注意到什么，还在继续翻他的杂志。不过我看到他有些疑惑地用鼻子嗅了嗅。过了几秒钟，他居然开心地说："闻起来像感恩节的味道。"

是真的。机舱里弥漫着一股奇怪的烤鸡的味道。现在就在加热我的夜宵么？好像有点早。

没有时间多想了。飞行员已经在驾驶舱对我们说话了。我们要回到机场去。他的声音听起来很轻松。不过机组工作人员都这样，不管情况多么紧急。这是他们的职责所在。

接下来的几分钟，飞机勉强掉转头，试着降落，时间过得慢而沉闷。大阿尔还在哆嗦。安妮继续佯装镇定。阿诺德已经抛开了他的杂志和自信的风度，正在仔细研读《紧急逃生手册》，好像在做着准备。

一阵恐惧的寒流袭来，我开始想：这一天到了吗？今天就是一切完结的日子吗？我的人生是过得很充实——比我做梦梦到的都要更壮观、精彩，有过冒险、财富和爱情，比我应得的多得多。但即便如此，难道就要这样结束——在大阿尔的怀抱里，在瑞典的土地上吗？

飞机在急速下降。透过机窗，我看到机场跑道上已经喷洒了阻燃泡沫，机场四周闪烁着急救车的灯光。

我还是竭力保持镇定。如果这是上天的意思，那就这样吧。"不要紧。"我轻声说。然后，稍微大点声说："不要紧。"接着有点喊出来："不要紧！"最后是一声尖锐的大喊："不要紧！"

* * *

确实不要紧。很显然，就是飞机与鸟相撞。一群大雁飞过，其中倒霉的一只卷进了飞机引擎。鸟没命了，引擎也坏了。还好飞机还有一个引擎，还能够降落。在我漫长而辉煌的生涯里，这不是我第一次给小报提供头条新闻了："罗德烹制了大雁。"

等我们开车回到乐队其他成员住的酒店，跟他们一起在吧台喝酒压惊，再绘声绘色地把整件事描述一番时，我才知道，就在前一天，我们的飞行员刚参加一个进修课程的学习，学的就是如何在飞机失去一个引擎的情况下控制飞机。真是万幸。

这件事确实有点概括了我的人生：一场漫长、奢华的飞行，只是有时会撞上一只大雁。

而每次撞上它的时候，不知什么缘故，我总能幸运地逃脱，活下来讲述这些故事。

目　录

第 1 章　学校生涯 …………………… 001
第 2 章　叛逆时期 …………………… 012
第 3 章　致孕风波 …………………… 034
第 4 章　乐队首秀 …………………… 038
第 5 章　首张唱片 …………………… 057
第 6 章　摸爬滚打 …………………… 069
第 7 章　路遇贵人 …………………… 078
第 8 章　小有名气 …………………… 102
第 9 章　事业选择 …………………… 116
第 10 章　爱情到来 …………………… 153
第 11 章　美国征程 …………………… 173
第 12 章　性警故事 …………………… 193
第 13 章　成家生子 …………………… 200
第 14 章　首次离婚 …………………… 221
第 15 章　游戏花间 …………………… 239
第 16 章　再婚情伤 …………………… 269
第 17 章　癌愈反思 …………………… 293
第 18 章　命中注定 …………………… 299
第 19 章　辉煌重现 …………………… 320
结　语　幸运人生 …………………… 329
致　谢 ……………………………… 338
译后记 ……………………………… 339

第1章

学校生涯

> 我们的主人公出生,不久之后持续了六年的全球战事结束;他去上学并且憎恨在公众场合唱歌。

很显然,我的出生就是个失误,是家庭计划的疏忽,用网球术语来说,就是"非受迫性失误"。不然你说说,鲍勃·斯图尔特和埃尔茜·斯图尔特,一个42岁了,一个39岁,有四个孩子要养,最小的一个都十岁了,怎么会突然想再要一个孩子呢?不仅如此,还是在第二次世界大战进行得如火如荼的时候。

所以家里人都这么说:"罗德是老爸的失误。但,是很赚钱的一个失误。"

不过凭良心说,家里人从来没让我觉得自己的到来是个错误。恰好相反,尽管我出生最晚(可能正因为这样),但大家都很疼爱我——家里的六个成员都是。而希特勒对我就没这么友好了。1945年1月10日,我出生在伦敦北部的阿奇维路一所排屋顶层的小房间里。那个房间的玻璃窗被德国炸弹的余震震碎了很多次,我父亲为了减少损失,就用木板把窗户钉起来了。

那个时候,德国大空袭最猛烈的时期已经接近尾声,而且整个欧洲的战事差不多在四个月后就结束了。但是在我母亲的整个怀孕期间,德国人一直在轰炸伦敦,真是丝毫也不为我的状况着想:一开始是 V1 飞弹，俗称"狮蚁"，也叫"嗡嗡炸弹"，因为它们在靠近你的时候发出"嗡嗡嗡"的声音；轰炸持续了很久，在我母亲临产前的数周和我最初在襁褓的日子里，德国使用了更恶毒的 V2 火箭[1]，能从法国海岸穿越海峡打到我们这里。

这些王八蛋们会把你的房子变成一个 25 英尺深的弹坑。你绝不会想待在 V2 导弹落下的地方——不管你是在母亲肚子里，还是在襁褓里，还是其他任何时候。

后来有个传得很神的故事，说我刚出生不到一小时，一个导弹就冒失地打掉了离我家只有四分之三英里的海盖特警察局——稍稍地打击了我们家的欢乐气氛，又同时在我们所有人的心里留下了一个深刻的印记，让我们更好地体会到命运和人生的无常。这故事编得不错，颇有教益，但是，完全是编的——类似的传说、谣言等，接下来我要一个个拆穿。实际上，警察局被炸是我出生几个星期之后的事了。

这些日子里，住在伦敦的人真是九死一生，很多人都会有种"侥幸活下来"的感觉，尤其是当你住在铁路站点旁边，像我家这样，很容易成为轰炸目标。这时，这种幸存的感觉就更强烈了。我母亲怀着我的时候，空袭警报经常在凌晨 1 点半响起，我 17 岁的姐姐玛丽会把我 10 岁的哥哥鲍勃和 9 岁的姐姐佩姬从床上拉起来，穿上衣服，每人抱着个枕头，在一片漆黑中跑到后院的家庭防空洞——用六张政府发的波纹铁皮搭的一个棚子，一半在地下，上面堆着泥土和沙袋以进一步防爆。然后他们就爬到里面狭小的双层铁丝床上，努力在噪音和恐惧中睡去，直到清晨到来。我 15 岁的哥哥唐宁可待在屋子里舒适的床上——除非炸弹落在附近，他感到墙都在摇晃了，这时候后院里的双层铁丝床才会突然变得无比诱人。

当然，也有成千上万的伦敦家庭住在安全地带——孩子们都被疏

1　一种中程弹道导弹。本书脚注均为译者所做，后面不再一一说明。

散到乡村，暂时由那些好心的村民收养，那里成为轰炸目标的可能性小些。我的家人也就此事讨论过，结论是他们不能忍受分离——孩子们离不开父母，父母也离不开孩子们。斯图尔特一家的态度就是"要走一起走，要留一起留"。我们家在这方面很有点宗族部落的味道，现在依然如此。

不过，这并不是说家庭成员之间沟通就非常充分。跟你说件事，你就会明白当时家里对性以及其结果这类事有多封闭了。我哥哥唐完全不知道母亲怀孕。他有点奇怪，为什么姐姐做那么多针线活（尤其是在防空洞的时候，做这个有助于打发时间）。如果你再问他的话，他也许还会说，他对母亲最近身材变得臃肿也有点困惑。直到某个星期三的夜晚，大家问他要不要上楼去看看刚出生的小娃娃，他才有点明白过来。

姐姐玛丽倒是懂的。她对母亲肚里的小孩很期待，好像是她自己的一般。当预产期临近的时候，她每天下班都急急忙忙赶回家。周三夜晚她通常会滑旱冰。"今天孩子不会出生的。"母亲告诉她。所以玛丽就出门了。母亲说这话时肯定即将生产，因为当玛丽回来放下旱冰鞋，跑上楼的时候，她已经多了一个弟弟，罗德里克·大卫·斯图尔特。让我姐姐感到震惊的，倒不是我这个活蹦乱跳的新生儿，而是母亲看起来如此憔悴，脸色苍白得像白床单一样。她到那时候才了解母亲经历了什么，也明白母亲为什么故意让她出门：这样她就看不到那些细节了。

父亲对我的到来显得非常平静，不过，他多半有担心过自己要如何养活这一家人。他是一个苏格兰人，来自爱丁堡北部的利斯区。在商船上待过一段时间，之后跟兄弟们到伦敦来找工作。他在塔夫内尔公园的一场舞会上认识了我母亲，她是伦敦人。我出生的时候，父亲是管道工，一天工作12小时，晚上7点才回家，一到家就脱下靴子，把潮乎乎的脚放在火炉旁边，袜子慢慢热起来，散发出极熏人的味道。父亲不喝酒，他曾经在建筑工地被人灌醉过，从那时起他就痛下决心戒酒。但是他抽烟赌博（尤其喜欢赌马），第五个孩子的出生肯定无助于缓解他偶尔的资金周转不灵。我们在阿奇维路507号的住所是从一个叫格拉提奇的人那里租的。直到现在，提起这个名字还是会让人感到一阵寒意和厌恶。"格拉提奇来了！快躲起来！"

阿奇维路是一条喧闹的交通拥挤的要道，两边零零星星有些小商店，住的基本上都是工薪阶层，往北走就是海盖特的高档住宅区。我们家门口刚好有一个无轨电车站。那些被扔掉的废车票就会被风吹到一楼前面的沟槽里。父亲很恼火，他总是在那里捡那些废车票。很久之后，那时我们早已经搬家了，那栋房子因为道路扩建而被拆除，市政府做了希特勒没做到的。在当时，那是一栋漂亮的房子——对一个打零工的管道工人的家庭来说，是相当大的房子了。顶层有三个卧室，二楼有两个，一楼有一个厨房和一个浴室，还有一个天花板很高的餐厅，里面有一架小型钢琴，母亲和哥哥唐有时候会弹一会儿。十来年之后，有一次，我还躲在这架钢琴下面笨手笨脚地和一个女孩子亲热。

家里另外一件奢侈品是一部电话——这在当时是个无与伦比的技术革命。电话机上连着一个硬币箱，需要投进去三便士的硬币才能打出电话。难以解释每次电话铃声响起所引起的那种神秘和敬畏之情。它不经常响。是谁打来的呢？谁最有可能打来呢？又是打给谁的呢？这些疑问都需要过一会儿才能解开。被叫到接电话的人都会用他最好听的声音说："山景区，6-1-5-7。"在20世纪四五十年代，你对着电话筒说话时必须斯文。电话机这么伟大的发明要求你这样。

我父亲需要打电话来召集他的业余足球俱乐部：海盖特红翼，一个周末俱乐部，拥有一线队和预备队，有段时间甚至还有少年队。我的哥哥鲍勃和唐都是球队成员，我后来也是。不过，我小的时候，就只能眼巴巴地看着他们驰骋在绿茵场上。他们是我最早的体育偶像。

周六早晨，我家是赛前集合地，所以几十个球员在厨房、大厅里转悠，屋里挤不下就到外面的人行道上。我会一大早就激动地期待：他们就要来了。因为洗一件球衣能够从俱乐部基金里挣一便士，母亲每星期都会清洗全部的球衣，把这些沾满泥巴的衣服扔到一口巨大的锅里，不断搅拌，然后一长排黑白相间的球衣就会挂在我家的后院里。这情景对于年幼的我来说，无比美好。

我记得全家在拉姆斯盖特的肯特海岸度过的假期——全家人在冰冷的海滩上缩成一团。我印象更深的是一年一度的足球俱乐部郊游：两辆大游览车满载着球员和他们的妻儿，早上8点从阿奇维路出发，母亲和姐姐们做了好多三明治带去克拉克顿海滨。棒极了！

类似的还有足球俱乐部的聚会。我父亲会到地下室里，用脚手架和厚木板支撑起起居室的地板，然后大家就涌进来载歌载舞。通常这个时候他们会让我去睡觉，不过我总是偷偷溜下来，坐在那架小钢琴下面看着人们的脚和褶裥裙下的腿。我对歌咏的喜爱就是从那个时候开始的。有时候，一队人跳着康加舞离开起居室，走下台阶，跳到大街上，再跳回来。这些大人们的亢奋并不难理解，你只要想想他们刚刚经历了什么。他们是在用舞蹈驱散战争的阴影。

我的两个姐姐玛丽和佩姬会带我去哈灵盖公园看摩托车赛，这在当时非常流行。父母有时会带我去看电影——在东芬奇利的雷克斯电影院，那里中间的座位下陷：前几排的座位比中间的要高，后几排的当然要更高。这种奇怪的中间凹陷可能是战争造成的。我八岁的时候，有一天，母亲说："我们今天要去看《于勒先生的假期》。这会是你看过的最搞笑的电影。"——这是她对电影的很高评价。不过她说的对。这是部滑稽剧，噱头都安排得很巧妙。我们坐在雷克斯电影院破旧的座位上笑得前仰后合。我从来没笑得这么厉害过，因为雅克·塔蒂这个到处引起混乱的倒霉蛋。直到现在，滚石乐队的吉他手罗尼·伍德和我依然是塔蒂的忠实粉丝。

我和哥哥姐姐的年龄差距使得我很快感觉到家里成员的减少。玛丽嫁给了弗雷德，华尔公司的一个卡车司机。就这样，我的守护天使离开了这个家。佩姬嫁给了吉姆，伦敦的一个蔬菜水果商。他曾经参加过蒙特卡西奥战役，那对他来说是很难忘的经历。很多年之后，我挣了些钱，有一次我们一大家子坐私人飞机去看苏格兰队踢球，吉姆也在。当我们飞到意大利上空的时候，吉姆坐在机舱里给自己卷了一支烟，沉思地透过窗户看着地面说："当年他们一星期付我14先令来杀死这些意大利人。"

生活后来对佩姬很残酷。她本来酷爱打网球，喜欢各种各样的户外运动，却年纪轻轻就得了多发性硬化症，三十来岁就坐在轮椅上。多发性硬化症使我母亲后来也离不开轮椅。命运是如此地不公平。

紧接着离开阿奇维路的是鲍勃，他和金结婚了。最后，在我11岁的时候，唐也离开家结婚了，那时他26岁。听到他即将和帕特举行婚礼的消息，我忍不住抱着他的腿大哭。他之前去服兵役的时候，我也哭过——但那时多半是因为我想象不出他要去的地方，奥尔德肖特，我想不出人们怎么去那里，更不用说怎么回来了。而他这次离开，好像是最终的、不可改变的。他怎么可以这样抛下我？唐带我去伦敦西区，跟我聊了很久，还买柠檬汽水给我喝，竭力让我想通。

不过，事实上，即便我的哥哥姐姐们都搬出去了，他们也没有搬得很远。他们就住在隔了几个门的公寓或房子里，最远的也就搬到街角：斯图尔特一家就是这样。几年之后，我开始感受住得近的好处。那时我开始注意自己的外表，当我需要跟姐姐玛丽借吹风机或是跟嫂嫂帕特借发胶的时候，真的很方便。

"娇惯"是家里人用来概括我的童年的说法。我表示反对，理由是从物质上来说，在那个时候实在没什么东西可以娇惯一个人的。"稍微宠了一点"可能是更恰当的说法。与此同时，我也承认姐姐玛丽每个周五下班回来都会给我带一个玩具——一辆小玩具车或者一个小士兵——从沃尔沃斯零售店里买回来的。这算"娇惯"吗？可能有点。

我也不得不承认这个事实：母亲以前炖兔肉，在我还没出生的时候，兔心——很小，但是被视为美味——通常被分成四份，几个孩子平分。自打我出生之后，兔心就只给我一个人吃了。

* * *

我在学校老老实实地学习，不过成绩并不出众。我的初中入学考试考砸了，但没有一个人感到吃惊。我穿着一套灰色的法兰绒衣服，打着一个黑白的领结，被送到格里姆肖中学——巧的是，奇想乐队的雷和戴夫·戴维斯那时也在那里读书，不过我们之间的合作是几年之后的事了。我通常在家门口就能坐上公交车到北芬奇利，十分方便。不过下车之后，还要沿着克赖顿大街走上一英里就没那么舒服了。好在我都是轻装上阵。那个年代的男生基本上都这样。现在，我家的小伙子阿拉斯泰尔上学的时候，要背着大包小包，里面装着书本、手提电脑，还有各种东西。我好像整个中学时代就只带一支铅笔上学。实际上，比那还少：我带的是一根铅笔头，插在上衣的口袋里。这就是我上学的全部了。

总体来说，我蛮用功的，也蛮开心的。我担心逃课挨骂，也担心功课落下来，所以我不大逃课，也不惹事。有人打架的时候，我总是在旁边看看——从没参与。我挺能交朋友的，不过我不是那种一到操场上就自然而然是中心，不费吹灰之力就能吸引所有人目光的孩子。我肯定也不是那种天生的表演者。我的自信是后来通过乐队的演出逐步培养起来的。我倒是显示出了几分绘画天赋——虽然在一次常规检查中查出我是色盲（我在区分棕色、蓝色和紫色方面有些困难）。我大多数课程都还过得去，体育尤其好，是板球队和足球队的队长。只有一门课一直很糟，那就是温赖特先生的音乐课，这令人难以置信，尤其当你联想到我后来的人生道路。

我一直知道自己害怕站在全班同学面前。而在温赖特先生的音乐课上，我发现自己更害怕的是：站在全班同学面前唱歌。不仅因为害羞，而且害怕被叫出来显得可笑。可能是我自己想多了，不过我真的感觉他是因为看出我的害怕而故意叫我。他会拉我上去，要我站在教室前面的钢琴旁边唱几句。我总是吓得发抖，摸索着找调，比在其他任何境况下都要难受。

因为这个缘故，我开始装病。

要装病你需要准备如下物品：一罐西普汉姆的肉末罐头，空的；一小块土豆泥，从学校午餐盒子边上刮下来的；一小块胡萝卜，同上；一点水。用法如下：首先，在学校餐厅的时候，把这些土豆泥、胡萝卜和水都倒进罐子里，用一把小刀或者别的工具把它们搅拌均匀。然后，带着这个罐子到学校的操场，趁没人注意的时候，把这罐黏糊糊的东西倒在柏油路面上。最后，喊一声"老师，我生病了"（诸如此类的话），把值班老师引来，再指指弄脏的地面。嘿，这样你就不用去上下午的音乐课了，直接回家吧。或者，像我一样溜出去看场电影。

客观地说，可能那个时候，我对音乐还没那么狂热。1954年唐带我去基尔伯恩路的戈蒙国家电影院看比尔·海利跟他的彗星乐队。唐喜欢比尔·海利，他唱那首《人人狂欢》(*Everybody Razzle Dazzle*) 可能比海利本人唱得还好。（我们家最会唱歌的其实是唐，家里人经常这么提醒我。）我记得跟他一起在影院的楼座里，看着下面人潮涌动，正厅前排的年轻人都在随着音乐疯狂摇摆，海利和他的乐队穿着格子呢上衣，引发着台下的混乱。这种强烈的节奏，他们炫目的服装和听众的热烈反应都感染了我，可能那个时候一颗音乐的种子已经种下。不过我并没有成为他的狂热歌迷。

稍微唤起我一点表演欲望的是，15岁生日时，父亲送给我的一把西班牙吉他，带子上缀着红色的流苏——一开始我大失所望，因为我一直想要一个木制的火车站模型。（从我家窗口望出去能看到海盖特铁路调车场和远处的铁轨，那些从尤斯顿火车站奔跑到亚历山大宫的列车，很早就激发了我对铁路模型的兴趣。让有些人觉得不可思议的是，我直到现在依然保持这个爱好。）

有谁知道父亲为什么要送这把吉他给我吗？也许它刚好从一辆货车的后面滚落下来，也许是别人特价卖给他的。不过我收起了自己的失望，开始玩这把吉他。我把它带到学校，那里其他人也会有几把便宜的吉他。我们几个会在课间到操场上，尝试一把噪音爵士乐，类似于20世纪早期的美国"陶瓶乐队"用班卓琴、搓衣板、罐子和盘子演奏发出的声音。那时正是龙尼·多尼根开始出名的时候。唐有龙尼的那首《坎伯兰岬口》（Cumberland Gap）的78转唱片。我们管自己叫"酷猫乐队"，觉得这名字真酷，在乐队的鼎盛时期，我们有七个吉他手，还有一个小子弹低音吉他。这不算是一个标准的乐队组合，吉他手有点多了。不过我们苦心研究那首《石岛航线》（Rock Island Line）——龙尼·多尼根最棒的一首歌。这首饶舌的歌可能是第一首我能从头唱到尾的歌，而且唱的时候对别人的批评无动于衷。这么说吧，如果我们当时懂得给吉他调音准的话，酷猫乐队的演绎本来可能还要好一些。可惜我们七个人竟然没有人知道这奥秘，所以只能拨动琴弦，指望它自己是准的。

幸运的是，父亲认识一个会调音的人，我抱着吉他，定期去他的住处调音。可他住得离我家有点远，大约1.5英里，等我抱着吉他坐车颠簸回到家，它差不多又走调了。要从这些我与音乐的早期接触中看出我未来事业的痕迹，是非常困难的。

中学时期留给我的其他主要礼物是两段热烈但毫无回应的单恋：第一段是对普拉姆女士的单恋，她教我们历史。更重要的是，她穿那

我的任何一个孩子在这个年纪都可能长这样。约 1950 年摄于克拉克顿。

斯图尔特一家在度假,没有太阳。你会看到我父亲穿着花呢外套、毛衣和衬衫,还打着领带,这可是 6 月份在海滩上啊。上帝保佑英国人。

全家福,只是少了哥哥鲍勃,不知道他去什么地方鬼混了。请注意看大家的脚踝都很细。从左至右:我哥哥唐、唐的妻子帕特、我姐姐佩姬(她很早就不幸去世了)、我母亲埃尔茜、我、我父亲鲍勃、我姐姐玛丽、玛丽的丈夫弗雷德。

种刚到膝盖的铅笔裙。第二段是我在13岁的时候，迷上了一个叫朱丽叶·特拉斯的女孩子。她比我大两岁，有着长长的红头发，胸部丰满。我不可能追到她，但我还是常常在她家外面痴痴地站着，她家在麦斯威山的公交总站。不知道她有没有注意到我的存在，反正她从来没有表现出来。如果那时她走出家门来问我在等什么，我多半也答不出来，因为我自己也不清楚。

学校时光快结束的时候，发生了一件很不幸的令人深感遗憾的事——我被抓到在走廊里放飞一只充了气的安全套。（很蠢很幼稚的做法。不过它们确实会飞起来，只要你给它们充足气。）为此我不仅被学校鞭笞（老实说，疼极了），而且辛辛苦苦赢来的足球和板球徽章也暂时被剥夺了。之后不久，在没拿到毕业证书，挨打的部位还有点疼的情况下，我就离开了学校。

那时我15岁，整个世界展现在眼前，各种各样的可能在闪闪发光，而我接下来要做的是……

我也毫无头绪。

第 2 章

叛逆时期

通向职业足球道路的门向罗德打开了,不过一小时后又关上了;他做了各种各样卑微的工作,最后一段时期因叛逆而浑身散发臭味。

当时的一种选择是踢职业足球,这是学历不够又没有社会背景的工人家庭孩子的典型出路。不过,我的实际经历跟目前流传下来的一些版本不太一致。据他们说,我在 15 岁时就被英国职业足球队中的布伦特福德足球俱乐部看中,签订了在那里做见习球员的合约。一切都安排好了,我将在一夜之间打进首发阵容,带领布伦特福德奔向全新的从未企及的高度,让它不得不认可我对俱乐部带来的巨大贡献,然后我将转会到某个更大的俱乐部,比如曼联或皇家马德里队,最终永久地改变整个世界足球的面貌。

但是,唉(一个版本如是说),我很快意识到,在职业足球俱乐部当见习球员还要做一些苦活儿,像给一线队的队员擦球鞋,打扫更衣室等,而这些活儿让我觉得很伤自尊,所以我很快收拾行囊,下巴抬得高高的,两个星期后离开了布伦特福德,告别了英国足球界。

我喜欢这个故事。我还真想给它再续上一段,在某些我脆弱的时刻,或是在迈克尔·帕金森对我的电视访谈节目里,诸如此类。可是事实上,我从未成为布伦特福德的见习球员,也没进入过其他任何球队。我也从未对打扫布伦特福德的更衣室嗤之以鼻，因为从来没有人叫我那么做过。我想在早期的某次采访中我可能说起过，如果别人叫我擦靴子，我多半不会喜欢（我确信自己肯定不会喜欢），这个故事就这样衍生出来。我们说得清楚一点吧：我没有跟布伦特福德签过约，就像戈登·拉姆齐[1]从没有在格拉斯哥流浪者队效力过一样。（他有一次说起他曾经是那支球队的一员，可是令人尴尬的是，你完全找不到记录。）

这并不是说我没有足球天赋，而是这天赋没有高到让布伦特福德对我产生短暂的兴趣。跟我们那个年代的许多男孩子一样，我天生就喜欢花大量时间——事实上几乎是全部时间——往墙上踢网球。父亲从没有阻止过我，还在我的网球上面涂了一层白色乳胶，这样，天黑了我可以继续踢。星期六的晚上，当他和母亲在惠灵顿酒店过周末的时候，我就在酒店的外面把网球往墙上踢。有时，我会停下来喝点柠檬汽水，吃点薯片，透过酒店厚厚的玻璃窗，模模糊糊地看到母亲的奎宁杜松子酒放在桌上，手提包放在腿上，父亲坐在她身边。

我身体有些单薄，不过我能抢到球并且控球能力不错，所以在学校的时候，他们先把我放在中后卫，然后又把我调到中场和右前卫。（直到我住在加利福尼亚，每星期都和那支有传奇色彩的"流放者"球队踢球的时候，才换到最适合我的位置——右后卫。他们说我总是按兵不动，注重防守，踢得很老派。嗨，这么说实在太不公平了。数据表明，自那时起35年来的比赛中，我至少越过中场线一次。）

在我11岁的时候，发生了这么一件事，让我体会到足球这种男性运动里包含的荣耀。这件事没有记录在足球历史里，但是鉴于它的重要性，我还是要提一下。那是一个星期六的早晨，我像往常一样，在海盖特红翼俱乐部比赛的球场附近闲逛。预备队突然意识到他们还

---

[1] 英国的顶级厨师、餐厅老板和电视名人。

缺一个人。接下来发生的事，就是你常在少年足球漫画里看到的那一幕了：大人们凑在一起低声商量，然后一起满怀希望地把目光投向了独自站在球场边的那个少年。"你去换上球衣吧，孩子，加上你刚好。"他们并没有确切地这么跟我说，不过我想他们应该这么说的。

球衣对我来说，当然是太大了。这传奇色彩的黑白条纹球衣长过我的膝盖，我穿上它看上去像是穿了一条裙子。更动摇我信心的是我哥哥唐。他是红翼俱乐部一线队的队员，当时正在附近的一个球场比赛。我知道他悄悄跟我的对手球员们打了招呼，让他们"尽量对那个孩子照顾些"。

结果你猜怎么着？14分钟后，我一脚25码外抽射，球呼啸着从守门员徒劳伸长的手臂上方越过，进球得分！好吧，事实上，只是近距离地轻松进球，我那点技术也能做到。不管怎样，当时来自我的大人队友们的欢呼声我现在还能记起。消息很快传到旁边的球场，我哥哥正在那里踢球，那边也传出一阵欢呼。"唐——这孩子刚刚进球了！"我感到从未有过的骄傲——如此骄傲，以至于这景象一连好几个星期都反复出现在我的脑海里。

之后我穿着大小适中的球衣，在一个同龄人组成的周末球队里踢球——芬奇利15岁以下组。就是那个时候，我被布伦特福德叫去进一步考查。布伦特福德足球俱乐部在20世纪30年代的英国足球顶级联赛中还是颇有影响力的，但是到了60年代，也就是我开始踢球的时候，已经进入了漫长的衰退期，徘徊在足球联赛的三四流水平。不过，这则新闻还是登上了当地报纸《芬奇利快报》的体育版。于是我以瘦小的肩膀扛着芬奇利人的希望，去了伦敦的西部。

选拔是在一个温暖的夏日傍晚，在布伦特福德的球场上进行的。我们五人一队进行比赛，几个穿着田径服的人在边上观看。我表现得好吗？我记不起来了。但是我应该没有好到让所有人眼前一亮，因为他们再没有打电话来。阿奇维路507号大厅里的电话再没有响起。我

第2章 叛逆时期

的职业足球生涯就此结束。

这肯定是布伦特福德的损失。不信，你看之后它还有赢过什么比赛吗？

如果事情发展有所不同的话，我父亲应该会很高兴的。他自己就是一个很棒的球员。他曾经在伦敦的一个叫"流浪者"的球队里效力，参军后，还在空袭巡逻队里踢球。他在家很温和——常常用一只胳膊搂着我，比母亲抱我的时候还多，但是到了球场上，他就是一个结实的、意志坚强的、坚忍不拔的苏格兰人。曾有一次，我看着他穿着一双家常的鞋子在一个潮湿的场地上踢完全场比赛——他没有带球鞋，但是他不会让球队因此而输球。

还有那场著名的海盖特树林里的冲突：那本来只是海盖特红翼俱乐部的周六上午常规赛，结果因球场上的一些事情，演变成了一场大规模的混战。我当时大约八岁，正坐在球场边上，在那个装着医疗用品的黑色大木箱上面切橘子。当中场休息，我抬起头的时候，眼前的景象就好像是一场中世纪的战争：球员们拳脚相向，包括我的两个哥哥在内。我吓得急忙跑向父亲，紧紧贴在他的腿上。他在那里摆好了架势，和几个人面对面怒吼着。那个时候我才意识到我的家人有多么看重足球。

我很喜欢的一张照片是，我和父亲在格拉斯哥的一块草地上踢球，那是在1974年我俩去汉普登公园看苏格兰队对英格兰队比赛之前拍的。（那场比赛最后得分：苏格兰队比英格兰队2比0。）在那张照片里，父亲已经69岁，穿着正装，可是他踢起球来依然像一个22岁的年轻人。

父亲毫不掩饰地把足球放在生活的第一位，或者说在婚姻不至于破裂的前提下尽可能地放在第一位。有一次，母亲把他的球鞋扔到火炉里，因为他不听母亲的劝阻，坚持去踢一场球，结果把腿摔断了，只能在医院里过圣诞节。甚至在我姐姐佩姬举行婚礼的那天早上，父

015

亲和哥哥们依然觉得他们有时间去参加海盖特红翼俱乐部的常规赛。不幸的是，这是一场杯赛，比赛时间延长了，他们连婚礼都迟到了。母亲的脾气爆发了，看来父亲的球鞋又要进火炉了，只不过这次球鞋幸运地被穿在父亲脚上。母亲总是说："该死的足球给我们家带来的麻烦，比两次世界大战加起来还多。"这话不算夸大事实。

我后来想象父亲在我这次布伦特福德的选拔上到底花了多少心血——肯定比我自己要多。我甚至觉得他曾相信奇迹会发生在我身上。但是当它没有发生，当电话铃声不再响起的时候，我猜这对他的打击比对我的打击更大。唐和鲍勃都是不错的球员，但是都没有走上职业足球这条道路。我是父亲最后的希望。

不管怎样，他经受住了打击。后来，他还自我安慰地告诉媒体，说我之所以没能进入职业足球界，是因为我穿的尖头皮鞋太紧，致使一个脚趾甲内嵌。大家都信了。

在父亲和哥哥们的影响下，我热爱足球。1959年，他们带我去看在温布利球场举行的国际足球比赛，我观看的是英格兰队对苏格兰队的第一场比赛。在这场比赛里，英格兰队的传奇球星比利·赖特赢得了他的第一百场比赛，而我一开始还在想为什么我们全家都在为苏格兰队加油，直到比赛结果尘埃落定。我们垂头丧气地回家：英格兰队赢了，1∶0。那天的情景，父亲的激情，还有哥哥鲍勃卧室墙上贴的苏格兰队球员的照片，这一切都在提醒我，我的苏格兰血统，从此我开始了漫长曲折的（并且昂贵的）作为苏格兰队和凯尔特人队球迷的道路。但是以踢球为生，我倒是没有想过。足球并没有像后来的音乐那样，突然点燃我激情的火焰。

在接下来的人生里，取代足球的是壁纸。父亲给我找了一份全职工作，在肯特镇一家叫尚德·基德的公司里做印刷工人。薪水还不错——我把一半交给家里做家用（如今，我自己的孩子们怎么都不交钱给我呢？）后，还能在邮局开一个储蓄账户。（注意：我在用钱方面

第 2 章 叛逆时期

阿奇维路，1945 年。我的出生地。

我和父亲势均力敌。谢谢你把苏格兰情结传给我，爸爸。

一向比较明智。）不过你们还记得吧，我是色盲。这一点会限制一个人在壁纸行业的发展。如果你是色盲，你不仅不能成为一名飞行员，还有一行也是你做不了的，就是壁纸设计。

于是我被尚德·基德解雇了。我又找了个组合相框的工作，这是一个在北芬奇利开殡仪馆的人弄的一个副业。但这份工作也没做多久。有那么一两天，我在里士满的一座房子里给一个电工打下手，弯腰把电线装进管道里。有几个星期六我在海盖特公墓用绳子测量墓地，赚几个英镑。做体力活的时候，你能更了解自己。而我对自己的了解就是我不喜欢做体力活。

从这公墓的几小时劳动里又传出了新的故事，说我曾经是个掘墓人。这个故事很有趣又透着神秘气息，不过我还是要澄清一下：我没做过掘墓人，就好像那位曾在流浪者队效力的戈登·拉姆齐先生从没做过掘墓人一样。

就这样，我从一个短暂且不喜欢的工作换到另一个工作，而且一直住在父母家里。我们家很快从阿奇维路 507 号搬到了一所两室的公寓，在一家糖果店兼报刊店的楼上，那里挂着一个牌子，上面写着"糖果商斯图尔特"。那个地方原先是一个性情古怪的老姑娘经营的，她脚上缠着布，挨家挨户地送报纸。这家店在街区以简陋和发霉的气味出名，它的橱窗里只放了一块裹在褪了色的包装纸里的巧克力棒。老姑娘去世之后，我父亲那时接近退休的年纪，又想做点比管道工人稍微轻松点的活儿，于是就接手了这家店。这个生意永远不可能使他发财，不过至少开始还不错。他在打扫前房客留下的那一堆占据了家具位置的旧报纸时，很高兴地发现了一些裹在报纸里的钞票——那个老姑娘藏起来的一点积蓄。

要说住在父母的糖果报刊店上面的好处和坏处嘛，好处就是，任何时间都能吃到吉百利巧克力；坏处就是，有非常高的可能性会被叫去送报纸。在我失业的那段时间里，父亲看不出我有啥理由不能帮他

第 2 章 叛逆时期

送报纸。所以我每天早晨 6 点就被摇醒——这对于十几岁的年轻人来说不是件容易的事，睡眼蒙眬、跌跌撞撞地走进店里跟其他的报童一起把报纸分捆打包。他们无一例外都是九岁或十岁的小孩，而且还都是很调皮的那种。那种屈辱感是现在的任何电视真人秀节目都难以想象的。

不管怎么样，那时总算不用穿校服了，而且口袋里还有那么一点点进账，我开始对买衣服有了些兴趣。在这方面，我很赶时髦。在我还是个孩子的时候，商店里只卖"男装"和"男童服装"，而且"男童服装"基本上就是"男装"的缩小版。现在，到了 20 世纪 50 年代，越来越多的年轻人，像我这样口袋里有点闲钱，所以年轻人服装的生意很快兴旺起来，在这方面伦敦走在了前面。

年纪轻轻，又衣冠楚楚的感觉真好。在七姐妹街上，你可以买到便宜的好东西：背后有根带子的开口短上衣夹克；边上有一排纽扣的瘦腿裤——我真喜欢那些纽扣；还有尖头鞋，用压缩的硬纸板做的——因为真皮在战后稀缺且极为昂贵。但是，纸板鞋有些问题。下雨天，鞋头那里就会多出一道白色的盐渍，如果一不小心踩到水坑，鞋就会变成鞋罩。不到半年，你就得再压层硬纸板来堵住鞋底的破洞，免得袜子里全是雨水。

直到 1963 年我 18 岁的时候，才有足够的钱在科文特花园的阿内洛和达维德店里买了一双梦寐以求的切尔西真皮靴。我骄傲地穿着这双靴子，觉得自己看起来肯定很特别。当我走进麦斯维尔的一个咖啡馆时，却看到另一个家伙穿着一模一样的靴子。他叫尤安·道森，我们因为靴子而结缘。我们成了好朋友，很多年都一起闯荡。

穿着打扮开始变得令人兴奋，爱情也一样——当然，跟在布伦特福德的选拔一样，我基本上只是个新手。在芬奇利音乐剧场外，一个女孩允许我摸她一个乳房，这是一个重大的突破。注意是一个乳房，如果我摸了两个，我就要娶她。不久，另一个女孩允许我吻她，我如此骄傲以至于几天都舍不得洗那只荣耀的手。在那之后，在第三个女孩身上我犯了一个巨大的错误，我直接进入了第二步骤而忽视了第一步骤。当你跟父母一起住在糖果报刊店楼上的两室公寓里，要做一个登徒子是很难的。在我看来，不论是糖果报刊店还是我们后来搬到的肯伍德路街角的那幢非常整洁体面的简易住房（糖果报刊店因为阿奇维路扩建而被拆除），都不足以打动女孩子。所以我通常邀请一个女孩子"回我家"，然后在地铁上多坐几站，坐到东芬奇利，和她一起沿着主教大街走。那条街路面宽敞，两边是豪华独立、铺有柏油碎石车道的房子。我会选一个车道上停着几辆车的豪宅，突然停下来，装作不高兴的样子，因为我的父亲"来了几个生意上的朋友"，我们"就不能进去了"，然后我们就转身往回走。运气好的话，女孩子会被我装出来的架势所打动，当我们走回到地铁站的时候，我就能一亲芳泽。我可以发誓，这一招真的很管用，成功率比你想象的要高得多。

* * *

16岁的时候，我平时除了周三晚上踢足球之外，其他晚上都待在家，以便节省金钱和积蓄精力为周末晚上去伦敦西区的酒吧玩。我们主要是去拉恩伯恩大街的约克公爵酒吧，或是莱斯特广场的豪猪酒吧。又或者是我的老同学中的一个——肯尼思·皮尔逊、克莱夫·阿莫尔、凯文·克罗宁、布赖恩·博勒姆，他们都跟我一样，对音乐、穿着、女孩子的兴趣日益增长。如果打听到伯爵宫有一场聚会，我们就会立刻跳上地铁，胳膊下夹着一罐苹果汁，在街上的嘈杂声中匆匆赶往那里。

有一次有人提到了比尤利爵士音乐节——可以在汉普郡新森林区中部的一座豪华古宅的庭院里度过一个有音乐和美酒的户外周末。1961年，比尤利爵士音乐节已经举办到了第六届，可说是开音乐节文化之先河。音乐节文化在 60 年代后期达到鼎盛。上一届文化节结束的时候不是还发生过骚乱吗？传统的爵士迷和现代的爵士迷不是还借着酒劲打了场群架吗？谁不想去那里见识一下这样的场面呢？我们这帮人里面没有谁特别喜欢爵士乐，无论是现代的还是传统的，不过这不重要。重要的是，这个场面有多么刺激。当然音乐节门票有些贵，不过这不是问题，因为在音乐节的场地对面，中间隔着一条潮汐河，有一家美丽的酒吧——"蒙塔古的手臂"。据说你可以在这家酒吧里喝酒直到水位退下，到时就可以趟过河去，然后从污水管爬上去，这样不买门票也能进入音乐节的场地了。不仅你不会闻起来很臭，而且不花分文就进去了。

所以我就跟他们一起去了，一切都很顺利。我们待在酒吧里直到水位退下，然后出去侦察之前提到的那个入口。结果发现那个管道是个溢水管，并不是污水管，这无疑是个好消息。我们只会湿到脚踝那里，稍微沾点泥巴，仅此而已。那根水管直径四英尺，所以爬起来比较容易，它的尽头有一个金属栅栏，把水管的一半都挡住了，我们要从下面钻过去的话，那地方就稍微困难些，总之我们钻过去了。

于是在 1961 年，就在我们从溢水管爬出来几个小时之后，在一片隐蔽的草地上，伴着传统爵士乐低沉的声音（可能是克里斯巴伯爵士乐队演奏的，或者是克莱德谷踢踏乐队，甚至可能是老阿克·比尔克，那位传奇的单簧管乐手演奏的），我跟一个比我年长一些的女人初尝禁果。（那次遭遇的一些部分，经过修改和扩充后，用在了《麦琪·梅》这首歌里。）

经过了人生的这个里程碑，是好事，但是说起改变人生，改变人生方向的经历，那次草地上的短暂时刻是没法跟 1962 年发生的事相提并论的。那一年，我听到了鲍勃·迪伦的第一张专辑，那才真叫惊天动地。

其他一些唱片对我也有影响：像我母亲经常放的阿尔·乔尔森的

歌，我很喜欢他的活力和演唱风格；像埃迪·科克伦1958年出的《大家一起来》(C'mon, Everybody)（我最早在公众面前唱歌的时候就竭力想唱得很像科克伦本人在演绎这首歌）；还有，在尚德·基德壁纸厂的广播里听到的，山姆·库克唱《你让我激动》(You Send Me)时那种甜蜜又带点沙哑的嗓音，几乎就是我后来做歌手时追求的一种境界。

但是没有一张专辑像迪伦的那张那样改变了我。我在家里那台收音电唱两用机上反反复复播放它。那台两用机的刻度表上显示通过它可以收听到远在莫斯科和喀布尔的电台，但是实际上从来没有收到过。而在听这张专辑的时候，当唱片在那个木盒子里转动时，那种嗓音的音色和带有神秘色彩的歌词，真真切切地好像来自非常遥远的地方。在年轻的我听来，它就像来自美国，它包含了我对美国的所有想象。迪伦唱的那首《聊聊纽约》(Talkin' New York)，听得我很想跑到纽约去看一看。不是为了给我的父母添堵——我爱他们，我只是想去感受一下那首歌里描述的那个充满机会的世界，那个地域辽阔、思想开放的美国。那张专辑不只是打开了我的眼界，也塑造了我的视野。再也没有哪张专辑像它那样打动过我。

我想要唱那些歌，我想要演奏它们，想要完全地拥有它们。我攒了十英镑，再向哥哥鲍勃借了30英镑买了一把钢弦木吉他——真利时牌的，从伦敦西区一家叫艾弗·马兰斯的乐器店里买的。跟我的第一把吉他不同的是，它能够保持定下的音准——谢天谢地，我那时已经会自己调音了。我还有一个变调夹可以夹在弦上来改变音调，这已经是当时的我在乐器方面的巅峰技能了。我还从别处弄来一个口琴，挂在脖子上，这样我就可以一个人达到迪伦的全部效果了。（直到一年之后才有人告诉我，你对着口琴可以吹气，也可以吸气，并且只有把吹气和吸气结合起来，才可以发挥这种乐器独特的表现力。在那之前，我只会吹气，所以大多数时候只能发出那种像鸡被掐住脖子时发出的声音。喂，不许笑——这是一个学习的过程。)

有段时间我父亲会去伊斯灵顿订货，让我留在家里照看店面。他一走，我就马上挂上"停止营业"的牌子，坐在狭小的后院里，靠近外面的厕所，试着在吉他上弹奏出迪伦的歌曲。这对我来说蛮难的，因为我的吉他弹奏水平一般，不过我逐渐发现我的声音能够跟吉他声合起来。我一练习就忘了时间，不知不觉练了几个小时，然后突然想起父亲就要回来了，于是放下吉他，迅速把店门打开。父亲会说："哎呀，你今天没卖出多少啊！"我就说："这一天过得真安静，几乎没有人来。"

就这样，我满脑子想着迪伦，心中充满了青少年的那种叛逆，进入了一个非常典型的披头族的阶段，开始放任头发疯长。过了这么多年，很难用语言让人体会在1962年的英国，男人留长发是多么令人震惊。在当时人们的衣着整齐划一的英国，男人留长发就好像抛弃了所有的社会价值观，是一种另类的叛逆，是对一切合理正确事物的公然冒犯。当我在北芬奇利的相框组装店里工作的时候，那里有三四个家伙就留了厚厚的齐肩发，每次当我跟他们一起上街的时候，他们引起的那种关注的目光会使我的脸火辣辣地发烫。人们真的会横穿马路以避开我们。那几个人其实没有什么吓人或者咄咄逼人的地方，他们只是留了长发而已，而长发已经说明一切。

所以我开始留长发，那看起来像是我前进的方向。我觉得长发看起来很酷，而长发引起的别人的反应更酷。然后我开始不洗头发，以增加那种凌乱感。实际上，我开始什么也不洗了。我的理解是，身上有异味是披头族重要的特征，这是我对美国文化的肤浅理解。要是身上没有异味，就不能算是真正的披头族。所以我不再洗澡，也不再洗衣服——我那套标准的披头族式的服装：牛仔裤、翻领套衫、皮马甲。父母痛恨我变成那样子，姐姐们和哥哥唐都惊呆了，而且他们更担心我给父母带来的压力。玛丽有一次把我叫到一边责备我，因为她觉得我会气坏父母的身体。只有哥哥鲍勃不那么担心，因为他自己之前也有过一段叛逆期，当年他跟父亲也有过多次争执对抗。所以鲍勃可能知道这些都是某个阶段的事，会过去的。

与此同时，我还变得非常关心政治，当然这只是表面的。你提出什么主张，我就反对什么。人们会问"你到底在反对什么呢？""你从反对中得到了什么呢？"我开始买《工人日报》这类激进的社会主义报纸，就为了激怒周围那些不是激进社会主义者的人。在我工作的地方吃午饭时，我就把报纸拿出来，煞有介事地打开，把报纸翻得沙沙响，正襟危坐在报纸后面。其实我都不知道我在看什么，只不过觉得这样子很有效果。

那个年代是抗议的黄金时期之一。1962年10月，我们因为古巴导弹危机而一路抗议——赫鲁晓夫和肯尼迪正面交锋了两星期，英国在中间调停，一场会引发毁灭的战争好像一触即发。我和伙伴们早就想好了对策。在局势恶化的时候，我们整理好了行囊，把衣服和烤豆罐头装在帆布背包里，一路搭便车，前往苏格兰。我们琢磨着只要我们一路尽可能往北，带着足够多的烤豆罐头，就可以平安度过这次危机。这种想法好像是有些天真，事实上我们只走到卢顿就折回来了。

我还同样积极地参加了几次奥尔德马斯顿游行。废除核武器运动的成员和其他一些反核抗议者们几千个人一起，从伦敦中心的特拉法尔加广场浩浩荡荡地走向50英里之外的奥尔德马斯顿，政府在那里设立了饱受争议的核研究中心。我用"积极地"这个词，是因为这些游行有点像流动的音乐节，一路上都有乐队和街头艺人相伴，还可以在外面住几个晚上。沿路一些持同情态度的学校会开放它们的体育馆给我们过夜，有时候你可以在村务大厅里打开自己的睡袋。那时的我确实很有社会良知，我跟身边的游行者一样反对核武器。当我跟周围的人一起喊着"北极星核导弹滚出去！"的时候，我是真心实意的。但是与此同时，当提到年轻人睡在睡袋里过夜的时候，如果我说自己

第 2 章　叛逆时期

毫无别的想法，那是撒谎。当下一次奥尔德马斯顿周末之旅即将到来的时候，我心里就会冒出一个念头："又可以玩一把了。"

当然，两个人要在睡袋里亲热并不容易，学校大厅里的灯只是调暗了，并没有完全熄灭，所以周围有那么多人在，你要缠绵是很难的。不过搂搂抱抱没有问题。

参加这些游行的时候，我带上了自己的吉他，跟我的黑色圆形包一起绑在背上，包上还打着我自己画的废除核武器运动标识的补丁。如果你有一把吉他，你就会变成这个样子：带着它，只要停下来休息，就会坐下来弹唱，唱几首美国歌手的歌——迪伦的、杰克·埃利奥特的，还有伍迪·葛士瑞的，你也会听到其他人的表演，再从他们的曲目中吸收一些，加到自己的常用曲目里。这些游行是我表演生涯的开始，那时我把自己在帮忙看店时躲在后院里练习的歌曲拿出来在公众面前表演。周末，我去英国南部的布莱顿——对于披头族和想要成为披头族的人来说，那是一个很酷的地方。跟伙伴们一起从维多利亚车站坐火车南下，我们穿着粗呢外套坐在海滩上，抱着吉他，非常的披头族。大家会说，"罗德，来一首《旧金山海湾布鲁斯》（*San Francisco Bay Blues*）"，或是"罗德，唱一首迪伦的歌吧"，又或是"罗德，唱首《可卡因蓝调》（*Cocaine Blues*）"。当我坐在石头上，周围有一小拨人围着听我唱歌时，我意识到我有一副大家爱听的好嗓子。

1962 年的夏天，我们几个试着以我们理解的波西米亚方式出去闯荡一下。这是我第一次出国。实际上，在此之前我虽然离开过伦敦，但最远也就到过布莱顿。我借了一点钱，坐船到了法国，在一号国道上搭了辆顺风车，来到了巴黎。我在双叟咖啡馆外面卖艺，反复唱《你很没用》（*You're No Good*）、《忧伤的人唱忧伤的歌》（*It Takes a Worried Man to Sing a Worried Song*）、《石岛航线》（*Rock Island Line*）这几首歌，赚了几个法郎，给自己买了几个法式面包，

我的伙伴凯文·克罗宁（左）、克莱夫·阿莫尔（右）和我正骄傲地展示我们的口琴。我的蓬蓬头好像完全塌下来了。约20世纪60年代中期摄于伦敦的约克公爵酒吧。

我的老友尤安·道森和我在我父母的简易住宅外面，在别人的车前摆造型。

在塞纳河畔埃菲尔铁塔旁的桥下将就睡了一晚，然后就回家了。过了一阵子，我开始第二次搭便车旅行，南下去了西班牙，跟一群旅行的英国人一起睡在巴塞罗那诺坎普体育场的看台下面。结果我们被警察抓了，送到英国领事那里，他安排了飞机把我们遣送回国——这是我第一次坐飞机。

我后来才意识到，那段时期我确实比较让父母担心。很多时候他们根本不知道我在哪里，这让他们不安。我的长头发和臭味也很让他们忧心，而且我当时人生毫无方向。

不过我其实只是在表达自己，虽然表达得不是很有说服力。在布莱顿附近的肖勒姆，有一群真正的披头族，他们住在船屋里，还用橡胶软管跟驱逐他们的警察打了一架，成为举国皆知的新闻。后来由于法律严令禁止，披头族基本消失了。在那之前，像肯尼思、克莱夫、凯文、布赖恩和我这些人，还有伦敦那一帮混混们，我们的志向就是能被那些真正的披头族视为同类。我只去过那个船屋一次，至今还记得那种气味。在真正的披头族眼里，我只能算一个周末披头族、一个周末的狂欢者，并不是他们真正意义上的同类。我记得曾有一次在布莱顿一连待了三天，心里暗自得意："瞧，我做到了——星期一早上我还在这里，在海滩上晃荡。"不过还是没有被披头族精英们完全接受。这很正常，不管怎么说，我是一个拥有邮政储蓄账户的叛逆者，而且还是一个最终回到母亲身边的披头士。

回到伦敦之后，我继续四处晃荡，瞒着父母跟几个披头族的流浪汉一起待在海盖特一家废弃的大旅馆里，就在一家叫"杰克·斯特劳的城堡"酒吧旁边，那个酒吧现在已经关掉了。有一晚，我们突发奇想要在明火上煮一些烤豆子，结果烧着了屋顶。消防队和警察都来了，其中一个叫布朗的人，他——幸与不幸，看你如何理解——认识我父亲，就把我拽回了家。

"我帮你把罗德带回来了，"他说，"他刚才点火烧了一家旅馆的屋顶。"我得到的奖赏是被父亲劈头盖脸的一顿痛打——这是我父亲唯一一次打我。也就是在那个时候，母亲把我的牛仔裤、翻领套衫、皮马甲统统都扔到火炉里烧了，就像她当年对待父亲的球鞋一样。

就像谁按了一下开关一样，一夜之间，我变得非常整洁，成了一个摩登派——至少，依照伦敦摩登派的理念，比如对流行时尚要敏锐，穿衣打扮要帅气，我算得上是一个摩登派了。至于这个蓬勃兴起的青少年文化分支的其他方面，像对斯卡曲风的爱好，骑着机动脚踏两用车之类的，我就没跟风了。但是在一件熨烫平整的衬衫和一双体面的鞋子的重要性方面，英雄所见略同。就这样，我摇身一变，从文明世界里最臭的一个人变成了爱卫生爱到不肯从浴室里出来的家伙。

我的新发型也在那时诞生。这个嘛，它值得单独列出一章来说说。

题外话

　　在这里，我们的主人公将不厌其烦、长篇大论地讨论他的
　　发型。

我和女王有一个共同之处：在过去的 45 年里，我们的发型都没有什么大的改变。呃，不知道你觉得这样的开头怎么样……

女王陛下的发型，当然是精心设计的。至于我的发型，看似蓬乱的一堆，但我必须补充一句，也是精心设计的。你以为我的头发就自己长成那样？你错了，这是要花心血的。

在这个金色的、尖尖的发型之前，我的发型是鼓起蓬松的。我们管它叫"蓬蓬头"——"当心我的蓬蓬头，伙计"或是"喂，别碰到我的蓬蓬头"，一个人总是非常在意他的"蓬蓬头"。蓬蓬头是我刚告别披头族把自己洗干净之后的第一种发型。在巴黎沿街卖艺的时候，

我看到那些法国人头发高耸，而额前的头发垂下来。我觉得他们看起来很棒。于是我决定创造出属于自己的发型，它的诀窍就在于倒梳头发并吹干。倒梳头发倒不是问题，但是吹干就很成问题，因为我父母家里没有吹风机。我们家有电视机，但吹风机没有。在20世纪60年代早期，吹风机相对少见。如果你想把头发弄干，就得把头伸在火炉前，或者甚至把头探进烤箱里，把它烘干（这一条不建议使用）。

但是你烘不出一个蓬蓬头，一个像样的蓬蓬头。幸运的是，我姐姐玛丽有一个吹风机。更幸运的是，我和她住在同一条街上。所以我洗浴之后，会跳出浴缸，擦干身体，穿上衣服，快步走到她家。到那儿的时候，我的头发还是湿的。因为我头发很多，所以我用倒梳和吹干打造出的蓬蓬头就相当美妙，看起来像一个蜂窝，你甚至可以在上面弹硬币。达斯汀·斯普林菲尔德的头发跟我的一比，可就小巫见大巫了。

当然，问题不仅在于让头发立起来，而且在于如何使它保持立起来的状态。使用男性美发产品？算了，还是自己做吧。舀一小勺糖，倒入一点水，在吹干头发之前把它抹在头发上。吹风机的热气会使糖凝固，如果运气好的话，蓬蓬头就会固定下来。

这样就解决了如何保持发型的问题。当然时间一久，它也有一些不便之处。比如当你早晨醒来，感觉就好像有人在夜里用棉花糖袭击了你一样。而且，即便用糖做了固定，发型还是会受到其他很多因素的影响——特别是当你跟我一样，晚上要坐地铁去其他地方的时候。隧道的网状结构和列车的穿梭，形成了地铁里独有的逆通风。列车即将进站时，站台上就会刮起一阵大风。你可以想象，我们几个精心打扮、衣着时尚地站在阿奇维地铁站里，然后当列车轰隆隆即将进站的时候，我们所有人马上蜷缩在墙角，两手护着自己的头发，生怕自己的蓬蓬头被风吹塌了。

我一直留蓬蓬头，直到加入杰夫·贝克乐队才换成头顶尖尖的那

029

种。我是和罗尼·伍德一起弄出这种发型的，他当时也在那个乐队，发型也跟我差不多，只不过比我稍微厚一些。那段时期我和罗尼相互帮忙打理对方的头发——在旅馆房间里或者在双方父母家里。我们看不上那种业余的布丁碗一样的发型。我们会用拇指和食指夹着头发拉下来，然后拿剪刀修剪——非常专业哦。我们还会时不时停下来对着镜子比照。我们花了很长时间才学会替彼此弄头发。这样的友情对两个男人来说真是很棒。大多数家伙会随便弄一下对方的头发，敷衍了事。"嗯，看上去差不多了，就这样吧。"但我们不会。

　　头顶那一簇头发的设计理念是让头发看起来好像一夜狂欢后刚起床时的样子，但是这种效果不是随随便便就能达到的。你要花很多心血才能达到那种凌乱的效果，尤其是在弄干头发的时候要倒立——或者至少上身要前倾，然后让重力起作用。这是在1968年我跟着杰夫·贝克巡演的时候，从芝加哥的一个女发型师那里学来的。她告诉我，身体前倾，然后用吹风机从颈部那里往上吹，可以使头发蓬松，而且能更有效地利用天然油脂，效果比倒梳头发要好得多。我说："太棒了，我要试试。"然后接下来的40年里我基本上都顶着一个爆炸头。

　　这些年我的发型并不是完全没有变动。有创新时期的，有试验阶段的，还有一些是在基本原理上的小改变。比如，我头发染红过几次。一次是在70年代中期，当我和女演员布里特·艾克拉诺在一起的时候。我们两个都把头发染成红色——只是想让大家吃惊一下，因为一般来说，人们觉得两个著名的金发明星不会这么做。那结果有没有让人吃惊呢？我不记得了。可能稍微引起了一些关注吧。然后我们又回到金发的样子。

　　80年代在伦敦的时候，我常去丹尼那儿，他是比彻姆广场那家叫"斯威尼·托德"店里的一个疯狂的发型师。我爱那家店，我总是在傍晚6点左右去那里，那个时候店里开始安静下来。我们会从对面的酒吧里买来啤酒，然后大家尝试各种奇思妙想。在那样的情形下剪一个头要五个小时，但那是最快乐的理发经历。

大约在80年代末，丹尼也劝我把头发染成红色，他建议我把头发剪短一点，再留个胡子跟它匹配一下，就好像一个染了毛发的士兵玩偶。我觉得听上去还不错。但问题是，我只有嘴边和下巴长毛，脸颊上不长。（如果有人要拿男子气概说事的话，请允许我提及另一个同样脸颊不长毛的人——拳王阿里。）不过，头发染成红色只是一个短暂的时期，不久我的头发又回到了金色。如果你够理智，你总是会回到最适合你的类型。

金色的头发是在我1975年搬到加利福尼亚州之后留起来的，我的头发在阳光下自然而然就变成了金色。然后我开始刻意突出这个特点——一开始色调柔和，后来到80年代是漂白到接近白色，但发根是黑色。现在是三个颜色的混合，有一个女发型师专门到我家里来给我弄这个头发。

我头发的长度也稍微有些变化。70年代初期是头发留得最长的时候，那个时候我还在脸孔乐队。顶部修剪得尖尖的，后面留到肩部——那在当时是非常流行的男士发型。如果打点得恰如其分，当头发洗干净并且充分吹干之后，走路的时候，发梢就会在耳边轻拂。那正是我们追求的效果。

头顶尖尖的那部分头发，刚好让你的手指有东西可抓——接受电视采访的时候非常顺手。视频网站上有一个我在1973年接受英国电视台拉塞尔·哈蒂采访的片段，从视频来看，我在整理头发上花的心思几乎比回答他的问题还多。当时我手里拿着一杯朗姆酒，而且从我的眼神来看，我之前已经喝了好几杯。非常摇滚的行为——主要是因为电视直播对我来说极为可怕。

在那之后，后面的头发剪短了不少，不过我从小就没让它短到衣领之上。那样短的头发我是不能接受的。一想到要露出后颈……不行，那违背我的天性。头顶的尖端一直保留着。它们的长度时有变化，那取决于心情、潮流，也取决于经济状况，不过基本原则是不变的。在史蒂文·凯里（他是我在伦敦梅费尔区的专用理发师）的美发店里，我在镜子下面的墙上写着，我的顶端头发绝对不可以超过的长度——六厘米。在洛杉矶时，我的理发师会用一把六厘米长的量尺来量头发的长度。

那些日子里打造发型时我再也没有用过糖，我会用一点美发产品（别人送给我好多各种各样的美发产品，我的总体感觉是它们其实都大同小异）。倒梳头发的方法后来也没有再用，但是头向下吹干头发的方法我还在用。不过，顶端的头发经过这么多年后，它自己好像就会朝那个方向长了，哪怕我想换个发型都不行。

我的头发还是一个很好的报警系统。我和罗尼·伍德在这点上是一样的：如果我们的头发不管怎么弄，怎么抹美发产品，怎么倒着吹干，都立不起来的话，我们就知道自己生病了，需要好好休息。我俩的头发就是身体的晴雨表。

我现在是不是还花很多时间关心和打理头发呢？答案是肯定的。我对自己头发的好坏阶段是不是很清楚？当然。我不受那种典型的男性秃头症的影响。我是不是大大松了一口气？那还用说。（如果开始秃头，我就把头发编起来，像艾尔顿一样。）我对自己的头发除了两边少数几根，基本上没有变灰白这一点是不是感到很庆幸？确实如此。（我算是入对了行，你看看奥巴马总统的头发一夜之间就变白了，还有肯尼·达尔格利什也是。）我这种对头发的兴趣是不是接近自恋？这个嘛，你觉得是就是吧。

但这是可以理解的。发型是我职业的一部分，它相当于我的签名，是关于我和我的职业一种便捷的简写，是这一行的一种标识。时至今日，你随便走进英国的一家理发店，一屁股坐下来，说"剪一个罗德式的"，理发师就知道你要剪什么样的，不需要更多解释。

我的发型宣告了我的在场，我进入工作的状态，就好像出租车顶部的那盏灯一样。如果我不想被人注意到，只要戴顶棒球帽，或者软呢帽，或者任何其他能把头发遮起来的帽子就可以，几乎每次都有效。

我 1988 年的专辑《失控》（*Out of Order*），封面用的就是我头顶的照片——没露脸，只有头发，1989 年的《讲故事的人》（*Storyteller*）套装封面，还有 2011 年我在拉斯维加斯的凯撒皇宫酒店住处拍的海报用的是我后脑勺的照片。

老实说，我还蛮引以为荣的——单凭发型就能被认出来，不管是从背后看还是从前面看。这说明这发型很适合我，对吧。这也意味着花在吹风机上的时间很值。这是正确对待头发的方式。

第 3 章

致孕风波

最严重的事件。

1962年，我17岁的时候，我在伦敦的一个派对上遇到一个女孩子，她叫苏珊娜·博费。她长得很美，中等个头，棕色头发，说话得体，受过良好的教育，完全是一个中产阶级的人——不是我能高攀得上的。可是我能逗她笑，使她开心，她就成了我第一个认真交往的女朋友。但是不到一年，让我俩都深感震惊的事情发生了：她怀孕了。

那应该是在布莱顿的时候发生的事。那时我已经告别披头族阶段，着装整洁，不过周末还是会跟伙伴们一起抱着吉他去海滩，苏珊娜也在其中——我们在列车车厢里偎依在一起，或者手挽手在海难散步。3月下旬和4月上旬的时候，我们大家周六晚上都睡在海边道路的拱桥下面，或者在名叫"黑色岩石区"前面的沙滩上，旁边就是海水浴场。如果警察驱赶我们（这事时有发生），我们就收拾东西，在布莱顿码头附近另外找个地方。在那些地方中的一个——不是在床上，她怀上了孩子。

那件事让我们不知所措。我们才18岁，正值无忧无虑的青春年华，从伦敦坐火车出去寻求刺激，做事还不懂考虑后果。我们的人生还没有成形，离稳定还远得很。我俩都没有固定的工作或收入，即使苏珊娜的家境比我的宽裕一些。我记得那一晚她告诉我的时候，我不

第 3 章 致孕风波

我的伙伴凯文·克罗宁、苏珊娜·博费（萨拉的母亲）和我，在登上开往布莱顿的三等车厢前拍的。三个人的发型都不错。大约在 20 世纪 60 年代初期。

我很喜欢的一张照片，我和两个哥哥一起加入海盖特红翼。请注意我对时尚的敏锐：超短裤——意大利风格，还有甲壳虫乐队的发型。另外两人真是丝毫不懂时尚。

035

敢相信——我以为她在开玩笑，但是从她的表情里意识到那是真的。我也记得那件事让我从难以置信变为恐惧——一种一时之间难以接受的巨大而模糊的恐惧，害怕那件事对我们人生的影响，也非常害怕父母知道后会有的反应。他们会多么震惊！我让一个女孩子未婚先孕。在他们的眼里，我这样的行径会使整个家族蒙羞。我之前给他们带来的那些烦恼跟这件事比起来，都不值一提。

于是我把整件事瞒着他们。我告诉自己这样做是为了保护他们，免得他们受刺激——当然，同时也是为了保护自己。在所有家庭成员中，我只告诉了哥哥鲍勃。我跟他说的时候，忍不住落泪。他对我的轻率感到恼火，但也有些同情。他毕竟是我的哥哥，他去看苏珊娜，跟她说，如果有什么他能帮得上忙的，他都会帮。但苏珊娜回答："我会自己处理的。"

朋友们并没有觉得这使他们蒙羞，远离我们。他们以各自的方式帮助我俩。这些年轻人——大家年纪都小——一开始想凑钱给苏珊娜做堕胎手术，后来意识到他们凑不出那么一大笔钱而放弃。要知道当时在英国堕胎是非法的，直到1967年堕胎法案出台——那是四年之后的事了，而且苏珊娜从来没有打掉胎儿的想法，我也从来没有建议她这么做。她的想法是把孩子生下来，然后送给别人收养。在她怀孕的初期，我们继续见面，也试图表现得和之前一样：一对年轻的恋人，享受着60年代伦敦的自由。但是我们再也找不回之前的轻松感觉了。四个月后，我们分手了。在那之前，发生在布莱顿海滩上的一件事表明我们之间的关系已经变得多么难以维系。

那时，苏珊娜的肚子已经开始有些明显了。我坐在沙滩上，跟以前一样抱着吉他，周围的人都在说："罗德，给我们唱首迪伦的歌吧。"可能我忽视了苏珊娜，没有给她足够的关心，因为突然传来一声闷响和破裂的声音，我手里的吉他掉在了地上。原来她从沙滩上捡了一块大石头，砸穿了吉他。我只能理解成她试图引起我的注意，她当然做到了。

整个场面变得非常难堪。其中一个小伙子跳起来去抓苏珊娜,几乎忘记了她是孕妇,其他人冲她吼,让她冷静些。而我在极度的震惊中默不作声地检查我那把吉他——我宝贝的真利时牌钢弦木吉他,上面有了一个难看的裂口。(那把吉他现在还放在家里。)在那之后不久,当夏天过去的时候,我们分手了。

关于苏珊娜的最后一件事是在那年的 11 月,我在半夜被叫醒。当时我住在父亲小店的楼上,一个女人在窗外大声地叫我的名字。我拉开窗帘,看到苏珊娜的两个朋友正站在下面的人行道上。我打开窗,睡眼惺忪地探出头去,她们说:"你最好去一下医院,苏珊娜要生了。"

我匆匆穿上衣服,尽可能轻地溜出房间,以免惊醒还在熟睡并且完全不知情的父母。我赶到海盖特的惠廷顿医院,一直在那里等待,在走廊里来来回回地走,直到我被告知,孩子已经出生,是个女孩,母亲也平安无事。不过我没有看那个孩子。我想去看她,可是又不敢去看,因为害怕看到她会引起的种种不安。

我在同意领养的文件上签了字,然后走出医院,穿过寒冷的街道回到家里,人生的这个段落从此结束了,我希望再也不要听到跟它有关的事。

第 4 章

乐队首秀

火车站里发生的一件事使我们主人公的一生发生了幸运的转变。我们的主人公在面包车的后座上几乎窒息,并第一次尝试了格子裤。

我特别感谢长约翰·鲍德瑞,是他在火车站的长凳上发现了我,是他使我成为一个歌手和表演者,而这还仅仅是开始。他活着的时候,我热爱他;他去世的时候,我无比悲伤。我把他的相片放在钱包里随身携带,而且,我要告诉你,我每一天都会想起他。

那次邂逅发生在伦敦西部的特威克南车站,1962 年和 1963 年我常经过那里。我去俱乐部看乐队表演,想着自己能否成为其中的一分子。虽然我很确信我可以,但是具体我能在哪方面发挥作用,还有待发现。

从特威克南坐车过去,到里士满站下,车站的对面就是小龙虾俱乐部——其实就是一个酒吧的里屋,当里面满是疯狂舞动的人群时,感觉非常棒。我就是在那里看到并且爱上了新兵乐队。他们的吉他手叫埃里克·克拉普顿,看起来技艺不错。小龙虾俱乐部后来还是关闭了,因为过于喧闹。不过这也没什么,大家就到里士满竞技俱乐部,那里没有舞台,乐队就站在观众面前表演。气氛棒极了。

而那个极具传奇色彩的鳗鱼饼岛酒店是我最爱去的地方——那是

第 4 章　乐队首秀

建在泰晤士河一个小岛上的一家古老潮湿的舞厅，需要从一座摇摇晃晃的人行木桥上走过去。那个地方在 20 世纪二三十年代被用作舞厅，后来改建成爵士乐场地，而到 60 年代早期，它开始引进一些节奏蓝调的乐队。在桥的尽头，会有两个穿着裘皮大衣的老妈妈等着向你收门票。

俱乐部里面的吧台跟墙一样宽——而且从来没有出现过杯子不够用的情况，这有点奇怪，因为每晚到尾声的时候，那里一项著名的节目就是把啤酒杯扔到河里去。那里还有一个经久不衰的争论就是，到底是因为地板有弹性，还是因为有一边地板烂掉了。因为每次只要左边有人在跳舞，右边的人就会不由自主地上下晃动。

乐队的更衣室是一个奇怪的笼子，像一个玩具屋，悬挂在舞台上方，上面有几扇挂着帘子的小窗，表演者可以透过窗子看到观众。要下到舞台需要经过角落里一个狭窄的楼梯。很多歌手想要以夸张的方式走下这些楼梯，而结果就是屁股着地地出现在观众面前。

这个独特王国的统治者是一个精明的家伙，叫阿瑟·奇斯诺尔。我开始在那里表演后，我发现阿瑟付给乐队的钱都是用面额一镑或五镑的纸币——从来没有用过大面额的钞票。每晚结束的时候，他会清点钱，然后你离开时手里会拿着一叠厚厚的纸币，因为口袋装不下。

不过一开始我是以付钱的顾客身份去那里的——先坐地铁到滑铁卢，然后坐火车到特威克南。从我住的阿奇维路坐到那里，真的是相当长的一段路。而且晚上回来时可能会更长，我有时会因为筋疲力尽睡着了，而坐过了阿奇维那一站，直到列车开到终点站巴尼特街停下来时车身一震，我才醒过来。不管怎样，这些奔波都是值得的。当你穿上华丽的衣服，精心梳理好自己的发型，出发前往鳗鱼饼岛酒店的时候，你会有种感觉好像正在前往一个非常美丽迷人的地方。俱乐部的会员卡像一本护照——标着"鳗鱼饼岛"——无比清楚地传递着这样的信息：这个地方就是一个独立的王国。这个王国里满是音乐狂热者、艺术类学生，还有穿着短裙的漂亮女孩子。就像乔治·梅利说的，"你能感受到鳗鱼饼岛上方性的气息，就好像开水壶上方的蒸汽一样。"那里真的是一个让人无比激动的地方，就是在那里，我真正理解了节奏蓝调的力量。

我当时18岁，正在跟苏珊娜·博费交往。苏珊娜有一个叫克里西的朋友，一天晚上她叫我俩去看她男朋友的乐队在里士满的表演。她的男朋友是一个歌手。我和苏珊娜都答应去看看。

克里西，姓施林普顿，她男朋友是米克·贾格尔，他的乐队叫"滚石乐队"。我在想他们会是什么样子，直到那晚我看见了他们，他们坐在高脚椅上，穿着开襟羊毛衫，唱的是蓝调歌曲和几首他们自己创作的歌。主唱确实能吸引住全场的注意力。长约翰后来把贾格尔描述成"中世纪的妖怪"，形容得很恰当。我当时没有跟贾格尔说话，不过我觉得这个乐队很棒，同时心里也不断地想着："我也可以做到。"事实上，我可能甚至觉得，"我的嗓音比他的还要好。"我在海滩上抱一把吉他就可以吸引一群人到我身边，为什么不可以提升一个层次，到舞台上迷住一大帮人呢？

但是跟谁一起合作好呢？我曾经跟一个叫"突击者"的乐队合作过，他们知道我会唱歌，不过结果并不是特别理想。音乐制作人乔·米克给了这个乐队一次试音的机会，他们叫我去做主唱。米克是一个穿着西装，打着领带，令人生畏的家伙，他的头发很有摇滚的风格。他在霍洛韦路一处三层楼的公寓里有一个录音室，在一家皮制品店的楼上。我们爬上楼梯，在录音室里摆好架势，唱了几分钟——我不记得唱的是什么了。不过我记得，唱完后，米克从控制室里走出来，直视着我的眼睛，长长地出了一口气。我拿起外套。这大概是我第一次正式的面试。从那之后那个乐队就成了单纯演奏乐器的乐队。不算幸运的开头吧。

我跟另一个叫"吉米·鲍威尔和五维"的乐队合作得要好一些。

第 4 章 乐队首秀

鲍威尔是一个来自伯明翰的蓝调歌手，体格健壮得像个拳击手，他经常参加小型演出，他能惟妙惟肖地模仿雷·查尔斯。我是怎么跟鲍威尔一起表演的呢？这就要提人脉了。前面提到的"突击者"乐队后来改名叫"月球行者"。他们的吉他手跟"吉米·鲍威尔和五维"乐队一起表演，曾跟吉米·鲍威尔提到我。于是，我就得到了一次小型合作演出的机会。

嗯，算是一次小型演出吧。地点在大新港街一栋楼房地下室里的肯·克利尔俱乐部，在伦敦中部的查令十字街对面。如果我在那里站上比较长的时间，满怀希望地看着，我就会被邀请上台为几首曲子吹口琴伴奏。克利尔是一个 34 岁的爵士小号手，在商船队里待过一段时间，对美国有很多了解，特别是对新奥尔良风格的爵士很熟悉，他很快成为伦敦前卫的爵士表演者和推广者。朗尼·多尼根（我在学校时就很迷他的噪音爵士乐），在肯·克利尔的爵士乐队里做了一段时间的吉他手。肯·克利尔俱乐部本来只演奏传统爵士乐，但是现在他们也引进一些流行的节奏蓝调。于是"吉米·鲍威尔和五维"乐队就在里面表演，而我就站在舞台的边上，呼呼地吹着 G 调。有时观众会抬头看我，赞赏地点头，或许心里想："怎么就没有人教这个家伙吹口琴的时候既可以吹气也可以吸气呢？"

我其他的主要工作是在塞车的时候，逗整个乐队乐一乐。我会打开我们坐的多尔小客车的后门，滑稽地滚到路上。每次都会引得大家哈哈大笑。

过了一阵子，我得到了一个更大的角色。鲍威尔问我能否在他唱雷·查尔斯的《我能说什么》（What'd I Say）的时候，给他唱和声，这首歌是他们乐队的压轴曲目。这看起来是多么大的提升啊，所以我很高兴地答应了，但结果却是很快被逐出了乐队。

你觉得为什么会这样呢？是因为我的和声非常难听吗——难听到不能在公开场合唱吗？还是说，鲍威尔突然意识到我很会唱歌，而他不想在乐队里多一个衣着时尚、发型超赞的年轻对手？

我无法置评。你们自己判断吧。我只知道，我被逐出了乐队……

但是不久又被长约翰·鲍德里叫回去了。说长约翰在那个年代的音乐界很突出，这只是一个很保守的说法。他身高六英尺七英寸，嗓音洪亮浑厚，头发金色，非常英俊。他有极大的个人魅力，在舞台上光芒四射。我遇到他的时候，他才23岁——只比我大五岁，不过看上去比我要成熟老练得多。他谈吐得体，衣着无可挑剔，非常喜欢穿银色鲨鱼皮制成的三扣西装，再配上高跟靴——卡尔纳比街的风格。只不过，他的这套行头不是从卡尔纳比街买的，而是从后街小巷的一个希腊裁缝那里定做的，价格要便宜得多。他还有一件粗呢连帽厚外套，穿起来很有异国味道，不过最与众不同的还是他的西装——从他热爱的美国蓝调歌手那里学来的时髦款式，三件套，搭配闪亮的皮鞋、精心选择的袜子。你嘴里可以唱着关于贫穷的歌，可能实际上也真穷，但是你的穿着打扮绝不能比百万富翁逊色。这就是这一行的门道。

长约翰以前是语法学校的学生，在伦敦外的米德尔塞克斯那里念的书，他非常聪明。事实上，他父母曾经说过，他决定从事音乐是"对他聪明大脑的浪费"。他处理音乐的方式有些类似学者。他有许多很酷的唱片，那些来自美国的东西，他接触得比其他人都早。是长约翰让我的兴趣从民谣逐渐转向蓝调音乐。记得有一次我在他古奇街的公寓，当时正准备出发去参加一个小型演出，我问他能不能借他的马蒂·沃特斯的那张专辑《在新港1960》（At Newport 1960）——封面是马蒂站在楼梯上，戴着一个超酷的白色领结。长约翰回答："可能不行呢。我刚从新兵乐队的基思·雷尔夫那里拿回来，滚石乐队的米克和基思还等着听呢。"滚石乐队是想用他们的盘式磁带录音机把那张专辑录下来。大家都想听唱片，长约翰那里就像个图书馆。

他非常喜欢喝伏特加，还喜欢做一些蠢事来自娱自乐，他管这个叫作"疯狂"。他还是一个同性恋，我很久之后才意识到这一点（我当时是多么地不谙世事）。现在回想起来，我们同在一个乐队的时候，我常常去他的公寓，在那里等着面包车来接我们去演出，几乎每次去都会碰到长约翰洗完澡出来，只围着块浴巾，有时甚至赤身裸体。但是因为我太天真，所以完全没有读出其中的讯息。因为在足球队的更衣室里，大家都光着身子走来走去，所以这在我看来再正常不过了，我压根儿没在意，更不用说去揣摩他的意图了。

我甚至还跟他睡过同一张床——跟乐队巡演的时候，在博尔顿的一家简陋的小旅馆里，因为当时房间不够，不过我还是丝毫没有察觉。直到第二天早上我下楼吃早饭，乐队的其他几个成员窃笑着说些"你裤子穿对了么"之类的话，我才有点明白了——长约翰是那个年代人们叫作"搞基"的那类人。

在1964年的英国，同性恋还是非法的，直到1967年才合法（现在看来，当时的社会风气是多么野蛮和不合情理），所以人们不会到处宣扬，哪怕是跟人倾诉说自己是同性恋。我想当时长约翰是有恋人的，但是我想不起他在我们演出的时候跟谁在一起。几年后，他就有公开的男朋友了。早些年，他还是非常小心地隐藏着这一点——所以他要忍受七大姑八大姨们的唠叨，问他打算什么时候"找个好女孩结婚"之类的话，还有他母亲的担心。她有一次跟长约翰说，她很担心我们两个老是在一起，因为她觉得我有点"娘娘腔"。

长约翰精通音乐。他常去伊灵爵士俱乐部（那是一个潮湿的地下室，需要在舞台的天花板上挂一层布，以防止水滴到乐师们的头上），是那里"蓝调社团"的一员，跟亚里克西斯·科纳和西里尔·戴维斯一起表演。那两人都以马蒂·沃特斯为偶像，并以"全世界第一支白人电子蓝调乐队"自居。后来，因为科纳决定把"蓝调社团"变成一个渐进式爵士乐队，长约翰就去了"西里尔·戴维斯节奏蓝调全明星"乐队，这个乐队青睐芝加哥蓝调，刚好是长约翰所推崇的。

我、罗尼·伍德、米基·沃勒和杰夫·贝克。能跟这么杰出的吉他手同台演出,是一个莫大的荣誉,不过杰夫看起来像是很想把摄影师杀死的样子。米基看起来像一个图书管理员。更不要提我头上这顶糟糕的帽子了。

托尼·纽曼在打鼓,后面是杰夫·贝克乐队的其他成员,排练中。

第4章 乐队首秀

戴维斯是一个秃顶壮实的家伙,有整整一箱子口琴,他的演奏棒极了,在口琴的吹气和吸气上比我做得要好。不幸的是,他的健康状况突然变坏,不久又急剧恶化,病了一段时间之后,在1964年1月去世了——当时人们说他死于心脏病,但实际上他得的是白血病。去世时年仅31岁。

长约翰决定在鳗鱼饼岛进行一场全明星乐队演出来悼念戴维斯,以此形式来守灵。我去看了那场演出,不过印象不太深刻。据有关资料,那晚同在观众席的还有伊恩·迈克拉根,他后来是脸孔乐队的键盘手,做开场表演的是一个叫"杰夫·贝克与三叉戟"的乐队。不过那个年代就是这样,任何一个后来举足轻重的人,最初都站在这个地方。如果那一晚在那个俱乐部瓦斯爆炸的话,英国未来的摇滚音乐界会损失四分之三的人才。

不管怎样,我清清楚楚记得演出之后发生的事。我坐在特威克南车站的站台上,等着开往滑铁卢的列车。为了打发时间,我从大衣口袋里拿出口琴开始吹。我吹的是"咆哮之狼"乐队的《烟囱闪电》(*Smokestack Lightnin*)的即兴重复段,那是一首蓝调曲子,我大致知道如何吹完。

在长约翰后来跟人讲述的故事里,他说当他在这荒凉的车站里等车的时候,夜风中传来一阵优美哀伤的蓝调音乐,使得他不禁竖起耳朵倾听。但是这不太可能,你想想我当时的吹口琴技术。所以可能是他当时喝醉了,抑或者是我喝醉了,超水平发挥。不管是哪种原因,反正他向我走过来,我当时正因为寒冷而蜷缩成一团——他说我坐在那里,他只看到一堆破布中露出一个大鼻子,他向我做了自我介绍。

列车来了,我们一起坐车回伦敦市中心。我们在路上聊了聊他在戴维斯去世后,是如何接手"西里尔·戴维斯节奏蓝调全明星"乐队的,等到我们坐到滑铁卢站的时候,他问我愿不愿意加入乐队,做一个和声歌手。他建议把乐队改名为"长约翰·鲍德里与浪子们",还

045

提出要付我每星期35英镑的报酬。

如果听到这句话我刚好在吹口琴，那我一定会因为嘴巴张得太大而把口琴吞下去的。每星期35英镑！每星期20英镑，一年就能挣一千英镑，那些做着体面工作的人一年也就挣个一千英镑，而他说要给我35英镑让我做和声歌手！

他怎么知道我会唱歌？也许他看到过我和吉米·鲍威尔他们在一起，也许有人跟他提过我，也许他只是喜欢我（他当然从来没有这么说过）。一切看起来不可思议地神奇和顺利，就好像电影里面的情节。前一秒你还在无所事事地等火车，下一秒你就突然得到一个成为职业乐手的机会，报酬还极为诱人。

那我有没有欣然接受呢？我没有。我的反应就像每一个19岁的好孩子会有的那种，我告诉他，我要先回家问问母亲的意见。

当时我心里可能已经在想象第二天怎么跟父母说这件事。"昨晚我在火车站碰到一个很帅的年轻人，他说想请我跟他一起到处巡演，他会付我报酬。"我了解母亲，她可能会有很多疑虑，多半不会爽快地说"去吧，儿子，做得开心"之类的话。

长约翰说他完全理解——他自己当时也跟母亲住在一起，他说会亲自过来跟我的母亲聊一聊。

他言而有信。长约翰在英国的蓝调圈里是响当当的人物，不过我父母当然是一点儿也不知道他是谁。这个干净帅气、谈吐得体的年轻人走进我父亲的店里，还带了一束鲜花（他确实懂得如何让做父母的放心）。我母亲一连串地问了一堆问题：罗德是不是要离开伦敦？他什么时候能回来？

"放心吧，斯图尔特太太。我会照顾好你的小罗德的。"

于是我母亲对演艺界堕落传闻的害怕和对我出门在外的担心，都在他的宽慰里像热锅里的黄油一样融化掉了。

"好的，长约翰。你是一个绅士。"

第 4 章　乐队首秀

鳗鱼饼岛，我在这里第一次在公众面前表演。在这里还发生过一次跟一个啤酒杯有关的不幸的小事故。

五维乐队，看上去前途一片光明。

于是，就这样，我有了一份在乐队的工作。

* * *

没有时间排练了。我哥哥唐把我带到西区，给我买了一件白色的高领衬衫，还有一条领带，我就出发了。我们在曼彻斯特的"扭轮"俱乐部马上有一场演出。在去那里的面包车上，长约翰说我要有一首歌。他的构想是：我跟乐队一起先唱一首歌，然后再向观众介绍自己。我说我会唱雷·查尔斯的《夜晚就是好时光》（The Night Time Is the Right Time）。"你们会演奏这首歌吗？"我问他们。他们不以为然地扬了扬眉毛，好像我刚刚问的问题是："水是湿的吗，或者教皇是天主教的吗？"

那次是通宵演出，意味着我要唱两遍歌。先来一拨夜场的观众，我们会演一场。然后第一拨观众离开，俱乐部会放进第二批通宵的观众，我们再表演一遍。

当晚间表演快要开始，一大拨观众涌进来时，我开始紧张：信心不足，身体发抖，感到恶心，胃里有点翻腾。克利夫·巴顿注意到了我不对劲，他是乐队的贝司手——一个聪明的家伙，他悄悄把一个东西塞到我的手里，然后说了句医生常说的话："吃下这个，你就会觉得好多了。"

我看了看，那是一颗黑色的小药丸。

"这是什么？"我问他。

这显然是一颗安非他明片，俗称"黑炸弹"。我之前有听说过，不过从来没有吃过这类东西。

"这个会稍微对你有些帮助，"克利夫向我保证，"就像喝一杯咖啡的效果。"

我有些警觉，告诉克利夫，"可是我从来不喝咖啡。"

第4章 乐队首秀

不过克利夫很坚定——他又像医生一样跟我说："相信我"。

我相信了他。我灌了一口棕色麦芽啤酒，把"黑炸弹"吞了下去。刚开始，并没什么感觉。然后，突然一切都彻底改变了，就好像有人在我的食指上通了电源一般。安非他明进入了我的整个身体。我的眼睛睁得像盘子那么大。可以肯定的是，即使我事先没有精心用倒梳的方法把头发弄蓬松，它也会根根立起来，跟达斯汀·斯普林菲尔德一样。

当我上台的时候，我比人生任何一个时候都要清醒，感觉自己的脚离地六英寸。乐队开始演奏《夜晚就是好时光》，我全情投入地演唱，气势磅礴，精神得就好像警犬发现了窃贼一样。因为我们之前没有排练过，所以完全依靠舞台上互相打手势来合拍，我几乎是没完没了地冲着乐队大喊："再来一遍！继续！"乐队的其他成员们都迷惑不解地相互对视。我不知道这首歌效果如何，只知道当时感觉棒极了。观众看起来也很热烈——至少前六分钟是。在那之后，他们的关注可能稍微减弱些。不过到底怎样，我也不清楚。这版《夜晚就是好时光》大概是史上最长的版本了。最后乐队一阵击打，终于结束了这首歌，然后我介绍长约翰上场，正式的演出才开始。

我整晚都像通了电一般，异常兴奋，以至于最后他们不得不把我赶下台。

接下来的四天我都没有睡着觉，为我的第一场演出而兴奋。

后来，演出就多起来了。我终于知道为什么报酬可观了，乐队很忙：长约翰作为歌手的名气很大，我们在挣大钱——每星期都演出好几个晚上，全英国各地到处跑，在俱乐部里表演，或者在大学里演出。最忙的时候，我们一星期七个晚上都被预订，周末有时每晚要连演三场。

我们的交通工具是一辆旧的明黄色的搬家货车，长约翰花40英镑买下了它。给我们开车的是一个叫"疯哈里"的家伙。二战的时候

049

他是英国皇家空军的一员，驾驶过兰喀斯特式轰炸机，他的心一直留在飞机上。他把车弄得像飞机上的座舱似的，装了测高计、时钟、标度盘，还有飞行大事记。他的行头是一副护目镜、一件皮夹克和一条丝巾。疯哈里的另一个任务是每晚在舞台上宣告乐队的出场，并在演出结束的时候博取观众的掌声。那时，他就换上燕尾服，上面别着他的战斗勋章。

乐队成员通常都坐在面包车的后座，四个破旧的座位围着一个煤油炉，炉子被绳子固定在底盘上，以防在车转弯时翻倒。这个炉子是给我们取暖用的，但也使我们喉咙和眼睛里满是油烟。不知道安全保健部门知道了会怎么想。如果一旦发生撞车的话，就不知道我们几个人会变成什么样的了。任何高速的撞击都会把这辆面包车变成一支火箭。

这种危险的感觉因为疯哈里的开车风格而有增无减，他总是踩油门，很少踩刹车。对于哈里来说，速度就是一切。他开车的时候就像飞机起飞前在跑道上加速。长约翰——他在情况最佳的时候也是一个不安的乘客——总是敲着仪表盘大吼："看在上帝的份上，兄弟，开慢点！"

疯哈里在开往鳗鱼饼岛的最后一段路程中还有个绝活，就是在转弯的时候加速，面包车开出了马路，差点儿掉进泰晤士河里。这是他的招牌动作——飞行特技"翻滚"。长约翰最终受不了这样的惊吓，开始尽可能地坐火车去参加演出。钢琴师伊恩·阿米特——苏格兰男孩，很棒的乐师——给自己买了一辆小汽车，因为他觉得这样活下来的几率大一些。要不是为了省钱，我多半也会这么做。

当然，这样的开法对车来说损耗也很大。有一次在赶往纽卡斯尔大学演出的路上，这辆面包车终于决定不工作了，减速后停了下来，然后就死活不再动了。我们后来被拖车拉着出现在演出的地方。

到那时为止，这辆模拟的兰卡斯特轰炸机已经带我们跑遍了英国。载着我们到过特伦特河畔斯托克,一家叫作"此地"的俱乐部。那里的观众都疯狂了,他们兴奋地挥舞拳头——长约翰有些迷惑了,他误读了这种手势,以为观众是某个纳粹团体,于是暂停了表演宣布:"我们这里不允许法西斯之类存在!"把演出的气氛完全浇灭了。

这辆车还载过我们去苏格兰东部的海港城市敦提。在那边大学里的一场演出,是我第一次尝试在舞台上穿格子衣服。长约翰建议我们先进城买点苏格兰风格的裤子和背心,他觉得这样能够拉近跟观众的距离,我们都知道那里的观众不太容易取悦。演出的时候,观众看到台上一个高高的英国男人和他留着达斯汀·斯普林菲尔德发型的大鼻子同伴,两个人都穿着格子裤想要讨好观众。但观众显然不吃这一套,啤酒罐像雨点一样落到舞台上,以至于好多年之后,我才敢再次尝试格子裤。

在其他一些地方,即使不穿格子裤,也会有人打趣,光发型就够他们嘲笑的了。时不时就有人在换歌的间隙里大声说:"你是男孩还是女孩?"我早就准备好如何应答:"上来吧,你自己来看。"这也许不是很机智的回答,但是,很有效。

都怪长约翰给我取了个女孩子似的昵称,叫"菲利斯"。结果鳗鱼饼岛的墙上就被人画了幅涂鸦,上面的"长约翰·鲍德里与浪子们"被改成"埃达·鲍德里与菲利斯·斯图尔特女郎"。这就是在1964年精心打造发型付出的代价。

我们在伦敦的庄园宅邸里住过一段时间,那里的舞台是用厚木板和板条箱搭建的,没有用钉子钉死。表演的时候,舞台上有时会出现大裂缝,整个乐队和乐器都会消失不见。有时候是鼓手消失在舞台后面,中间会停顿一会儿。鼓手会掸去身上的灰尘,把鼓重新组装起来。我有一次看到祖特·莫尼乐队在那里表演,他们都穿着鲨鱼皮夹克,打着细窄的领带——多么棒的一支乐队啊,而且他们的酒量都很惊人。

我也能喝,不过我的问题是喝下去憋不住。有一晚在鳗鱼饼岛的舞台上,我突然内急,而厕所在俱乐部的后面,中间有一段长长的路,于是我跑到楼上的小更衣室,在一个空的啤酒瓶里解决了。我把瓶子放在地板上,但是在匆忙返回舞台的时候不小心把它踢翻了。里面温热的液体渗透了地板,然后滴到了长约翰的头上和肩上。

这件事的教训是:永远不要把更衣室建在舞台上方。这件事害我要付给长约翰一笔干洗费。

我的独唱曲目也开始增加。除了《夜晚就是好时光》,他们还让我唱马蒂·沃特斯的《坦克里的老虎》(*Tiger in Your Tank*),还有约翰·李·胡克的《酒窝》(*Dimple*)。我是不是觉得自己已经是一个蓝调歌手了呢?不完全是。我在内心深处还是一个民谣歌手。不过我觉得自己的嗓音可以适应绝大多数的风格,我尽力对这几首歌做最佳的演绎。另外,我已经不再需要"黑炸弹"来壮胆了。我会喝一瓶布朗淡啤酒,再来一杯掺橙汁的苏格兰威士忌——很特别的组合,但对牙齿和肝都不好,这样就能让我撑一晚上了。如果是在伦敦演出,比方说在天幕俱乐部,我就会傍晚从家里出发,护住自己的头发,走到阿奇维站,经过樵夫酒吧时在那里喝下布朗淡啤、苏格兰威士忌和橙汁。在夜晚结束回到地铁站的时候,还处在轻微兴奋的状态。

我的存在好像给乐队带来了一拨新的观众——摩登派的年轻人,他们喜欢看一个穿着定制西装、发型考究的人唱节奏蓝调。有些地方的广告已经改成"长约翰·鲍德里与浪子罗德·摩登·斯图尔特"。长约翰开始在舞台上这样介绍我:"女士们以及你们的朋友们——让我们掌声有请……罗德·摩登·斯图尔特!"

我也逐渐了解到生活化学中的一条伟大真理:女孩子喜欢歌手。很明显,看过一个人唱歌之后,女孩子们会很高兴地直接走到那个人身边,跟他交谈,喜欢待在他身边。这是唱歌带来的魔力——吸引力。这对我来说太好了。我常耍的一个把戏就是,上台表演前,先去那里的吧台坐着，跟一个迷人的女孩子搭讪，先不告诉她我是当晚的表演者之一。然后，当疯哈里出现，开始介绍乐队的时候，我就可以对这个女孩子说："不好意思，我要上台表演了。"然后穿过观众席走上舞台。这一招通常会给对方留下深刻的印象，等表演完重新回到这个女孩子身边的时候，多半能俘获芳心。

1964年3月，索尼·博伊·威廉森——美国蓝调歌手、口琴演奏家、蓝调音乐创始人之一，要为天幕俱乐部在苏豪区沃德街的新址开张做演出，我们去给他做开场表演——这令我无比激动，因为我是他的忠实粉丝。一年之后威廉森死于心脏病，年仅53岁。演出当天他穿了一件无可挑剔的双色西服，看上去魅力非凡——货真价实的魅力。

当时天幕俱乐部没有酒精销售牌照，只提供可乐和咖啡。就在这里，有一晚，当我们乐队演出的时候，观众席里有一个人站在前排读报纸——他可能是想表达他对我们这种仿美式节奏蓝调表演的不屑。长约翰很有效地对付了他：他走下舞台，用打火机点燃了那张报纸。

我们还和利特尔·沃尔特同台演出过，他是美国蓝调音乐的创始人之一，并且是唯一一个因为对口琴演奏的杰出贡献而进入摇滚名人堂的人。老实说，他有那么一点吓人，在情绪控制方面可能有一点点问题。有一次他在后台叫我帮他找几个女孩子，当我显得困惑的时候，他威胁说要捅我一刀。那个夜晚接下来的时间里，我都小心翼翼地避开他。不过，他当然是一位非常棒的口琴演奏家。

那段时期里只有一次危机事件，发生在英国南部的朴茨茅斯。当时甲壳虫乐队邀请长约翰客串他们的一个电视特别节目——这样的邀请，你不可能拿你头发还没洗之类的理由拒绝，他就一直待在伦敦参加拍摄，并跟我们保证，他会及时赶回来跟我们一起参加在朴茨茅斯"约会地俱乐部"的演出。

但是表演时间到了，他还是不见踪影。我们被恼火的俱乐部老板逼着上台，我只好代替他表演。我总共只有三首歌，只好尽可能拖着唱，观众开始变得焦躁，有人叫着"我们要听长约翰唱"，还有人叫着"滚开，你这个怪家伙"。唱了几首歌之后，长约翰终于穿过观众席上台。我一个人在舞台上煎熬了这么久，满腔怒火，就在台上冲他吼了句类似"见鬼，你总算来了"的话。长约翰爬上舞台，完成演出后，在后台平静地炒了我——我承认，这让我泪水夺眶而出。我不知道乐队也会炒人鱿鱼。我以为只有现实世界里的工作才会有解雇这种事发生。

我的流放持续了一星期，然后又被叫回去了。幸运的是，我们之间没留下什么长久的裂痕。6月的时候，长约翰跟联美公司合作录一张个人唱片，他叫我在那首《在我的头顶上》（Up Above My Head）里唱和声。这首罗赛特·萨普的福音歌曲是放在他的单曲唱片《你将属于我》（You'll Be Mine）B面的一首歌。我的录音效果让人感觉不是很放松。实际上，它烙上了一个新手在录音室里的所有印记——急于表现，过度发挥。这首歌本来是一首"启应形式"的歌曲，不过我唱的时候，回应比召唤要大声得多，听起来就好像我要在一个喊叫比赛里占上风一般——并且做到了。

这就是我第一张发行的唱片。

这一时期我是多么地大开眼界——多棒的学徒生涯。当我第一次钻进那辆面包车，跟那些浪子们一起吸进第一口油烟的时候，我还完全是一个音乐新手，我仅仅了解蓝调和弦的12小节。而现在我站在舞台上，跟这些真正的多才多艺的老练的音乐家们一起表演，例如克里夫·巴顿、伊恩·阿米特，还有吉他手杰夫·布拉德福德——他是很棒的爵士表演者，同时也可以轻松地转成蓝调风格。他们有些已经三四十岁，都经历过传统爵士的阶段，得到了恰当的训练，积累了大量的经验，经过了实战的考验，变得像坚果一样坚硬。杰夫·布拉德福德演奏约翰·李·胡克的歌曲毫无瑕疵。他们演奏《浪子》

（Hoochie Coochie Man），长约翰主唱，或者结束曲《我的符咒灵验了》（Got My Mojo Working），听起来跟唱片里的一模一样，就像马迪的乐队在演奏一般。作为一个歌手，我第一次加入的乐队就这么棒，简直让人觉得是上天眷顾。不止是一点点的受宠若惊，因为我清楚地知道他们有多么棒。

然而，最重要的是长约翰对我的影响，一种无法估量的影响。他带我前行，一部分通过身体力行的榜样作用，一部分通过直接的教诲——从基本的舞台艺术到发声技巧，一切的一切。他告诉我站在话筒前一定要两脚分开，绝对不可以双脚并拢，因为那样会使得你没有存在感或者权威感。他向我展示如何演绎一首歌，如何把它变成自己的。他让我看到如何跟观众说话，如何在舞台上跟观众交流，如何跟一屋子你几乎看不清的人建立关系。我这些年一直使用他教给我的这些宝贵的经验，将来还会继续用下去，只要我手拿着话筒站在观众面前。

这些日子是黄金岁月。我心里想着：这就是我要的人生。好得不能再好，棒极了。做着自己想做的事：一个晚上唱三四首歌，喝一杯酒，看着那些女孩子们，有时候还勾上那么一个，然后回家。

我之前跟母亲说起长约翰给我这份工作机会的时候，母亲曾经问过我一个问题："这份工作有前途么？"我当时一顿胡诌，说了一堆证明它很有前途的话。而真相是，我自己也不知道。我当然希望它很有前途。但是不管结果如何，起码我这份工作做了九个月。而且如果真到了结束的那一天，我也有足够的钱买一辆名爵小型跑车，当时卖430英镑左右。如果我有一辆自己的名爵车——足够了。

拥有这样想法的人不止我一个。大家都觉得20世纪60年代初期音乐界的蓬勃发展只是天空中的一道闪电，注定会没落消失，来得快，去得也快。我们觉得甲壳虫乐队有了那首《真心爱我》（Love Me Do）事业已经到顶了。我们也觉得滚石乐队的《爱到尽头》（It's

All Over Now）已是音乐的巅峰之作。我们不奢望这场席卷英国的音乐大潮能够持续多久。我们觉得它只是一种时尚，一种一时的狂热，大家最终都会摆脱。所以，当你加入一个乐队的时候，你想的不是未来，不是所谓的职业生涯。一切都是全新的，前所未有的，所以没有什么先例可以让你参照。你身在这一行，只是因为你此刻热爱它，而其他顺势发生的一切都是额外的奖励。

第 5 章

首张唱片

我们的主人公有了自己的经纪人，录了一张个人单曲唱片，说不清是什么原因，它并没有在电视广播里火起来。还跟加里·格里特擦肩而过。

约翰·罗兰兹和杰夫·赖特第一次看到我唱歌，是 1964 年 4 月在伦敦的天幕俱乐部，我当时跟浪子乐队一起表演。他们多半觉得我唱得不错，因为演出结束后他们就过来找我，问我愿不愿意让他们做我的经纪人。

在那个年纪（我当时只有 19 岁），居然有人过来跟我商量经纪人这么复杂的事，我觉得很有趣。同时，我也听说过经纪人是个鲨鱼出没的水域。有个经典的故事是这样的，一个天真的新歌手在喝得醉醺醺的情况下，与经纪人签订了合同，然后他的收入都被一个穿西装的家伙拿去，那个家伙在巴巴多斯买了所大房子，而他自己却穷困潦倒，还官司缠身。

不过罗兰兹和赖特并不是"鲨鱼"。如果他们是，他们也伪装得很好。我蛮喜欢他俩的外表。两人看起来都沉稳可靠，罗兰兹看起来像约翰·梅杰——后来的英国首相；赖特像大卫·爱登堡。他后来还说在公开场合跟我一起走有点尴尬，因为我的发型和穿着都很怪异。呃，这是一个经纪人该说的话么？

罗兰兹曾经拍过阿华田饮料的电视广告，没有多少人有这样的经历。他后来还开了一家公关公司，主要给汤姆·琼斯和英格柏·汉普汀克做经纪人。赖特曾经跟汤米·史提尔、瓦尔·多尼加，还有德斯·奥康纳（都是响当当的人物）等人共事过，还管理过伦敦剧本公司，这个公司是由斯派克·米利甘、埃里克·塞克斯、弗兰基·豪尔德、雷·高尔顿和艾伦·辛普森组建的——都是英国喜剧界的代表人物。这些真是很有说服力的经历呢。

因此我告诉他们，我很乐意看一下合同。没过多久，他们就拟了一份合同给我。对于一个新人来说，这是一个艰难的时刻。事实上，这是一个典型的两难处境。你需要一个经纪人来告诉你该不该跟这个经纪人签合同，而我还没有经纪人，所以也无人可问。

不过我并没有马上签。我把合同拿回家，给我哥哥唐看，他比较懂数字，我们一起仔仔细细地研究，足足考虑了两星期，这有效地引起了罗兰兹和赖特的强烈兴趣。我听别人说起过我在发展事业方面的精明头脑，他们说的有一定道理。不过这里还是不要夸大了。总的来说，我就是希望自己不要完全被当成傻瓜。我带着合同去找罗兰兹和赖特，告诉他们我对合同比较满意，只需要再加进一条，说明我和长约翰以及他的乐队共同演出所得的部分，不属于他们提成的范围。（这个合作是在他们出现之前就存在的，所以他们有什么理由提成呢？）

合同做了一些让我们双方都满意的修改，然后我们在肯辛顿宫酒店的巴里厅举行了一个庆祝性质的香槟晚宴。晚宴快结束的时候，我头枕着盘子，在餐桌上睡着了。太累了，当然香槟可能也起了一点儿作用。

我的新经纪人开始四处帮我张罗一个唱片合约。他们需要先弄一个样带，所以他们在苏豪区的波兰街预订了一家比较简陋的录音室。我找来男子汉乐队的伊恩·阿米特和克里夫·巴顿，我们一起在四小时里录了七首歌：奥斯卡·布朗与耐特·阿德雷的《劳动号子》（Work Song）、吉米·里德的《没那么爱你》（Ain't That Lovin' You Baby）和《明亮灯光大城市》（Bright Lights Big City）、大比尔·布伦齐的两首歌《拖把蓝调》（Moppers Blues）和《把手从她身上拿开》（Keep Your Hands Off Her）、威利·迪克逊的《不要告诉任何人》（Don't You Tell Nobody），还有咆哮之狼乐队的《就像我对你一样》（Just Like I Treat You）。录制效果有些沙糙，但还是可用的，做样带可能也够了。

一些唱片公司的反馈是，我的声音有些沙哑，很难取得商业上的成功。我的嗓音听起来有些沙沙的，而当时人们喜欢的是那种干净悦耳的声音。百代唱片拒绝我的主要原因就是这个。也有些公司担心我长得不够好看，难以成为独唱歌手。这一行就是这么现实冷酷，对吧。他们觉得市场需要的是悦耳的声音和美丽的外表，而我有的却是一副沙哑的嗓子和一个突出的大鼻子。

但是罗兰兹和赖特还是仅靠着这个样带（并且没有试图藏起我的大鼻子），说服了迪卡唱片公司的迈克·弗农给我出一张单曲唱片。滚石乐队就是迪卡公司的。我上一次看到滚石乐队还是在里士满的时候，他们坐在高脚凳上，穿着开襟羊毛衫，而现在他们已经大红大紫，走到哪里都能引发粉丝的尖叫。所以迪卡公司看起来是个很不错的起点。

我的第一张唱片的录制过程是不是最专业的呢？恐怕不是。迪卡公司的录音室在西汉普斯特德的布罗德赫斯特花园。1964年9月3日的早晨，我到了那里的前台，手里还紧紧抓着母亲一大早给我做好的芝士三明治。

"罗德·斯图尔特。"我尽可能轻松地说，"我之前预订了。"

我确实预订了——不过，那个接待员困惑地翻看记录，发现我预订的时间是9月10号，一星期之后。我记错了，于是我又拿着备好的午餐，回到家里。

接下来的那个周四上午，我 11 点左右被母亲叫醒了。杰夫·赖特已经打电话过来，问我在哪里。呃，我正在床上躺着，前一晚刚跟男子汉乐队一起演出，累坏了。但我还是爬起来到楼下接了电话，杰夫提醒我，要来的地方是布罗德赫斯特花园。乐队已经在录音室了，每个人都在等我。

"马上打车过来。"杰夫说。

"不行，"我说，"太贵了。"

"到了这边我付钱。"杰夫说。（你们看出我耍的小把戏了吗？）

就这样我打车过去，出租车开了将近半小时。我的头脑慢慢清醒过来，到录音室的时候已经晌午了，离预订的时间已经过去了两小时，录音室里气氛不妙，大家都显得很不耐烦。

当我建议把之前商量的曲目换掉时，气氛就更加不妙了——说实话，那些歌我都懒得练。（乐队不一样，他们早就把这几首歌仔仔细细排练过了。）因为这些歌都是迪卡公司提出的，都是他们认为会走红的那种。它们听起来有些偏流行音乐，有些轻飘飘，对我来说，相当差劲。它们一点也没有那种我一听就知道属于自己的朴实的蓝调风格。

"那你希望我们录什么歌？"杰夫问，他勉强保持着微笑——不过嘴唇抿得如此紧，很难算是微笑，只能说是苦笑。录音室是按时间来计费的，流逝的每分钟都是钱，这些找来的乐师们也价格不菲。

我的想法是：我们应该录索尼·博伊·威廉森的歌，它们比较能体现我的音色。

"可以，"杰夫犹豫地说，"那乐谱在哪里？"

好问题。我还真没想到这个。

我灵光一闪：为什么不直接到附近的唱片店里买一张他的唱片？我们当场放一下，大家就学会了。

第5章 首张唱片

杰夫把我这个想法跟乐队商量了一下，大家好像基本都还愿意，可能因为到了这个时候，就想着怎么样都行，尽快把这趟差事做完。

"那好，"杰夫说，"你去买吧。"

我还有一个小问题：我能跟你借几英镑吗？（这里，你们看出我又一次耍的小把戏了吗？）

就这样我拿着杰夫的钱买了这张唱片，然后在控制室里播放它，乐队边听边演奏，很快就掌握了。我注意到一个贝司手学得尤其快，他叫"约翰·保罗·琼斯"，后来在一个叫"齐柏林飞艇"的乐队里做得相当不错。我们很快就录好了这首《小女生早上好》（*Good Morning Little Schoolgirl*）。唱片的另一面，我们录的是大比尔·布伦齐的《我将搬到郊区》（*I'm Gonna Move to the Outskirts of Town*），我们本来就熟悉的一首歌。

这样就完成了我的第一张单曲唱片。

我不知道迪卡公司的人听到这张唱片的时候是什么感觉。他们原来指望拿到一张能够冲击排行榜的流行歌曲放到电视广播里去，结果却拿到一张有点粗糙的蓝调歌曲，歌词还有那么点情色味道（实际上，是非常粗俗）。不过，不管他们怎么恼火，他们还是在一个月之后，也就是1964年的10月16日发行了这张唱片。

看到自己的名字和深蓝色的迪卡公司的标识印在一起，真是令人兴奋。媒体一定也很兴奋，因为他们拿到唱片的同时，也拿到一张问答形式的新闻稿，上面写着我的"全名"（罗德里克·戴维·斯图尔特），还有我"不太喜欢"的东西（籍贯居然是"苏格兰"——肯定是那次在邓迪跟长约翰一起穿着格子裤表演的后遗症）以及我"讨厌"的事物（"傻瓜"——我坚持这一点）。

注意，里面写的我的"梦想"是："跟贝西伯爵管弦乐团一起表演"。即便在我那么年轻时候，我的眼光好像也蛮远大的。

出唱片这件事可能没大到上全国性的报纸，不过在当地的报纸上

我的恩人长约翰·鲍德瑞。我每天都会想起他,是他发掘了我。

跟长约翰一起在天幕俱乐部的舞台上,1964年。

我第一次上电视节目《准备出发》,在那之前我觉得很有必要整个下午待在酒吧里,喝酒壮胆。我的眼神出卖了我。你现在不能阻挡我了!
插图:猎枪快车乐队——贝丽尔·马斯登、彼得·巴登斯和我。

第5章 首张唱片

还是颇占版面的。忠诚的《汉普斯特德和海盖特快报》刊登了对我的专访。照片里，我系着一条格子围巾，穿一条蓝白条纹的裤子，一双高跟靴，站在阿奇维路的惠灵顿酒店里手里拿着一杯苦啤酒。我告诉读者们："我会在这一行一直做下去，只要它有前途。"我还补充了一句，"当然，我是为了挣钱才这么做的。"

这样的虚张声势刚好暗示了这张唱片很快彻底失败的命运。不过在此之前，迪卡公司的宣传部门或者是罗兰兹和赖特帮我争取到机会参加独立电视台周五晚的流行音乐节目"准备出发"。

这真的是一个很大的突破。当时的英国总共只有三个电视频道，"准备出发"是个很有影响力的节目。基本上整个购买唱片的群体都会准时收看。"周末从这里开始。"这句话是这个节目的开场白。如果你在节目里表现得好的话，你的唱片销售也会从这里开始呢。

于是我就去了京士威路的"丽的映声工作室"。紧张吗？那还用说。虽然我已经尽了一切努力来使自己平静，比如说之前特地去酒吧里喝了杯掺橙汁的苏格兰威士忌。节目制作人觉得我应该单独出场，让我站在一个金属支架上，脖子上挂着一把电吉他——其实唱片里用的是一把原声吉他，而且也不是我弹的。不过娱乐圈就是这样啦。

我带了一袋衣服，里面是一件有点披头族味道的黑色圆领套衫，一条时髦的灰色低腰裤，一条帆布腰带——我穿上它们，对着更衣室的镜子看效果的时候，觉得蛮好看的。快到上台的时间了，我跟着工作人员从休息室走到指定的位置。站在那里等待的时间很短暂，但很令人不安。终于，舞台监督从他的耳麦里收到了开始的指令，招手让我进去。当我走上前去的时候，一只脚绊了另一只脚，我就这么摔倒在全英国观众的面前。

真糟糕。接下来的三分钟都过得极度地窘迫。我只能安慰自己，还好还好，没有脸朝下扑倒在地上，不算最惨。

节目结束的时候，我依照惯例，向录音室里热烈鼓掌的观众鞠了一躬。然后站直的时候，抬起手来护住我的发型。因为头发上喷了很多发胶，所以鞠躬起身的时候，很容易塌下来。

很巧的是，那一晚早些时候在录音室里预热观众的是：保罗·雷文，他更为人所熟知的名字是"保罗·加德"，也叫作"加里·格里特"。我们在70年代初期有些交集，那时候他穿着闪亮的西装，有几首歌很火，那时候我们谁也没有料到他后来会被关进越南的监狱。事实上，他看起来是个很不错的家伙。我印象最深的是，在一次温莎的宴会上，他掉进了游泳池，假发掉下来漂在水面上，看起来像一只翻过来的鸭子。呃，还是回过头来说说我自己吧。

在"丽的映声"做完节目后，我去了苏豪区的一个酒吧喝上一杯，享受一下那种"那个家伙就是刚刚电视上的那个"的感觉——愉快又不太真实的状态。你会觉得屋里没有一个不认得你的，全英国没有一个不认得你的。然后一个我常看到但从没说过话的人走了过来。他的头发也是倒梳的，有点像我，他也有一个大鼻子，跟我很像，一种亲切感油然而生。

他："哈罗，帅哥。"

我："哈罗，帅哥。"

（那个年代，如果你看上去很时尚，你就是一个"帅哥"。）然后我们就开始聊起来。我告诉他我刚去了哪里，还讲述了在"准备出发"节目中摔的那一跤。两个人都笑得前仰后合，又喝了几杯。就这样，我认识了罗尼·伍德，我们现在依然是好朋友。

事实上，这是那一晚发生的所有事情里影响力最持久的一件事了。我在电视上的单独亮相并没有使《小女生早上好》打入排行榜。要使这张唱片大卖，好像超出了"准备出发"的能力。而当时"新兵乐队"刚好也翻唱了这首歌，对我的唱片就更不利了。

顺便告诉你，连"新兵乐队"唱的这个版本也只在排行榜上位居第四十九位。像老话说的，第一是第一，四十九嘛，什么也不是。

都怪这首歌选得不好。话说，这歌到底是谁选的啊？

题外话

  我们的主人公袒露了自己的一个非常惊人又耗时的爱好。

  2010年12月的时候，我达到了事业上的又一个里程碑。我第二次出现在《铁路模型爱好者》杂志的封面上。登上《滚石》杂志的封面跟这个比起来，都不算什么。

  2007年的时候，《铁路模型爱好者》杂志第一次特写了我在洛杉矶家里顶楼上建造的铁路模型，反响热烈。大家都过来跟我说："罗德，做得太棒了。我一直是一个铁路模型爱好者，现在终于有一个摇滚明星也承认自己喜欢这个了。"

  嗯，这是我的荣幸。除我之外，还有罗杰·多特里，我跟他通过几封电子邮件，专门讨论他在英国的铁路模型。朱斯·霍兰会经常跟我分享一些好看的模型照片，他想要一个我家这样的模型。此外，法兰克·辛纳屈也是我们中的一员。

  还有成千上万的人也都拥有这样的爱好，我对自己是一个铁路模型爱好者没啥羞愧的，虽然可能稍微有点戒备的感觉，不想听到那种典型的反应，以及看到那种"乡下人罗德"之类的标题。只要大家不把它叫作"整套火车"什么的，我就不介意。我还有一张证书，是美国国家铁路模型协会颁发给我的，证明我是"铁路模型大师"。单凭制作"整套火车"，你可拿不到这张证书。

  重点从来都不在火车上。我对它们没有特别的兴趣，我不是一个火车迷恋者，也辨别不出各种类型的机车。我感兴趣的是整个城市的模型和铁路沿线的景观，试图做出那种真实的效果。火车只是进入城市模型核心的工具。

父亲在我七岁时给我买的礼物就是整套火车——一圈轨道和一辆电列车。后来列车没电了,我还是继续玩,用手推着它在轨道上前进。十几岁之后,我开始在一个纸板上建造自己的第一个铁路模型,六英尺长、四英尺宽,当时看起来真是巨大。不久父亲给我买了把吉他,我就把铁路模型放下了一段时间。

直到 1966 年我父亲退休了,他们二老搬出了阿奇维路的小店,搬到几条街外的肯伍德路 24 号的一幢干净小巧的简易住宅里,我才重拾这个爱好。我在自己的卧室里做了一个火车模型,在窗台这个高度,一个两英尺宽的纸板上,靠近门口那里还有带铰链的吊出部分——很复杂的一个工程。即便我的房间那么小,我还是做了一个纸板小山坡,下面有隧道,我的床就挤在这个底板下面。母亲早上进来递咖啡给我的时候都要蹲下来。

罗尼·伍德有一晚住在我那里——应该是 1967 年杰夫·贝克乐队那个时候。母亲端着早茶进来,伍德马上坐起来:"谢谢您,斯图尔特太太。"话音未落,他的头就撞在纸板上了。这件事他跟我念叨了好多年。有一个温暖的夜晚,我还失去了整辆列车,因为它开出了轨道,从敞开的窗户那里开了出去,落到下面的水泥地上,摔得粉碎。这就是历史上著名的"肯伍德路重大火车事故"。

后来我的独唱事业开始了,又有了脸孔乐队,这个爱好只好又被放下,直到 1971 年我在温莎附近买了克兰本庄园。在那里,我把两个房间打通,很认真地做了一个模型:我把底板装好,布置好轨道,还有电线。

但是我在 1975 年搬到了美国,那个模型也只好弃置了。在比弗利山庄的卡洛尔伍德路,我曾和第一任妻子阿兰娜住在那里,我会用一些配套组件做一些建筑物,但是当时找不到一个好的底板布局来安置这些建筑。直到 1993 年,我和雷切尔·亨特结婚的时候,在比弗利公园建了我现在居住的这个房子,才有了一个合适的底板。我那时的助理马尔科姆，在来脸孔乐队工作之前，是"挺进者"刀具公司的管理员，他也是一个铁路模型爱好者，是他帮我一起铺好底板，安置好轨道。

在这个房子的顶楼，一个长50英尺宽21英尺的房间里，穿过走廊还有一个工作间。整个城市模型是仿照美国从蒸汽机过渡到柴油机时期的样子建造的。大约是1945年，第二次世界大战结束的时候，屋顶都是平的，没有空调装置，除了个别大工厂在那个时候开始引进冷却系统。这样的城市景观可以是那个时代的任何一个美国大城市，有一些高五英尺的摩天大楼，还有工业区，里面有工厂和炼油厂，火车一路向城郊开去。模型里还设置了合适的灯光，表现出夕阳的光线，另有一个发声系统，模拟出外界的噪声。整个模型已经完成了三分之二，我还要继续做一段时间。在洛城经营模型火车商店的尼克·巴龙，过来帮我做一些我不擅长的活——电力系统不是我的强项，另外河上的桥是模仿布鲁克林大桥，是一个做建筑模型的朋友帮我做的。除此之外，所有的建筑物和街景以及手工涂漆的人像，都是我自己组装制作的。

我对这些大楼很着迷，尤其是那些风雨飘摇中的老楼。我拍了许多大楼的照片做参考，特别是像芝加哥或者堪萨斯城这样的铁路城市。即便看起来非常简单的东西，比如波状钢上面的锈迹，要复制出来也是比较困难的。唯一的方法就是对照着照片，选好对应的油漆、颜料还有墨水。就像一位建筑师一样，你把一栋建筑放在一个地方，若看起来不太合适，就要把它挪走。不过我在这方面很有眼光，我知道应该把它们放在什么位置，以及使用什么比例。

这些建筑物我都是用配套组件做的，或者是用它们改装而成。我在外面巡演的时候，都会随身带着三个加垫的航空箱，里面装着涂料、工具，还有我正在制作的建筑模型。我先把一个大建筑的每一部分都做好，然后回到家的时候再把它们组装起来。这些箱子跟着我跑遍了世界。每次当我要为巡演预订酒店的时候，我都会要求房间里有一张合适的干净的桌子和明亮的光线。从雅加达到萨斯卡通，很多个安静的下午就在制作模型中充实地度过了。

当我在家的时候，如果哪一天不花一点时间来打理我的模型，我就会觉得虚度光阴。我妻子佩妮挺乐意我忙这些的，因为这样子我就会一直待在楼上，不在她身边碍手碍脚了。这个爱好相当让人上瘾，让人全神贯注。当我制作模型的时候，整个现实世界仿佛都消失了。

那里没有人戴着鸭舌帽、挥舞小旗或者吹口哨。另外，谁在这个城市模型附近发出火车的声音，都会被我不问缘由地赶出去。

我的女儿露比不久前一个人在那个房间待了会儿，她说她当时觉得："如果不是了解父亲，我会说弄出这些模型的人是个疯子。"

好吧，每个人观点不同。我比较喜欢我父亲常跟我说的一句话。他说："儿子啊，一个人想要对生活感到满足，他需要三样东西：一个职业、一项体育运动和一个爱好。"

那，我的情况就是……

职业：歌手。

体育运动：足球。

爱好：铁路模型。

响亮而自豪。

第 6 章

摸爬滚打

我们的主人公继续徒劳地在各个成功的或者不太成功的乐队里从事他的演唱事业。他学了关于忠诚和法国假日的重要一课，还在伦敦帕拉丁剧院他的姑妈埃德娜面前表演。

我的第一张个人单曲唱片就这么结束了。雪上加霜的是，我所在的乐队也解散了。圣诞快乐。

"长约翰·鲍德里与浪子们"乐队在1964年的10月走到尽头。我当时19岁，在乐队度过了最好的十个月。随着演出邀约逐渐减少，长约翰因为要一直支付给我们可观的薪水而接近破产。他估算了一下，大约负债三千英镑——这在60年代是笔大数目，于是乐队被迫解散。我很失落，我热爱跟他们一起巡回表演的日子。从报酬、同事、工作条件和机会各方面来看，我都不可能找到一个更好的当学徒的地方。而且，我那时还没有攒够钱来买车。

不过巡回演出就是这样。你的创意很快就耗尽了。你找到一个乐队，尽力在里面好好表现，直到失去工作，然后你就再找一个。（你如果运气够好的话，就能买一辆车。）

或者，更幸运的是，你的经纪人帮你找到另一个乐队。罗兰兹和赖特当然不愿意我长时间没有工作，他们让我去一个叫"即兴表演"的乐队做头面人物，但不是很成功。他们又让我加入另一个来自南安普敦的组合，这个组合叫作"灵魂代理人"，由四个人组成：一个很棒的风琴手名叫唐·希恩；吉他手托尼·古德；贝司手戴夫·格洛弗；鼓手罗杰·波普，他后来去了埃尔顿·约翰的乐队，做世界巡演。"灵魂代理人"乐队后来由派伊唱片公司出了几张单曲唱片，不过当我在他们乐队的那个时候，我记得，我们大多数时候唱的都是节奏蓝调的几首歌：鲁弗斯·托马斯的《打狗》（*Waling the Dog*）、汤米·塔克的《高跟运动鞋》（*Hi-Heel Sneakers*）之类。

这个乐队的交通工具是一辆性能良好的康门牌面包车，里面装了一个常规的工厂组装的暖风装置，不像浪子乐队那个使用燃油的危险物，从这方面一比，条件还算是有改善吧。在"灵魂代理人"乐队的时候，我们在天幕俱乐部每周会有一次表演，这样大约持续了几个月，薪水是一晚15英镑，这跟我在浪子乐队拿到的一周35美元比起来就逊色多了。"灵魂代理人"有一次收到邀约，去给巴迪·盖伊做开场表演，他是芝加哥蓝调的吉他手。1965年3月，我们开车到曼彻斯特，去那里的扭轮俱乐部，做了午夜场的开场表演，然后我先走了，其他人还留在那里给盖伊做伴奏。挺开心的，但是最好的情况也就这样了。

在当时，当一个乐队的头面人物，对我来说，还是让我不太适应。在浪子乐队的时候，我是给长约翰当伴唱的，我蛮喜欢那种感觉——既能被人注意到，又不用独力支撑整场演出。可能那个时候的我还有些羞怯，需要慢慢磨炼。直到好几年之后，我才觉得做好了准备，可以做主角了。

在"灵魂代理人"乐队待了六个月之后，我回家宅了一段时间，一天到晚无所事事，让我父母有些担心。直到1965年的夏天，才又有一个空缺职位出现。给我这个机会的人，依然是长约翰。

在曼彻斯特的扭轮俱乐部，长约翰非常喜欢跟一个25岁的风琴手布赖恩·奥格一起表演，他有一个乐队叫"布赖恩·奥格三人组"。奥格的经纪人是乔治·高莫尔斯基，他是英国流行音乐界举足轻重的人物，从外形上来说也是大人物，肥胖的肚子，低沉洪亮的声音，带点东欧腔的口音。是他说服天幕俱乐部每星期办一次蓝调之夜的，而当时，传统爵士纯粹主义者对蓝调是非常仇视的。他还在里士满的火车站酒店开了一个小龙虾俱乐部，让滚石乐队在那里做驻唱乐队。当他们声名大噪离开后，他又引入了新兵乐队，他们也表现不俗。人们不得不承认高莫尔斯基是个很有眼光的人。

高莫尔斯基、奥格和长约翰策划的是一种歌舞剧，也是一种唱片产品，一站式服务，现场提供节奏蓝调和灵魂乐。长约翰推荐了我——他的徒弟和被保护人，他是这么看待我的——加入这个项目。高莫尔斯基觉得这个乐队还应该有一个女歌手，他推荐了朱莉·德里斯科尔，一个18岁的女孩子，她当时所做的工作是在高莫尔斯基的办公室回复新兵乐队粉丝的来信，不过高莫尔斯基知道这个女孩子有一副清澈有力的好嗓子，而且对摩城唱片很感兴趣。

整体设想是这样的，奥格会带着他的乐队——贝司手里基·布朗，还有鼓手米基·沃勒（他后来成为我的终身好友），一起唱吉米·史密斯的几首歌，还有他们乐队的一些曲目。然后他会介绍朱莉，她会接

穿着一件女式衬衫，在研究山姆·库克。

下来唱几首摩城唱片的歌曲。然后朱莉会把我介绍给观众，我会唱几首山姆·库克和威尔逊·皮克特的几首歌。这段时期我受山姆·库克的影响比较多。他的专辑里对我最有影响的是《晚间节奏》（1963），此外还有两张现场版的专辑《哈勒姆广场俱乐部现场版》（1963）和《山姆·库克在美洲杯》（1964）。我不单当时反复地听，现在也依然常听——简单的曲子，用简单的和弦序列写成，而由他的声音唱出来却是如此动人。我经常想象我的声音也能听起来像他那样。在这次歌舞剧里，我决定有意识地尝试一下。正是通过这样模仿他，还有奥蒂斯·雷丁，还有诱惑乐队的戴维·拉芬，我逐渐形成了自己的风格。

我唱完我的部分后会介绍长约翰，接着我和朱莉会给他唱和声。我们这个组合叫作"蒸汽包"——一种河船，同时也包含了一站式的引申含义，还暗含了当时一个很流行的词"蒸汽轮船"，暗示一个人全身心投入某件事情。

现在回想起来，这种安排是很危险的。三个主唱再加一个很会唱歌的风琴手——一个小小的巡演组合里有太多的主角，对于一个狭小的地方性的蓝调俱乐部舞台来说太拥挤了。后来发生的事也证实了这种担心。不过这个组合持续了一年——大家很努力地工作，一星期要表演五个晚上，在有些地方的演出费一场可以达到500英镑，跟小脸孔乐队当时的报酬差不多，而他们当时可是已经出了畅销唱片的，所以我们确实是一个很棒的组合。奥格是个极有气势的风琴手，布朗和沃勒也配合默契，我和朱莉给长约翰唱的和声，在效果最佳的时候，有余音绕梁之感。而且我们的装扮看上去也很棒——着装完美，引领潮流：我穿着一件细直条纹的运动上衣，里面是一件深色的高翻领套衫，配着一条米色的裤子；朱莉穿着两件套的条纹上衣；长约翰穿着一件浅色的双排扣紧身西服，打着领带，一个小小的领带结。他很少有不打领带的时候。

我被朱莉迷住了：波波头，涂着眼影的眼睛，靓丽迷人。她后来和布赖恩·奥格一起出了一首畅销歌曲《轮子着火》(*This Wheel's on Fire*)而成为60年代的偶像。她热爱尼娜·西莫内和"玛莎与范德拉合唱团",她当时还在学习法语,经常在车上拿着书学习。我们在里士满竞技俱乐部附近擦出了短暂的火花,仅此而已。事实上,我后来跟她最好的朋友珍妮·赖兰兹交往。珍妮也非常美丽,金色的长发,而且还喜欢用化妆品弄出一种肤色类似太阳晒出来的古铜色效果。珍妮在诺丁山有一个公寓,我们经常在那里度过下午时光,喝茶,吃面包,反复听奥蒂斯·雷丁的专辑《奥蒂斯蓝调》。她有时会提起她的一个艺术家朋友大卫·霍克尼[1]。不知道他后来发展得怎么样。

我当然还是跟父母住在一起,不过长约翰很大方地把他在古奇街的公寓借给我做约会用。我还要感谢长约翰拓宽了我的社交圈子。长约翰认识莱昂内尔·巴特——音乐剧《奥利弗》的作者。有一晚他带我去了位于切尔西的巴特开的一个时髦派对,里面到处是各种各样的舞台设备——王座和各种道具。伦敦戏剧界的头面人物都在那里喝着香槟,吃着开胃小菜。为了娱乐大家,那里装了些双向玻璃镜,人们可以看见隔壁屋里的情形。你可以一边吃着腊肠卷,一边看着别人寻欢作乐。这样的事让19岁的我目瞪口呆,60年代的复杂由此可见一斑。

蒸汽包乐队得到的最大演出机会是在乐队成立之初。1964年8月,高莫尔斯基安排我们给滚石乐队和沃克兄弟乐队的英国巡演做开场表演,其中有一站是在伦敦帕拉丁剧院。这样豪华的演出地点,当然跟之前那些潮湿的地下室和地板黏糊糊的跳舞厅不可同日而语。甚至比在"准备出发"这个节目里露脸更让人感到光荣,因为在伦敦帕拉丁剧院这样的地方唱歌有一种庄严的感觉,所以这场演出吸引了我

---

[1] 英国著名画家和摄影家,以同性题材著称。

的家人——我哥哥唐和鲍勃、我姐姐玛丽和姐夫，还有我的姑妈埃德娜——第一次来看我的演出。

我拿不到免费的票，所以他们要自己花钱买票——这样他们的座位就离舞台很远，在楼座的后排。这样对我比较好：如果你是一个比较害羞的表演者，在你表演生涯的早期，演出中间突然对上姑妈的眼光，你会唱不下去的。那晚的帕拉丁剧院里都是疯狂尖叫的少男少女们——他们是为滚石乐队和沃克兄弟而来，不过他们也为我们尖叫。这是我第一次充分体会到粉丝的狂热。其中某个时刻，观众如此激动，以至于楼座抖动起来好像要掉下去一样。我的姐夫弗雷德很快就受不了这种气氛，去一楼的大厅里等候了。姐姐玛丽倒是从头到尾看完了全场，她后来还说那一晚她第一次预感到我在这一行能做出些大事来。

不过我不是跟着蒸汽包乐队才取得成功的。有一次有一个跟埃里克·伯登和动物乐队一起去美国表演的机会，可是长约翰拒绝了。我很失望，我热切地想去美国看看，因为它是我热爱的音乐之乡。"我的美国观众还没有做好准备见到我。"长约翰开玩笑说，但是我觉得他完全是因为害怕和胆怯才拒绝的。于是我们没去成美国，只能在大学圈子里巡演，机会越来越少。问题在于，不管我们表演得多么出色——我们确实非常出色，我们始终只是在模仿一些更为出色的乐队。沮丧感不可避免地开始出现。人们常说一支乐队就好像一个家庭，这话有些道理。如果你老是跟同样几个人挤在一个小面包车里，深夜在道路上疾驰，人际冲突迟早会出现。米基·沃勒喜欢朱莉，朱莉不是跟这个就是跟那个恋爱，可是唯独没有爱过米基。里基·布朗刚刚结婚，只要演出路程超过一小时，他就会大声抱怨。

我则因为在给乐队搬装备的时候不太热心而激起公愤。一般来说，当我们到一个地点，每个人都会在下车的时候拿起一样设备。只是我有时候着急去照镜子整理发型而忘记拿上一个扩音器或者扬声器。我想给自己辩解一下,这对歌手来说,并不是只有我才这样。歌手们总觉得他们只需要一个麦克风和一个支架就足够了,很少想到他们还要负责拿别人的笨重乐器。我这个无可厚非的习惯却好像激怒了蒸汽包乐队里的每个人,尤其是奥格。

不过当时奥格本身也一直处于焦躁的状态,因为整个乐队的运行都依靠他一个人——包括开车。乐队有两辆面包车,一辆装设备,一辆载人,可是只有奥格和管理员两人有驾照,所以奥格只好同时负责给乐队开车。他自己住在里士满西部,演出的当天,他要开到伦敦南部的沃克斯豪尔去接朱莉,然后往北开到河对岸接长约翰,再开到阿奇维路来接我。然后等到深夜演出结束的时候,他要带着演出后的疲惫,继续从遥远的地方,比如斯托克波特,挨个儿把大家送回家。这无疑又增加了他一个半小时的工作时间。另外,奥格还要负责从俱乐部老板那里收钱,再确保我们每个人都拿到自己的那一份。所以他的角色是风琴手兼司机兼领队。真奇怪那时候大家怎么没叫他顺便再擦一下窗户。

至于朱莉,她当时在乐队里资历最浅,又是唯一的女性成员,她要捍卫自己的领地——她确实这么做了,而且做得还不错。我跟她之间常因为争夺曲目而有些冲突。我知道她想唱那首《在午夜时分》(*In the Midnight Hour*),不过我也很想唱,结果我抢到了。我们两个平分了玛丽·威尔斯的那首《我的男友》(*My Guy*),我们弄成一个双人对唱,两人还算和平共处。不过,有一次在西汉普斯特德的克里克俱乐部演出前,在更衣室里,我忘记了是什么原因,我突然情绪激动,冲着她说了些粗鲁的话。朱莉被激怒了,也开始大吼大叫,还朝我扔来一个玻璃杯——掉到地上砸碎了,并没有打到我。当然,我如果被打到,也是活该。然后,两人怒气冲冲地上台,合唱了那首深情的《我的男友》,这可能是史上最没有诚意的版本了。不过娱乐圈就是这样。

1966年的夏天，乐队走到尽头。当时乐队收到一个诱人的邀约，去圣特罗佩松的游船俱乐部待四个星期。奥格一想到这个就无比开心，因为他可以整整一个月不用开车，还可以度假。此外，这是在法国南部。长约翰肯定也非常想去。作曲家莱斯利·布里克斯和莱昂内尔·巴特那个时间刚好也在附近，长约翰肯定已经在幻想一个月的海上游艇生活。

他们为此开了一个会，我和我的经纪人当时都不在场。我不知道为什么我的经纪人没参加，我自己可能只是不爱开会，逃掉了。这真是严重的失误。因为会上，他们突然发现这趟法国之旅唯一不完美的地方就是报酬太低。事实上，低到不值一去。

我能想象当时的场景。会上一片沉默，大家手里都玩着铅笔，一边想着阳光下波光粼粼清澈蔚蓝的地中海，一边心里在斗争。然后一个人开口了（我觉得肯定是奥格，当然也有可能是其他人）："还有一个方法，就是少去一个人。"

然后每个人都说："哦，不行不行，那是不可想象的。不行，我们不能这么做……难道，真的可以么？"

你猜他们最后选择让谁不去。

这群混蛋。

为了几小时的日光浴，就把我出卖了。他们很快得到了应有的惩罚。从各方面来说，这趟圣特罗佩松之旅都是场灾难。长约翰被物美价廉的法国葡萄酒所吸引，表演常常不在状态，有时候甚至擅离职守。他们一从法国回来，蒸汽包乐队就解散了。

我呢，与此同时，就像一个被抛弃的情人一样，急着投入新人的怀抱。我立马跟一个叫猎枪快车的乐队签约。这支乐队的风琴手叫"彼得·巴登斯"，主唱叫"贝丽尔·马斯登"，来自利物浦。又是一堆的翻唱，一堆的舞台表演，还有一次公开拍摄——乐队真的拿着猎枪摆造型。一切都跟蒸汽包乐队没啥两样，除了一点，这里缺少一个像奥格那么权威的人物，所以组织管理上就多了些混乱：有时乐队成员会忘记出席活动，或者弄错时间弄错俱乐部，又或者来得太晚而被俱乐部老板扣掉一半的报酬，诸如此类的事。这段时间我没有特别开心的事——即便这样，居然也过去了八个月，一直到1967年2月。我的人生注定要一直唱着《乞求好运》（*Knock on Wood*），毫无进展么？

顺便说一句，猎枪快车的鼓手是米克·弗利特伍德，吉他手是彼得·格林。我可以肯定地说，他们后来所在的乐队"弗利特伍德·马克"要比这个成功得多。

这段时间里，我还抽出时间来录制了另外两张不受欢迎的个人单曲唱片。这次唱片公司是哥伦比亚公司。迪卡公司在跟我录了那张《小女生早上好》之后，决定宁可违背合同，也不再跟我合作。我的第二张个人单曲唱片，在1965年11月悄无声息地诞生了。那首歌是《这一天会到来》（*The Day Will Come*），是唱片公司给我选的歌——听起来就像贝瑞·麦奎尔那首《毁灭前夜》（*Eve of Destruction*）打了折扣的版本。（《毁灭前夜》是一首畅销歌，节奏有力，还用了20世纪60年代的管弦乐队伴奏。）唱片的另一面是一首民谣《它为什么还在持续？》（*Why Does It Go On?*），这个名字听起来很有受制于命运的感觉。

1966年的春天，哥伦比亚公司又尝试了一次，这次录的是一首舞曲《颤抖》（*Shake*）。我用了奥蒂斯·雷丁那种"掐住你的喉咙"，"把你拎到墙上"的歇斯底里的唱法，没有使用山姆·库克那种温和一些的风格。但是不管哪一种，都没有给购买唱片的人们留下深刻印象。

在这段漫长的摸索期，我越来越清楚地认识到缺失的关键：原创歌曲。能够在德比的一个雨夜无可挑剔地翻唱威尔逊·皮克特的歌是一回事，原创是另一回事。如果我真的想有所成就的话，我必须要学会创作歌曲。

第 7 章

路遇贵人

我们的主人公遇到了一个大名鼎鼎的吉他手，偶然地创造了重型摇滚，第一次去美国巡演，还拒绝了一次把他的宝贝做成雕像的机会。

克伦威尔酒吧，就像它门口铁栅栏上挂的牌子写的那样，是一家鸡尾酒酒吧兼迪斯科舞厅，位于伦敦克伦威尔路一个典型的 19 世纪的白色露顶平台。在 60 年代中期，它可是伦敦最时尚的场所，音乐界的人士都聚集在那里，是凸显伦敦魅力的一个地方——说白了，就是大家都在那里吃喝玩乐，还在顶楼的一个小赌场里赌博。1966 年，就在这里的地下室，我看到了美国来的一个名叫"吉米·亨德里克斯"的吉他手——我们当时都叫他"吉米"。（那时他还没有开始用牙齿咬弦来演奏，但是已然技艺非凡，让当时英国所有弹吉他的人都自叹不如。）也是在那里，1967 年 1 月，天蒙蒙亮的时段，我跟另一个厉害的吉他手杰夫·贝克第一次正式交谈。

对话大致是这样开始的：

我："你是出租车司机吗？"

他："不是，我是一个吉他手。你是这里的保安吗？"

我："不是，我是个歌手。"

当然，我俩其实早就认出对方来了。杰夫之前有看过我在蒸汽包

第7章 路遇贵人

乐队的演唱，还蛮欣赏我的嗓音。至于我嘛，除非我整个60年代都关在车库里没有出来过，才会不知道杰夫是谁。他曾经是新兵乐队的一员，音乐界的人提起他都会肃然起敬，他是个非常火的吉他手——很多人觉得他比克拉普顿还要火，包括我在内。但是新兵乐队引进了吉米·佩姬，他的吉他同样弹得不错，两人冲突在所难免——两个大师级的人物争夺地盘，后来杰夫就决定离开了。他打算自己组一个乐队，问我有没有意愿加入。我们约好第二天下午在皇家战争博物馆那样安静的环境里细谈。现在想想这个地点真是选得很恰当，很巧地预示了后来的一些斗争。

有人说我恨杰夫·贝克，并不是这样，我不恨他，不管是在我们共处的两年半时间里，还是之后。当然有些时候我们两个都需要做些努力，才能和对方相处愉快。我在克伦威尔酒吧见到的杰夫·贝克是严肃的，稍微有些内向的，有时候甚至有些生硬的这么一个人。他有时会让人觉得不可亲近，但那时他已经是一个明星，所以这一点也是可以理解的。我们要组的这个乐队，确切地说，是他要组的乐队，打算把我俩都打造成头面人物，所以有冲突也是必然的。不过我俩彼此欣赏，我佩服他的技艺，他喜欢我的嗓音，而且我俩都知道如果我们好好合作的话，就能创作出非比寻常的歌曲。

当然这些都是后话。那天下午我们在博物馆里漫步的时候，走在攻城器械和老式的大口径短枪之间，杰夫谈了他的这些设想，他想要创造一种新式的摇滚组合，远离流行音乐，类似芝加哥蓝调，但是更重型摇滚些。"摩城摇滚"是他使用的一个表达——白人摇滚乐队，带着黑人的灵魂。如果我愿意的话，我可以当主唱。我一方面被他描绘的这番前景打动了，另一方面刚好处于失业的状态，于是欣然答应了。

当时杰夫要录一张个人单曲唱片。他的经纪人米基·莫斯特是一个独断专行的精明商人，从不放过任何一个商业机会。他对杰夫的音乐未来有自己的规划，所以给他找了一首叫"乌云周围的白光"（*Hi Ho Silver Lining*）的歌。莫斯特有一次跟杰夫说："亨德里克斯的那类音乐现在已经过时了。"要换了别人说这话，杰夫肯定会揍他一顿。可是莫斯特是那个时代音乐圈里最有影响力的人物之一，所以他能对杰夫说那样的话。《乌云周围的白光》是一首极为商业化的歌，歌词庸俗，节拍简单，适合一边听一边跟着踩脚——基本上就是杰夫最不喜欢的那种。他厌恶这首歌，我也是。歌词糟糕，俗气透顶。

　　不过这首歌在1967年3月发行后，立刻获得了巨大的成功，就像莫斯特预料的那样。成功不是指在单曲排行榜的排名，它只排到第14位，而主要是指它渗透进了文化的方方面面。在接下来的40年里，你会在所有的学生舞会、乡村舞会、婚礼还有成年礼，甚至足球场上听到它。对于杰夫这样不在意商业成功的人来说，发行那样一首歌，就好像把世界上最大的一只信天翁枪杀一样，是他最不愿意做的事。他常说，唱了这首歌，就好像有人把一个粉红色的马桶座圈套在他脖子上一辈子一样。

　　他已经尽了一切努力想要摆脱唱这首歌的命运。杰夫把我带去，跟莫斯特说，我是他新近组织的乐队的主唱，而且我的嗓音比他更有特色，让我来主唱这首歌会更好。但是莫斯特好像不太喜欢我的外形，一点儿也听不进去杰夫的建议，所以我还是唱和声部分，杰夫主唱。杰夫录下一张唱片的时候，依然是这个情况。《理货员》（*Tallyman*）是一首格雷厄姆·古尔德曼的歌，非常商业化，杰夫自己是绝不会选这样一首歌来唱的。杰夫想让我来唱，不过莫斯特不答应，所以还是杰夫主唱。我觉得凭杰夫的实力，应该据理力争，不过他好像很受莫斯特的影响，这一点是我们分歧的地方。

　　在这种对发展定位犹豫不决的背景下，杰夫·贝克乐队诞生了。杰夫本来想请"影子"乐队的杰特·哈里斯来做贝司手，"美丽事物"乐队的维夫·普林斯来当鼓手。这真是个充满雄心壮志的计划，甚至

第7章 路遇贵人

可以说是疯狂的。哈里斯看起来很帅，留着一头漂白过的头发，不过他刚经历了一次严重的车祸，还在复原期，而且他有些酗酒。而跟普林斯的打鼓风格比起来，基思·穆恩的那种打鼓都可以算保守。杰夫说他想要找一个"流氓"来当鼓手，普林斯确实很符合这点，甚至有一点过了。杰夫请他们在沃伦街的威尔士王子酒吧楼上租来的一个房间里演奏了半小时的蓝调基本和弦，然而他觉得这两人都不符合他的期望，于是打消了邀请他们加入乐队的念头。

我推荐了我相处了两年多的朋友罗尼·伍德，他最早是做吉他手，后来转做贝司手，为此还从西区的一家乐器店里顺走了一把贝司。（当然，他后来一赚到钱就回去把钱付了。原谅他吧。）罗尼是个很好的乐手，而且性格特别随和好相处，所以我暗自觉得，他的温和，相对于杰夫的喜怒无常，可能是种不错的调节。杰夫是个很挑剔的雇主，一直不停更换着乐队成员。就连罗尼也曾因工作时的某些不当行为，两次收到离职表。杰夫换鼓手的速度更是惊人。一开始是米基·沃勒——我在蒸汽包乐队的老友，然后是安斯利·邓巴做了较稳定的一段时期。不过你还是说不准，等到下一场演出的时候，坐在你身后的鼓手会是谁。

后来有个喜剧片《摇滚万岁》，虽然我不能百分百确定，但里面那个吉他手奈杰尔·特夫内尔很可能就以杰夫为原型。因为杰夫也收藏了很多吉他，从不让人触碰，甚至不给人看一眼。至于剧中那个频繁更换鼓手的情节，肯定取材于杰夫·贝克乐队。

乐队的第一场演出，是1967年3月3日在伦敦的芬斯伯里。单看这场演出，你会觉得杰夫·贝克乐队没啥前途。它是场十足的灾难。我们过早就收到邀约，参加小脸孔乐队和罗伊·奥比森的演出。他们都已经有各自的畅销曲目，能够吸引一大帮观众。我们没有怎么排练就匆忙上台演唱，唱到一半，不知道是谁悄悄在后台把插头拔掉了，我们突然就没声音了。也许这样更好，可以避免大家看到混乱的表演。不过，杰夫怀疑（这很符合他的性格）是小脸孔乐队在后面捣鬼，尤其是他们的键盘手伊恩·迈克拉甘，因为这是他最爱干的事。不过伊恩表示，那个时间段他压根就不在会场。当时突然断电，舞台经理马上降下幕布。罗尼·伍德当时吓了一跳，他就站在幕布的下面，差点被这半吨重的天鹅绒压死（因为在那个年代，幕布真的是用天鹅绒做的。）直到我们都回到后台，重新把电源插头插上，我才发现我在整个开场曲目里裤子拉链一直都没有拉上。

整理好后，我们又重新出去演唱，这次我的裤链拉好了，不过演出还是一团混乱，《旋律制造者》杂志的评论已经很客气了，说我们"没给观众留下深刻印象"。观众是来看奥比森和小脸孔乐队的，我们糟糕的开场差不多把他们的兴趣都弄没了。杰夫的第一反应是，炒了鼓手罗杰·库克的鱿鱼。这么做真的有点过分，因为罗杰的父亲刚特地给罗杰买了一整套新的打鼓装备。杰夫的第二个反应是把我们整个乐队撤出了巡演，然后把大家关在一个排练室里反复地排练，直到我们制造出来的声音勉强可让公众一听。他还邀请我和罗尼去他在萨里的公寓长时间地聆听音乐。在那里，我们尽力忽视杰夫养的那只巨大的臭烘烘的名叫"布丁"的阿富汗猎狗，持续听上几小时的音乐来激发灵感和勇气。我们听的歌有早期的电子蓝调音乐，像吉米·里德，也有摩城音乐组合，像"四尖子合唱团"。我想找到一种音乐，可以结合我对马蒂·沃特斯的喜爱和我对灵魂乐歌手们像山姆·库克、奥蒂斯·雷丁、利瓦伊·斯塔布斯等人的热爱。这样的想法鼓舞着我，它听起来像一种真正的创新。

没过多久，我们就又出现在公众面前，这次有了底气，我们开始全英国巡演。因为乐队有杰夫在，所以我们不缺乏公众的关注——不过这些乐迷一开始都对我持怀疑态度。杰夫有他自己的粉丝，这些吉他崇拜者们来看演出的时候，一直站着研究杰夫的指法，他们对杰夫非常保护，不明白他们的偶像为什么要跟一个名不见经传的大嗓门歌手一起演出。不过杰夫站出来维护我。当他在一次采访中被问道，觉不觉得罗德的风格"过于浮夸"，不适合跟一个严肃的摇滚吉他手一起演出时，杰夫做出了如下响亮的否认："他不浮夸，虽然可能有那么一点点夸张。"

对我来说，这是一个很棒的学习过程。我之前所在的乐队都是乐器密集，重乐器胜过重歌手，相比之下，这个乐队给了我更多的发挥空间。而且这个吉他手会听我演唱，我也会听他演奏，我们会相互促进相互调整，这是最特别的地方。这是嗓音与吉他之间的呼喊与回应，不是事先定好的，而是随机应变的。杰夫从来不让他的吉他声压住我的声音：他总是能感觉到我什么时候要唱了，我什么时候要加大音量。这个时候，他就会让吉他声小一些，腾出空间给我，然后在过渡和结束的时候大声地弹他的吉他。我想不出当时除了我们，还有哪支乐队会这么做。这真的是全新的体验，非常令人激动。

不过，乐队要进步需要一些独特的原创的东西——不只是那首《乌云周围的白光》。这首歌因为是杰夫的热门歌曲，所以我们每回都要演奏，不过我们为了让自己的内心尽可能地离这首歌远一点，演唱的时候都会故意用上一些很傻的手势、傻笑，还有显得过于热情的嗓音。（我和罗尼尤其表现得懒散，可以说是消极怠工。）因为缺少原创的材料，我们注定很快就要燃烧殆尽（事实上结局就是这样）。适合这支乐队的音乐很难找到。没有人给一个摇滚吉他大师和一个偏灵魂乐的歌手组合写一首量身定做的歌。杰夫不会创作歌曲，罗尼和我则试图突破，写出一首畅销歌来。我们待在罗尼母亲在奥平顿的小房子里，坐在起居室里的电暖炉前面，开始一起创作歌曲。（为了省钱，我们只被允许打开电暖炉的一格。）不过我和罗尼那些日子里创作的歌曲更像简单的民谣，而不是带有未来感的重蓝调。

我们的创作合作从一开始就不是很顺利。一天下午，我们第一次打算写歌，罗尼和我就枯坐在那里，开着电暖炉，每人手里有一叠黄色的大页手写纸和一支铅笔，然后就等着灵感到来。我俩谁都没想到要抱起吉他。我们就干坐着，等歌词自己冒出来。一小时过去了，啥也没有，连一个音节也没有。罗尼开了一瓶酒，在接下来的一个小时里，我们把酒喝干了，还是一无所获，面前摊着空白的纸张。大约过了两个半小时，罗尼的母亲走进来，看到我们沉默地躺在地毯上，身边放着一个空酒瓶，还在等灵感。她就说："你俩看起来对甲壳虫乐队构不成啥威胁，是吧？"

所以，杰夫·贝克乐队在1968年夏天推出的专辑《真相》(Truth)，里面的歌基本上都是翻唱：有威利·迪克逊的《你让我摇摆》(You Shook Me)、咆哮之狼的《我不迷信》(I Ain't Superstitious)，还有杰罗姆·科恩的《老人河》(Ol' Man River)。这首歌是我厚着脸皮建议的，录这首歌的时候，基思·穆恩猛敲了一把定音鼓。另外，我们还选了几首蓝调老歌，比如巴迪·盖伊的《让我爱你，宝贝》(Let Me Love You Baby)、比比金的《赌徒的蓝调》(Gambler's Blues)，只在曲调和歌词上加以改编，把它们变成我们自己的风格，剩下的事就由杰夫·洛来完成了。

录音是在1968年5月，在阿比路分两次完成，每次长达两天。每天在中午11点钟进录音室，然后工作到半夜。这还是我第一次参与录制密纹唱片，到现在我依然觉得那张唱片录得很好，里面的歌声和乐器声都很棒，它对后来的一些歌手都很有影响——尤其是"齐柏林飞艇"，你应该能听出明显的影响。他们的鼓手约翰·博纳姆和吉他手吉米·佩奇那段时间常来看我们演奏，那时他们在组建"新新兵乐队"。他们在我们这里学了不少。杰夫有些抱怨，因为他们学到了我们乐队的精髓，然后把它商业化。杰夫·贝克乐队本来也可以像"齐柏林飞艇"那样成功，只差了一点，他们比我们早一步拥有了原创的曲目。

那个时候，我注意到专辑《真相》仅仅宣传杰夫·贝克，只字未提乐队。对此，我只怨恨米基·莫斯特，不怪杰夫。我身为乐队的主唱，却没有出现在专辑的封面上，感觉自然有些奇怪。不过当时的形势就是这样，我只能学着忍受。

1968年6月，我们在希思罗机场登上了英国海外航空公司的飞机，飞往美国巡演。终于盼到了：来到这梦想之地。杰夫已经去过好多次了，作为明星，他被安置在头等舱。我和罗尼挤进经济舱，坐下来四处打量，感到一切都那么新奇。终于，要飞往我们读了那么久、聊了那么久、想了那么久，从儿童时候就开始梦想的国家了。飞机上还有餐车提供饮料，还是免费的！我们开心激动极了，我们觉得这就是最美好的人生。

没有人能忘记自己第一眼看到曼哈顿时的景象，没有人能忘记第一次在这个高楼林立的城市里开车的感觉。我和罗尼都处在狂喜之中，被这城市的规模惊得目瞪口呆。比起建筑物的宏伟，奥平顿跟它有天壤之别。

我们一路上已经盘算好了，大约中午的时间抵达，一住进旅馆，我们就到哈林区[1]的阿波罗剧院去朝圣：那是我们在那么遥远的地方膜拜了那么久的音乐家们的聚集之地。我们真是天真，也不想想几个白人男孩跑到那里去可能有危险。一个出租车司机上下打量了我们，我们穿着伦敦的服装，头发倒梳，还有明显的时差反应，他面无表情地拒载。另一个司机载我们去了那里，可能因为我们的打扮——一看就是乐手或者音乐表演者之类的。没有人在意我们，但我们自我感觉挺受欢迎的。我们走到有遮蓬的剧院门前，付了入场费，看了下午的一场表演。演出名单上，"玛莎与范德拉合唱团"排首位。看完演出后，我们还处在一种沉醉的状态。

如果那天下午在我们坐出租车回来的路上，你告诉我，有一天我

---

[1] 哈林区是黑人文化与商业中心，也是犯罪与贫困的主要中心。

会回到阿波罗剧院，跟威尔逊·皮克特、四尖子合唱团、黛安娜·罗斯、史摩基·罗宾逊，还有玛莎·里夫斯一起同台演出，我一定会笑得合不拢嘴然后掏钱付车费。不过，有一天这还真的实现了——在 1985 年，在那场"摩城回到阿波罗"的演出里，我终于有机会跪在詹姆斯·布朗的脚下。那一晚我感到无比自豪，这种心情你们应该能理解的。

我们在去哈林区的冒险回来后的第一天，进行了第一场演出，是在曼哈顿东村第二大道的菲尔摩之东的四晚表演中的第一场。发起人比尔·格雷厄姆刚把这家老式剧院改装成一个能坐 2 700 人的摇滚场所，这是他在旧金山的菲尔摩尔剧院的东海岸姊妹版。我们被安排在一个叫作"布齐·林哈德的第七拨儿子们"的乐队后面。在后台做准备的时候，杰夫开始说出他的一个构想——把前两首歌组合在一起，给这场演出带来更具戏剧效果的开场，不过我不是很认真地在听他讲，因为我的注意力被穿透更衣室墙的巨大噪音所吸引，听起来就好像隔壁有牛群在遭受折磨。实际上是布齐·林哈德和他的第七拨儿子们被 2 700 个纽约观众发出嘘声。

这一切让我更加紧张不安，我的神经本来就已经因为几个因素而紧绷了，一个是演出地点的规模（比我们之前在英国能容纳 200～800 个观众的俱乐部要大得多），还有一个是在这个国家拥有枪支是合法的。

最令我不安的是，我要唱的是摩城摇滚风格的歌曲，而我是一个白人，试图唱出黑人的效果。我想，在美国，尤其在纽约的下东区，观众里肯定有几个黑人，他们也许会对我的做法有很大的不满。（这点我倒是想错了：观众几乎是清一色的白人，长发嬉皮士。）

所以当我唱《我不迷信》的第一句时，我以一种半蹲的姿势，站在舞台后部的扩音器后面。我没有完全藏起来。我只是让自己看起来好像正在忙着做一些重要的技术方面的工作：换保险丝，或者修理一个插头。当第一句唱完，并没有愤愤不平的蓝调纯粹主义者冲上舞台来索要他们的门票钱并维护他们的音乐,也没有人开枪,我才鼓足勇气站直了,走到灯光下。

接下来我们的表演让这个剧院沸腾起来,几乎把它掀翻了。我们表演的《和我一起摇摆,宝贝》(Rock Me, Baby)和《你让我摇摆》,让整个剧院的气氛接近疯狂。我朝前座看了一眼,视线所及的地方观众都在摇摆。我从来没看到观众这么疯狂过。我之前所在的乐队都没有好到产生这样的效果。观众一再喊着"再来一首!"

第二天的评论——哇噻!非常赞!《纽约时报》上这么写道:"昨晚菲尔莫尔之东的观众们站着为一支来自英国的新乐队欢呼。"还说,"这支英国的乐队抢了原定的主打乐队——来自旧金山的'感恩而死'乐队的风头。"

评论继续写道:"这支乐队的表演主要是贝克先生狂野的充满想象的吉他声和罗德·斯图尔特沙哑的持续的吼叫之间的互动。"

"吼叫"一词好像不太准确,继续往下读。

"吉他与歌声之间的对话简洁精练,就像一场品特音乐剧中言语上的你来我往。"

这段话听起来怎么样?老实说,这里用的品特的典故,我一时之间没有读懂。我还以为他指的是西汉姆联队的右后卫。

能在远离家乡的纽约抢了"感恩而死"乐队的风头,真是难以想象的好成绩。就连英国的《新音乐快递》杂志也被杰夫和我的表现打动了。那个作者写道:"他俩的互动如此非同凡响,就像吉姆·莫里森和埃里克·克拉普顿联手表演一样。"

在后台休息室的时候,一个百代唱片公司的代表团向我们走过来。

"杰夫!"他们中的一个说:"演出太棒了!你的吉他手也很厉害。"

杰夫的脸色很难看,我当时以为他要把这家伙揍一顿。

除了有点搞不清谁是谁之外，美国对杰夫·贝克乐队还是很了解的。观众完全融入到我们的音乐中来，甚至比英国的观众要更快更热情。我们在美国总共待了两个月，巡演了五轮，先是在剧院里表演，后来参加大型的音乐节——这是新兴的现场摇滚形式。在波克诺山的一场户外演出时，我们发现表演名单上还有吉米·亨德里克斯。罗尼和杰夫上台跟他一起即兴演奏，我则默默地坐在车里生闷气。我要下很大决心才会参加一个即兴表演，因为我一直不太懂我应该做些什么。一个歌手要如何即兴表演？拟声唱法？我一直不太喜欢这样子的表演。

不过我还是被动参加了一次即兴表演，那是在1969年7月的歌手杯音乐节。"歌手杯"是纽约皇后区谢伊体育场附近的一个露天场所。当晚演出名单里还有"齐柏林飞艇"。正当我们乐队在表演《大米布丁》（*Rice Pudding*）的时候，"齐柏林飞艇"的鼓手约翰·博纳姆可能过于兴奋了，爬上舞台，抓过鼓棒，加入了演出。接下来的一分钟，好多人爬上舞台：吉米·佩奇；罗伯特·普兰特；杰思罗·塔尔队的贝司手格伦·科尼克；"十年之后"乐队的鼓手里克·李；香草软糖乐队的鼓手卡迈恩·阿皮斯，他们乐队本来排在我们后面表演。于是突然间舞台上有四个鼓手、两个吉他手、两个贝司手，还有两个主唱，我们表演了《监狱摇滚》（*Jailhouse Rock*），后来因为博纳姆开始跳脱衣舞而结束，他因裸体罪被逮捕。真是令人眩晕的岁月。

关于歌手杯音乐节的另一件让人印象深刻的事情是，当时演出名单上还有一支乐队"埃德温·霍金斯的歌手们"。这是一个福音合唱团，在60年代后期有一首畅销歌曲叫"快乐的日子"（*Oh Happy Day*）。我和罗尼想悄悄走到舞台边好好听他们唱歌，这个合唱团人数多达60人。在他们一曲成名前大约还只有20人。当我和罗尼从舞台一侧看过去的时候，看到后排有两个人根本没在唱歌，而是在兴致勃勃地打牌。我俩想着要不要告诉埃德温·霍金斯，他的合唱团里有人浑水摸鱼，不过一直没有机会说。

杰夫·贝克乐队的第二张专辑《贝克你好》（Beck-Ola）在音乐节前一个月推出。因为有一家唱片公司叫"摇滚你好"，我们的专辑名字就模仿了一下。这次录音用了将近六天。不过，我们除了自己的新曲外，还是用了两首翻唱（埃尔维斯·普雷斯利的《心烦意乱》（All Shook Up）和之前提到的《监狱摇滚》）。罗尼、杰夫，还有我一起创作了一首叫作"西班牙靴子"（Spanish Boots）的歌，歌词是我写的——关于修道院和挂毯艺术，还有"穿上你的靴子"之类的一堆废话。现在一想起来就哆嗦。关于这次录音，我印象最深的是制作人米基·莫斯特跟杰夫之间的几次冲突，杰夫已经变得越来越闷闷不乐和勉强。

不过这稍微有些不尽如人意的第二张专辑也还是上了排行榜，名列第15位。可是不管乐队怎么巡演和录制专辑，赚的钱还是很少。杰夫的经纪人莫斯特和彼得·格兰特与乐队的其他成员的关系都很糟糕。还有他们的会计，一个叫"德里克·尼布"的家伙。在伦敦的时候，我和罗尼常要去他的办公室领薪水，我们早上10点钟就到了，他会让我们一直等到下午才发钱给我们——就为了耍耍我们，我想来想去只有这个原因。我俩常常恨得牙痒痒，想出了各种各样报复尼布的黑招，不过一直没有时间付诸行动。

杰夫是明星，所以我们在纽约的时候，他下榻在阿斯托里亚大街的沃尔多夫酒店，我和罗尼则被安置在城市另一头便宜很多的戈勒姆旅馆。不过这个没什么。那是摇滚圈人士常住的地方，所以你会碰到许多乐队：奶油乐队、"斯莱和斯通家族"和"十年之后"乐队。詹尼斯·乔普林，绝不是一个羞涩、不善社交的人。她常常打我和罗尼的主意。我们被吓到了，有时会躲在大厅的盆栽植物后面，直到她走开。

六年后，也就是 1974 年，我们当时跟着脸孔乐队巡演的时候，我和罗尼还一起回戈勒姆旅馆看了一眼。当时我们住在豪华得多的广场大酒店，但是我俩想回去看一下这个老地方。罗尼还装模作样地问前台有没有给我们的信件。前台接待员很尽责地去找了，我俩站在那里窃笑。结果他真的拿来一张明信片，是我六年前的女友萨拉·特鲁普当时寄给我的。真是意想不到。

她是我们第一次去美国巡演的时候遇到的美国女孩子——她和她的朋友们来看演出，然后到后台来找我们，这让我觉得她们比英国女孩子更友好、更开放、更爱笑，倒不见得更随便。你也要逗她们笑，哄她们一下，我的英国口音蛮起作用的。不过问题是，当时贝克乐队的经费只能给我和罗尼开双人房。我俩很聪明，在两个床之间用箱子以及旅馆的一些家具像梳妆台、椅子、衣柜之类隔成一道墙，把一个房间变成临时的套间。

黑暗中，那种小男生的淘气又会冒出来。伍迪会发出一些夸张的声音，我就跟着弄一些更夸张的声音，然后大家就暗自较劲，直到其中一方把中间的屏障弄塌了，把另一对埋在行李堆里。我们各自的女伴是不是也觉得这样很有趣，就因人而异了。坦白说，回想起来，做我们的女伴真的需要圣人一般的耐心。比起跟女孩子们的来往，我和伍迪从彼此的淘气那里得到的乐趣更多。

我们经常玩的另一个游戏是"伍德与斯图尔特诊所"，把我们的房间变成一个手术室，我们是医生，手里拿着玩具听诊器，穿着白大褂，给女孩子做检查，甚至动手术。很多女孩子一听说这个游戏就跑得远远的，当然也有许多不介意的。

不过我们还是很想念各自在英国的女友，就是前面提到的萨拉·特鲁普和罗尼后来的第一任妻子基斯·芬德利。萨拉和基斯刚好一起住在伦敦富勒姆路的一间公寓里。因此我和罗尼要平分一个有接线员在掐时间的总长三分钟的越洋电话——一个拿着电话倾诉衷肠的时

第7章 路遇贵人

候,另一个坐在一旁数着时间,一分半钟一到就抢过电话。

在加州的时候,罗尼和我遇到了传说中的石膏像制作者辛西娅·奥尔布里顿和她的助手们,她们是弗兰克·扎帕的朋友,她们把摇滚明星的命根子做成石膏像放在巴黎的石膏馆里。她们来到我们的房间,从一个袋子里拿出之前做好的一些石膏的照片给我们看,是吉米·亨德里克斯的和埃里克·伯登的。然后问我们要不要做一个石膏,留作纪念。这当然是一种荣誉。不过,我和罗尼看了看照片,在心里比较了下,然后说:"呃,还是不用了。谢谢。"

我和罗尼一起经历了这么多有趣的事,所以我俩的交情越来越深厚,也难怪杰夫开始感觉被我俩孤立了,感觉他不属于我俩的小圈子,甚至感受到一种威胁。这在舞台上也开始变得明显。杰夫站在舞台的一边,穿着牛仔裤和简单的衬衫,严肃地弹着他的吉他;我和罗尼在舞台的另一边,穿着天鹅绒衬衫和喇叭裤,脖子上挂着大大的十字架。

杰夫是个完美主义者。如果他觉得你在某场演出中没有好好表现,他会毫不留情地在事后跟你算账。而这种小学校长般的责备当然只会适得其反,激发出我和罗尼内心的叛逆劲儿,也让我俩更紧密地团结在一起。

像我之前说过的,杰夫没啥经济头脑,他一点儿也不关心钱的问题。对他来说,唯一重要的就是音乐。他满脑子想的都是音乐,他全力以赴去完成的也是音乐。这当然是非常令人敬佩的,但是这同时也使他成为一个很糟糕的乐队管理者。他对乐队的经济状况毫不关心,对乐队成员的大事小情也毫不关心。比如在美国巡演的时候,乐队的经纪人有时没有按时发放我们的日常生活费。有一次在纽约的时候,罗尼和我因为饥饿而偷偷溜进一家熟食店偷东西吃。我觉得杰夫不应该让这样的事情发生,可是他好像觉得这些完全不是他该关心的事。我觉得他永远也不会张开双臂来拥抱我们,看看我们过得好不好。有时候他会坐进自己的豪华轿车，听任我和罗尼去打车。他完全沉浸在自己的世界里。

其他人只好插手照顾我俩一下。吉米·亨德里克斯的女朋友可怜罗尼和我，她会在我俩穷困潦倒的时候，带我俩出去吃中饭和晚饭。

1969年，情况变得越来越糟糕，乐队开始走下坡路，杰夫炒了罗尼鱿鱼，因为他觉得罗尼怨言太多，这也使我对整个状况失去了耐心。如果罗尼不在，待下去一点意思也没有。话虽如此，新来的贝司手道格·布莱克对我还是产生了一定的影响。不管天气多热，布莱克都穿着双排扣长礼服，戴着一双露指手套。他还喜欢玩一种小把戏，把他的低音吉他抛到空中，再接住。这使得我也开始练习把我的麦克风抛到空中再接住（因为不想被一个贝司手在舞台上抢了风头），一开始不敢抛得很高，后来随着自信心增长，就抛得越来越高。这是我舞台演出的一个全新阶段的开始，一整套全新的舞台动作的开端。

我们的最后一次美国巡演是在1969年夏天，从东海岸的菲尔莫尔之东开始，那里正有一场"马里兰州纽波特爵士音乐节"，我们打算8月在纽约州北部参加一次户外表演来结束整个巡演。在巡演最后一站的前夜，乐队住在肯尼迪机场里面的一个旅馆里，本来计划是过去表演一下，然后回来，当晚就飞回伦敦。结果突然接到电话，说这次演出不能进行了，因为杰夫已经坐下午5点半的飞机飞回伦敦了。他不知道从哪里听到谣言，说他的太太跟花匠有染，于是他火速赶回家去。其实只是个谣言。

我们没有去成的那场音乐节叫作："伍德斯托克"。

好吧，这也没什么。反正音乐节都差不多，经历过一场户外音乐节也就够了。

* * *

1983年，我在洛杉矶的时候巧遇杰夫，当时他跟埃里克·克拉普顿和吉米·佩奇一起做些演出，我们一时兴起，就在录音室里待了一天，看能不能弄出什么特别的曲子。在杰夫的建议下，我俩合录了一首柯蒂斯·梅菲尔德的《蓄势待发》(People Get Ready)，不是我自夸，人声部分相当不错，这首歌作为单曲颇受欢迎。

我请杰夫为我 1984 年发行的那张专辑《伪装》(Camouflage)中的《迷恋》(Infatuation) 录一段独奏。此外，我还邀请杰夫一起参与巡演。构想是这样的，他在中场出现，弹一段吉他。我则用这段时间短暂休息一下，整理一下发型。然后我会回到舞台上，我们会一起合作《摇滚我的灵魂》(Rock My Plimsoul) 和《我不迷信》这些杰夫·贝克乐队时期的歌，然后杰夫会继续跟我一起合唱《迷恋》、《蓄势待发》和其他几首歌。问题是，这样的安排非常明显地把杰夫放到了陪衬的位置，他肯定不乐意，不管酬金多么丰厚。这次巡演历时四个月，共有 70 场演出。大家都偷偷议论："毫无疑问，他不可能坚持两场。"不过他们都错了，他坚持了三场。之后他就离开了，说什么观众都是些家庭主妇之类的话，这话真是有点过头了。

大约 15 年之后，也就是 2009 年（在这期间我们几乎毫无联系），我接到一个电话说杰夫正在洛杉矶的艾尔雷伊剧院有个演出，他希望我能过去一起做个表演。我去试了一下音，我们一起唱了《蓄势待发》。然后那晚，他先开始演奏这首歌，我随后出现在舞台上演唱，那种感觉棒极了。唱到最后，杰夫眼里闪着泪光，我们给了彼此一个大大的拥抱。

之后，因为这次合作很愉快，我俩商量着再推出一张蓝调专辑——现代蓝调。我们讨论了几首歌。杰夫做了个样带，我听完不大喜欢。我又做了个样带，杰夫也不喜欢。当时，我正和环球唱片公司签约，公司对出一张现代蓝调专辑毫无兴趣，他们希望我投入精力出一张乡村歌曲专辑、一张圣诞专辑，再加一张新歌专辑。杰夫因此感到他跟我的这次合作是浪费时间。自那之后，我们再无联系。我给他发过一封电子邮件，里面写着："我们从头来过吧。保持信念。"没有得到任何回复。2011年圣诞我又给他发了一封邮件，向他和他的家人问好，依然没有得到任何回复。杰夫不高兴的时候，就是这样子。可能我们现在都过于刚愎自用，很难合作了。这实在是一件很遗憾的事，因为再也找不到比我俩的合作更珠联璧合的了——杰夫的吉他和我的声音。

不过我很庆幸我们当时没有参加伍德斯托克音乐节。确实有不少人借这个音乐节一举成名，但与此同时这也限定了他们在观众心中的印象，很难摆脱那种"他的表演是伍德斯托克音乐节那种类型"的评价。

而我不愿意被定型，因为一切有趣的发展才刚刚开始。在洛杉矶一场杰夫·贝克乐队的演出之后，在凯悦国际酒店的大堂里，卢·赖茨纳，水星唱片公司欧洲部的总监，向我走了过来。赖茨纳说："杰夫，演出很棒哦。"

实际上他没这么说啦。他只是问我有没有兴趣跟他们签约，出一张个人专辑。我说好。我的开价是1 300英镑——一辆崭新的黄色双座马科斯跑车的价格。

题外话

> 又跑一次题。这里，主人公会回顾一下他对汽车的热爱，他开车时的几次冒险，有一次他还被逼帮着别人偷自己的那辆保时捷。

说到我对汽车的了解，实情是，从机械角度来说，我不太懂汽车。他们不断邀请我上英国广播公司的电视节目"英国疯狂汽车秀"，不过我担心节目里他们会跟我聊凸轮轴和动力传动系统，用一些像

"扭矩"之类的词，我就听不懂了。

我一直热爱汽车：开车的感觉，车的外观，它们传递的信息，它们给你带来的良好感觉。而且在我事业的早期阶段，拥有一辆特别的车是支撑我前进的主要动力，有时它甚至可以说是唯一的动力。我们那代人的想法就是：好好工作，好好攒钱，买辆自己喜欢的车。我就是这么做的。

我之前有提到过，当我在长约翰的浪子乐队的时候，我就在攒钱想买一辆名爵侏儒敞篷车——第一辆我一心想买的车。那时是 1964 年，我 19 岁。当时那辆车的价格是：430 英镑。我每次演出回来，就把钱藏在厨房的一个盒子里。我攒了大约有 360 英镑，和目标已经相当接近了。但是有一天我回到家里，把盒子从橱柜的顶部拿下来的时候，却发现它是空的。原来我父亲把钱拿去交税了。我当然很生气，很恼火。他应该跟我说一声。不过与此同时，我也觉得自己很不知轻重，父亲在发愁没钱付账单，我却在想着买车。至少这一次我向父亲证明了我有能力挣钱。他之前有一段时间怀疑过这一点。

买名爵侏儒敞篷车的计划就这么泡汤了，直到 1967 年，我在杰夫·贝克乐队的时候，才觉得有足够的经济实力可以买辆车了：一辆二手的迷你旅行车，车两边是老式的编篮厢板，后窗玻璃是推拉的那种。我买车这事，让皮特·桑德斯松了一口气。他是杰夫乐队的管理员之一，任务是接送我和同样没车的罗尼，并且已经对这样的工作感到厌烦。如果演出结束后，皮特没空接我们的话，我和罗尼通常在观众里找愿意开车送我们回家的女孩子。但是主要的接送任务还是皮特一个人的，他是如此急于摆脱这个担子，以至于当我告诉他我还没有驾照的时候（我还在学车），他主动提出要替我去考。

那个时候考驾照还不需要照片，所以替考是很容易的。于是，一个早晨，皮特去了考试中心，签上"海盖特的罗德里克·斯图尔特"这个名字，参加了考试。就这样我通过了，拿到了驾照。直到今天，我从未在英国参加过驾驶考试。（跟官方声明一下：我在加利福尼亚州参加了一次驾考，就是刚搬来美国的时候，这样我在英国开车也够格了吧。所以我要说的是，我现在开车是完全合法的。）

我买了这辆迷你车，皮特很开心，我也是——非常开心。没有什么比拥有自己的第一辆车更开心的了，它意味着自由。对我来说，在成长过程中的各种重大突破排行里，有车是排在第一位的。酒和女人当然也重要，但是自己开车才能使一切成为可能。比如，现在我就可以开到大理石拱门那里，去接萨拉·特鲁普，她住在一个相当豪华的公寓里。我们可以出去过一夜，然后再醉醺醺地开回家。（我们那个时候经常酒驾，并且觉得很正常，现在看起来真是难以想象。）

我对自己的迷你车很爱惜，整饰完善得很好。我在它的轮胎上涂上黑漆，还在车后部贴上一张贴纸，来盖住上面的一小块锈迹。我在收音机上接了两个大型音箱，把它们放在后座上。但是每次一踩刹车，它们就会掉下来，我只好转过身去，把它们再放回去。现在的孩子们可能都不能理解，不过在20世纪60年代和70年代早期，想在车上放点能听得到的音乐是极为困难的：你要不断跟收音机做斗争，因为它总是声音不够响亮；还要跟录音机做斗争，每次车一颠簸，录音机就会跳转，你的磁带就会卡住。现在想起来真是噩梦啊。

我很快便意识到，就算在后座上放了音箱，迷你旅行车终究不是一辆四轮驱动的好车。所以大约在1968年，我进行了一个质的飞跃，买了一辆白色的凯旋"烈性子"：双座跑车，仿镁合金车轮，车两边有加速的条纹，车后部还有一张GT的油贴纸。我对车子内部也进行了一番装饰，把一件老旧的狐皮大衣裁开，一块装在传输驼峰上，还有一块放在脚底下做脚垫。美极了。坐在车里，就好像坐在动物标本制作师的工作室里。

罗尼当时有一辆旧的莲花跑车，我俩觉得自己已经很像回事了，经常一起开车。如果当时我的车上坐着一个女孩子，我会在等红绿灯的时候把阻风门拉开，启动发动机，然后交通灯一变绿，就把阻风门塞回去，这样我的车就飞出去了，而其他的车都还没动。跟你说，有一次我加速太快，一个车轮弹了出来，滚到了路边的排水沟里。在红绿灯那里，钻出汽车，把自己的车轮捡起来再装回去，真是件极为丢人的事。

我当时经常和同样爱车的尤安·道森一起玩，我俩很快意识到如果你开着凯旋"烈性子"这样的好车去酒吧，却把它停在街角，没有人看到你从车里出来，这样开着好车有什么意义呢？当时在贝斯沃特路上有一家酒吧，那里的女顾客都很漂亮，于是我和尤安常常在周围的街道上转啊转，直到有人把车开走了腾出空位，这样我俩就能把车直接停在酒吧门口。有几个夜晚，我们6点就到了，却等到8点半才有位置可停。但是等待是值得的，因为那样子我们就可以在大家的注视下，从车里出来，走进酒吧，再拿着一杯啤酒走出酒吧，靠在车上喝。也许你会说，这也太装模作样了吧。是的。不过这些颇为重要，不然你干吗要买一辆凯旋"烈性子"呢？

我的第二辆车是马科斯跑车，是1969年买的——我真的开始买到梦想中的车了。跟杰夫·贝克乐队一起在美国巡演的时候，我随身带着那辆车的宣传册，每天晚上都会看一眼，渴望拥有它。就这样我用这辆车的价格签下了和水星唱片公司的个人专辑协议：1 300英镑。这是一种组装汽车，不过，我买的是组装好的，我对拿着扳手自己组装汽车一点兴趣也没有。

我选了一辆黄色的车，中间有一条白色的条纹：花花公子的颜色。开这种车，你真的就是躺在里面——底盘极低的那种跑车。它的速度并不是很快，里面装的大概是一个排量1.6升的福特引擎，开起来不会让你的头发飞起来。而且我这辆车的天窗还有一点漏水，下雨的时候，雨水会滴到我的衣服上。虽然有种种不便，不过它看起来真的棒极了——极为抢眼。

我后来用它换了另一个型号的马科斯跑车——一辆银灰色的2500福特V6。它们都是那个时代最流行的。我记得阿门之角乐队的安迪·费尔韦瑟·卢也有一辆紫色的。然后在1971年的春天，因为脸孔乐队的成功，我的第一张个人专辑也挣了不少钱，我买下了我的第一辆兰博基尼：小蛮牛穆拉S型，车盖上有很大的进气口，还有暴眼的头灯，车顶还有开关，就好像飞机座舱一样。这是我跟兰博基尼这个品牌长期而代价昂贵的恋爱的开始。

这辆车可真是花了我一大笔钱：6 500英镑。要知道我在麦斯威山买的第一套房子也才5 000英镑。所以，我的车比我的房子还贵。因为附近没有停车场，我只好把它停在街上。我晚上睡不好是可以理解的。夜里只要外面响起一点碰撞声，我就会爬起来走到窗口，查看我的宝贝车。我一直用塑料膜把它盖起来，甚至在它的四周放上红色锥体，免得有人停车靠太近，剐擦到它。

不要问我下雨天它怎么办。下雨天我从来不开它。这车太贵了，不能这么用。

小蛮牛穆拉是在1966年才推出的，所以一个年轻人开着这样一辆车真的是一种殊荣。不过，这辆车给我带来的麻烦比我之前所有的车加在一起还多。你的腿部要很有力，才能踩得下离合器，而且车身常常过热。我和伊万一起出行时，常常要算好时间停在路边，让引擎降温。但我还是十分喜欢它带来的关注。我也很喜欢拥有这辆车带给我的那种感觉：这就是我工作的目的，这辆车是我的。

此后不久，我一时兴起买了一辆白色的劳斯莱斯。1971年的某个星期天傍晚，我开着这辆车经过塔维斯托克山的时候，从收音机里听到《麦琪·梅》成为排行榜冠军歌曲的消息。我马上掉头，开回到肯伍德路24号父母的住处，给他们一个大大的拥抱。请注意，在《麦琪·梅》大获成功之前，我已经买了一辆劳斯莱斯和一辆兰博基尼。我很会存钱吧。

第7章 路遇贵人

在70年代中期，我搬进我的第一幢真正的大房子，房子坐落在温莎。然后我买了一辆兰博基尼埃斯巴达，四人座，有一个八轨音带播放器。之后，又买了两三辆穆拉系列。杰夫·贝克经常嘲笑我的兰博基尼和法拉利们。他喜欢改装的高速赛车，他会一再地改装。我觉得他的车都很丑，车后部挂着备胎，还有很粗的排气管和闪电条纹。我只喜欢我的兰博基尼。

当我1975年搬到美国的时候，我想买一辆科尔维特，结果却买了一辆谢尔比眼镜蛇。这真是一辆疯狂的跑车。我需要在后备箱里放上几大袋沙子，才能使它不至于冲进路边的建筑物里。

我重新开兰博基尼康塔什的时候，真是松了一口气。康塔什是一种大大的扁平的棱角分明的车，剪式车门。我买了几辆这样的车，在80年代中后期都开这种车，像一个老白痴一样。

不可思议的是，我总共只遇到过两次车祸，都发生在洛杉矶。第一次是在1982年的某个清晨，我开着一辆灰色的兰博基尼穆拉行驶在日落大道上。阿兰娜也在车上。我俩当时都醉醺醺的。经过原先的淘儿音乐城附近时，突然开过来一辆轻型货车。我的兰博就从它底下滑过去了，所以挡风玻璃外的风景就全是这辆货车的底部了。

货车的主人下车走了过来，我有点害怕，因为他块头巨大，还蓄着长长的浓密的络腮胡，就像ZZ Top组合里的人一样。说不定他就是其中的一个。不管他是谁，我很庆幸地发现，他也喝醉了。然后他开口了："我觉得我们最好都快点离开这里，你觉得呢？"我回答："你说得很对，朋友。再见。"于是我们赶紧各自开车离开。神奇的是，我的兰博只有轻微的凹陷。

第二次事故是我在疯狂地开车时，把兰博开上了一个堤岸，然后卡在了一个网球场的铁丝网上。这就是典型的比弗利山庄的事故。我把车倒出来，伴随着极刺耳的声音，铁丝网在车盖上留下了一串刮痕。

同样令人难以置信的是，在如此长年限的开车经历中，我只被劫过一次车。那是在1982年4月，也是在日落大道上。我当时跟别人共同拥有一幢空置的大楼，打算开家酒店，但是这项目一直没有实现，我那时把它用作储藏室。一天上午10点左右，我开着一辆黑色的保时捷，跟我一起的是金伯莉——我最大的孩子，当时她只有两岁。

我把车停在外面，抱着女儿出来，让大楼的前门半开着，走到楼里去拿我的东西。当我站在那里开第二扇门的时候，前门突然被推开了，一个人走了进来。因为他背后阳光刺眼，我只能看到一个轮廓，但我看到他手里拿着枪。当他靠近的时候，我发现他在冒汗发抖。他说："把钥匙给我，把钥匙给我。靠墙站好，把钥匙给我。"

于是，我等他靠得足够近的时候，用了1972年我在北京时学的一招功夫……

好吧，老实说，我马上就把钥匙给他了，还有我的钱包，同时考虑到我两岁的宝贝女儿的安全，尽可能地轻声说："拿去吧，先生。钥匙和钱包都给你，你走吧，过得愉快。"他从我手里抢过东西，跑了出去。

我长长地松了一口气，只是很奇怪，外面特别安静。没有引擎发动的声音，没有保时捷开走的声音。一分钟之后，那个拿着枪的家伙回来了。

"我发动不起来。"

呃，有些保时捷是这样的。不是单单把钥匙插进点火装置就可以的。你还要踩下离合器，按下启动钮。

于是我被枪指着，走到外面去帮这个人开动我的保时捷，以便他可以偷走它。这一幕被对面一家美发店里的人看到了，他们报了警。警察八小时之后就抓到了这个人，不过三个月后才找到我的保时捷，当时里面的零件都已经被盗走，基本上什么都不剩了。

第 7 章　路遇贵人

我开保时捷只有一段短暂的时间。我最喜欢的始终是意大利的车，因为它们太美了。2002 年的时候，我买了一辆法拉利恩佐在英国使用。比起美国，我更喜欢在英国开车的感觉，特别是绕着伦敦开，你随便说出什么地方，我都能找到，只要出发点是圣约翰伍德。不过后来我还是把那辆恩佐处理掉了。好车一般会给主人带来关注，而那辆车实在是太喧宾夺主了。这种车全球总共只有 400 辆。每次我停车办点事，回来就发现有一大帮人围着它看。每次我都要先把那些狂热的汽车爱好者们驱散，才能钻进自己的驾驶室。这真是太夸张了。

我更喜欢法拉利中的特斯塔罗萨，还有红色的兰博基尼鬼怪。2009 年，我又买了一辆淡蓝色的兰博基尼蝙蝠——我始终热爱兰博基尼，始终被一辆好车能带来的乐趣所吸引。不过我现在开车淡定多了，我也很清楚自己为什么突然变得淡然些了。那是在 2004 年，我跟彭妮一起在西班牙度假。我开着一辆法拉利 F50 飞快地冲下山坡——纯粹卖弄车技。转弯的时候，突然迎面开来一辆卡车。我极险地避开了，只刮伤了车子的后视镜。但是回想起来总是后怕。

随着年纪增大，我对自己开车的技术不像以前那么有把握了。现在，如果停车地方比较狭窄的话，我就会下车，让彭妮来停车。她比我停得好。总的来说，我现在开车不像以前那么频繁，那么快了。我终于意识到：我现在拥有很多珍贵的东西，不能再像以前那样无所顾忌了。

第 8 章

小有名气

我们的主人公终于开始认真工作，推出了几首很棒的歌，并且勇敢地经受住了随之而来的暴风雨般的称赞和收入。不过在此之前，一个鼓手被粗鲁地驱逐到了大街上。一首叫作"麦琪·梅"的歌因为没有多大意义而差点被放弃。

1969 年到 1974 年，我在水星唱片公司做的那几张专辑是我的第一批成熟作品。它们代表着我第一次发挥了自己的才能，为自己的才能找到了一个合适的发挥渠道。从那之后，我不再混日子，而是以一个歌手的身份，一个创作歌手的身份认真工作。现在它们在大厅里就有售。女士们、先生们，如果你们还没有购买的话，中场休息的时候，你们出去就可以买到。

在 1969 年底的时候，唱片界还是觉得我能弄出些东西来。当然，也有人开始怀疑。你不能怪他们，因为那时我已经 24 岁，快 25 岁了——保罗·麦卡特尼曾说，如果他到 20 岁的时候还没有成名的话，他就放弃。我在最好的七年里到处尝试。甲壳虫乐队早已风靡世界，而到 1969 年底，实际上已经接近解散。滚石乐队，我曾在烟雾缭绕的酒吧密室里好奇地看过他们的表演，也曾在伦敦的帕拉丁剧院为他们做过开场演出，他们势头正猛，已在进军全球市场。而我加入的每个乐队都因为各种各样的原因失败了。虽然我已经有大唱片公司出的个人单曲，也在最有影响力的电视节目中唱过歌，可是每次都惨淡收场。迪卡公司说他们喜欢我的声音，但是不确定这声音是不是符合当下流行的口味。我的履历上有这些不太光彩的事迹，所以一些人对我缺乏信心也是完全可以理解的。当时，我暗自觉得水星唱片公司邀我去录音室制作专辑是我的最后一搏。如果这次搞砸了，会怎样呢？也许就是永远的漂泊了。

不过，我也急不来。自1968年卢·赖茨纳和我签约之后，又过了九个月，我才走进录音室录制专辑，因为这段时间我一直跟着杰夫·贝克乐队巡演。第一张专辑最终在乐队最后一次去美国巡演之前录完。他们要求我自己选歌、演唱并制作一整张密纹唱片。真不敢相信他们会这么信任我，给我一个这么大的工程。我对整个制作过程一无所知；我就那么沉着地凭本能去做这件事，可能无知者无畏吧。我依然对自己的嗓音很有信心；我相信自己不单知道如何唱好一首歌，也知道如何把它的风格变成自己的。这种信心是这些年里逐渐培养起来的，经历了长约翰的乐队、浪子乐队和蒸汽包乐队和杰夫·贝克乐队而变得更加明确。我现在懂得如何做到当我唱一首歌的时候，它听起来不会像是照搬别人的。我很幸运，我的嗓音天生与众不同。它有自己的特色，一种直接向人们诉说的品质，这是我从那么多次的舞台演出里感觉到的。我想通过这一张专辑，首先证明自己是个歌手。至于专辑的制作，呃，我们看着办呗。我曾经坐在那里看过米基·莫斯特制作杰夫·贝克乐队的歌曲。看他制作那张《贝克你好》专辑的时候，说些"我们能尝试一下低音吗？"之类的话。当时我就暗自思量，带着一种年轻人特有的无知自负："制作人这工作到底有多难呢？"

不过我也不是完全一个人在弄。卢·赖茨纳也要承担一个手把手指导我的角色。事实上，在水星公司发布的我的前两张专辑上，他的头衔都是共同制作人。不过我不记得他有在指导音乐方面做过那么多工作。他有一系列的经典劳斯莱斯汽车，偶尔会开着其中的一辆出现在录音室。他是最和颜悦色的人，不过并不是那种会卷起袖子做事的制作人。第二张专辑他做的就更少了，我们在录音室的时候，赖茨纳在美国参加他兄弟的婚礼。即便是第一张专辑，我也只记得他基本上都是坐在一边，负责监督。当时如果事情走向不对的话，也许他会出来干预。但是因为没有什么问题，所以他也就没啥可发挥的。因此我觉得这些专辑都是我一个人制作的。

我需要自己组一支乐队来录音，所以我就找了一些老朋友：罗尼·伍德，负责吉他和贝司，小脸孔乐队的伊恩·迈克拉甘负责钢琴和风琴。（迈克拉甘是一个邋遢的艺术系学生，我们在鳗鱼饼岛时就认识了，他是个很不错的乐手）。我还找来了蒸汽包乐队的米基·沃勒，他在杰夫·贝克乐队也做过一阵短暂的鼓手。

在我认识的人里面，米基是唯一一个自己没有一套架子鼓，还能一直保住鼓手这份工作的人。他会手里拿根烟，牵着他的爱犬（扎克，拳师狗），还有一根调谐棒出现在录音室，其他什么也没带。（在那张《微笑者》专辑里的《甜蜜的小摇滚》中，你还能听到扎克的叫声。）每次录音我们都要给他找一套鼓，向大厅里别的乐队借，或者向附近的乐器店借。即便录了两张专辑，到1971年我们录《麦琪·梅》的时候，情况依然如此。录音的那天下午，我们给米基找来了一些鼓，可是没有钹。所有的击钹声都要等到改天找到钹了之后，重新加录。猫王会忍受这些吗？我有点怀疑。

不过米基值得你为他做这一切。他是一个很棒的鼓手，有"沃勒冲击力"的美誉。他还很好骗，很容易被捉弄。录音的时候，团队里有这样一个人，是很好的，在压力大的时候，可以提升士气。有一次，我让米基在音控室里录一段铃鼓声，然后透过对讲系统，跟他说：听起来效果不是很好。

"也许我们可以换一个房间，"我说，"增加一点环境的声音。"

我们找了些加长的线，把麦克风放在楼下的前台。第二段"录

第8章 小有名气

制"继续进行,前台接待员有点困惑地在一边看着。

"还是不太对,米基,"我说,"要么去大街上试试?"

于是米基就站在荷兰公园兰斯当路的人行道上,戴着耳机,在麦克风前敲打铃鼓,周围车水马龙,行人都在好奇地看他。他一直没察觉我们在捉弄他,直到我们把他叫回来,他看到我们笑得在地上打滚才明白过来。

离开杰夫·贝克乐队之后,米基加入过一个叫"汽锤"的乐队,我在天幕俱乐部看过他们的演出,乐队的两个吉他手马丁·皮尤和马丁·奎腾顿让我印象深刻,所以我也把他们找来录制专辑。总的来说,这是一个紧密的小团体。

第一张专辑总共录了一个半星期,一部分在兰斯当路的录音室完成,一部分在伦敦西南部巴恩斯的奥林匹克工作室完成。兰斯当路录音室的设备不算最高档的,实际上它有点单一破旧。不过朗尼·多尼根这些年都是在那里录的,如果那些设备对他来说足够了,那么对我来说也足够了。录歌的时候,我喜欢待在音控室里,手里拿着麦克风,跟乐队一起演唱,这样我可以看着他们的眼睛,跟他们交流,跟他们一起表演。这种做法让录音师有些吃惊,因为他习惯于歌手独自站在幕后或者在一个完全隔开的录音棚里。我听说法兰克·辛纳屈有一次被录音师安置在音控室的幕后,他坚持让他们把幕布拿掉。他要感觉到乐队的声音击打着他的胸膛,他才能放声歌唱。当然这只是我的猜测。

我可以任意选择我想录的歌曲。我马上选了几首喜爱的老歌:《悔恨终生》(*Man of Constant Sorrow*),这是 1962 年我听到的鲍勃·迪伦第一张专辑里的一首传统民谣,还有伊万·麦考的《肮脏老镇》(*Dirty Old Town*)。选这首歌,我可能是想表示,尽管我在杰夫·贝克乐队近来比较偏好重型摇滚,在内心深处我依然是一个民谣歌手。这些都是我唱了好几年的歌。同时,我还选了滚石乐队的《街头斗士》(Street Fighting Man)。选这首歌完全是个意外。我们本来在练小理查德的《春风得意》(The Girl Can't Help It)，结果毫无来由地，我突然唱起了《街头斗士》，于是我们就选了这首。回想起来，还是有原因的。我非常喜欢这首歌，但是在滚石原先的版本里，我总是听不太清楚歌词。歌词写得非常棒，可是他们的版本噪音太大，歌词就听不清。所以重新翻唱一下，让歌词清晰可辨还是很有意义的。这回让一个很合适的歌手来唱。（开个玩笑。）

还有一首《手袋和晚礼服》(Handbags and Gladrags)，这首歌对我来说是一首重要的歌曲。一年前，也就是1968年的时候，当即时唱片公司跟我签约录单曲的时候，他们曾经让我去见迈克·达博，他是曼弗雷德·曼乐队的歌手，也是一个非常棒的乐师和作曲者。迈克读的是哈罗公学和剑桥，所以在他眼里，我多半只是个不入流的歌手。他那时已经写了这首《手袋和晚礼服》，我对这首歌极为着迷。它的旋律无比忧伤迷人。每次我去他在大理石拱门附近的家，都会请他弹这首歌给我听，想让他把这首歌签给我。我想他后来都被我问烦了，可是问题是，他之前已经答应把这首歌给克里斯·法洛了，他是即时唱片公司的另一个签约歌手。所以我的单曲只能唱另一首没那么动人的歌《被误解的女孩》(Little Miss Understood)。接下来录那首单曲的时候，迈克是制作人，他说了句让我很生气的话。他问我能不能清清嗓子把里面的那只青蛙清掉。我只好回答："那不是青蛙，那是我的嗓子。"《被误解的女孩》一如既往，彻底失败，在电台里没有引起任何关注。

不管怎么说，我现在终于有机会录这首《手袋和晚礼服》了，而且是用自己喜欢的方式去演绎，同时迈克也答应帮忙。我们把这首歌转调，从G调转到降B调，使它更适合我的音域。我坚持这首歌里要有木管乐器，因为当它的旋律在我心里回荡的时候，在我的想象里，我一直觉得有木管乐器的声音。于是在录音前的那个夜晚，迈克

第 8 章 小有名气

一直工作到凌晨 4 点,在歌里加入木管乐器的部分。

让迈克极为恼怒的是,我在录歌的时候,把副歌的最后一句改掉了。迈克的原句是:

"你的爷爷要努力工作,你才能买得起这手袋和晚礼服。"

我把它改成:

"你可怜的老爷爷需要很努力地工作,才能买得起这手袋和晚礼服。"

虽然只是一点小改变,但如果你是原作者就会气坏的。我只是喜欢唱"可怜的老爷爷",因为觉得这样更上口。

其余是我自己的歌——总共四首:《失明的祈祷者》(Blind Prayer)、《辛迪的哀叹》(Cindy's Lament)、《我不会做任何改变》(I Wouldn't Ever Change a Thing),还有《一件旧雨衣从不会让你失望》(An Old Raincoat Won't Ever Let You Down)。我不是一个传统的创作型歌手,我制作歌曲有自己的方式。当我头脑中有对即兴重复段和和弦进行的想法时,我会把它们解释给乐队听,让乐队在录音室里练习,使音乐逐渐成形。我会把乐队的演奏录下来,然后把磁带拿走反复听,直到我逐渐想出完整的旋律和与之匹配的歌词。

不过,我觉得写歌词真难啊。我喜欢叙事类的歌。对我来说,蓝调最好的部分,迪伦最好的部分,就是歌曲中的故事。但是要我自己在歌中写出这些故事,我宁可去做其他任何事情。做什么都要比坐下来绞尽脑汁想一些歌词和副歌要好那么一点点。

整个创作过程对我来说就是个不解之谜。我写《麦琪·梅》的时候,想到的只是一组和弦序列,需要加入一些歌词和一个主旋律,我对这首歌会成什么样毫无头绪。我只是随意哼哼,发出一些噪音,在人声的部分凑一些词。突然"醒醒吧"这个词跳进我的脑海里——当时还不是"醒醒吧,麦琪",只是"醒醒吧"。这话从哪里来,怎么冒出来的,我自己也不知道。我只能暗自庆幸,谢天谢地,然后从这里出发，把整个故事演绎完。

　　大多数时候，我会拖到最后一分钟交稿——录音前的那个晚上，或者录音的那个早上，甚至在去录音室的出租车上，利用最后期限的压力把它逼出来。而且我对自己写出来的东西感到很不自在，很不愿意把它拿给别人看：因为歌词中不可避免地有部分的自己在其中，这就好像把你的日记打开给别人看一样。事实上，比那还糟。唱自己写的歌，就好像打开你的日记本，然后把它唱出来，还当着满满一屋子的乐手。我的歌词经常取材于我过去的经历。这些经历的结局在歌词里通常会被修改。但是，个人经历始终是它的基础。比方说，《辛迪的哀叹》这首歌，是关于一个男孩子试图吸引一个比他社会阶层高的女孩子。这是我早期恋爱的重要主题，那些日子里我总是试图让女孩子们以为我住在一个豪宅里。因为这样的个人元素，所以把这样的歌唱给别人听，会让我觉得自己像被扒光了衣服或者像是又回到当初在学校的时候，被拉到教室前面唱歌。这种尴尬的感觉不只是在歌曲出来的头几天，它会一直持续好几年。当我进录音棚录新歌，第一次唱一些新写的歌词的时候，我常常把录音室清场，只留下录音师——实在有必要的时候，就再留一个制作人。只有这样，我才能摆脱这种尴尬的感觉。

　　然后，即便歌曲不错，录音也结束了，我当时也挺满意、挺自豪的，可是几星期之后，情绪就会有反冲，我突然又会对自己创作的歌曲感到尴尬，然后否定它，推翻它。这样的情况在过去时有发生，这有时让唱片公司很恼火，他们刚准备好宣传这张专辑，我却提出反对意见。发行第一张专辑的时候就是这样：专辑刚刚发行，我就开始在私下里批评自己的歌曲，有时甚至跟记者说起这些歌没多大意义，还不够好。

　　这当然是某种自我保护，在别人批评你之前，抢先一步自我批评。不过咱们还是宽容一点吧：考虑到创作的年代，这些歌对于新手来说，还是相当不错的。整张专辑都很不错，里面的歌曲风格五花八门，有些部分录制得也比较随意。比如那首《一件旧雨衣从不会让你失望》，本来的构想是要有个双轨贝司，可是罗尼在录完第一声道之后就烂醉如泥，于是第二声道就一直没有实现。（这样的想法体现了年轻人是多么想要创新："我们弄个双轨贝司吧，肯定很棒。"）即便如此，这首歌也还是不错，经受住了考验，流传了下来。

这张专辑最早是在美国发行的，在 1969 年 10 月，因为经过杰夫·贝克乐队在美国的一系列巡演之后，我在美国有了一定的粉丝。我本来想把这张专辑命名为《消瘦》（*Thin*），这个词我那时常常用，而且我也觉得专辑的销量可能不会太好。但是美国的唱片公司不想要任何被误解的可能，他们喜欢平实的名字，于是他们给专辑命名为《罗德·斯图尔特专辑》。但是为了迁就我，他们把"消瘦"这个词用小字印在首批发行的封套左下角，这个词一直让人们困惑不已。

在英国，这张专辑在 1970 年 2 月推出，那时我刚过完 25 岁生日。这回我用《一件旧雨衣从不会让你失望》做了专辑的名字——这个名字比较好，不过封面选的图片有些奇怪，看上去像是一个老人在公园里恐吓一个小孩子。这样的图片恐怕在今天的市场营销会议上是没法通过的。但我当时觉得这图片蛮好看的。

我记得当时听说专辑在美国的销量超过三万张的时候，感觉松了一口气，觉得"还不错，还是有些听众的"。销量很快增长到十万张，这对于个人的首张专辑来说，是相当不错的成绩了。在英国，很可惜，这张专辑只有所谓的"评论界的成功"，也就是说，只有评论家们喜欢它，但他们不是购买主力，所以整体销路平平。不管怎么说，得到评论界的肯定总比什么都没有好。重要的是，这张专辑的成绩已经使我有底气做下一张专辑，于是半年后，在 1970 年的夏天，我又走进录音室，录制了《汽油巷》（*Gasoline Alley*）。

录制这张专辑从开始到结束，只用了两周——如果是在幸福的

80年代，你只要坐在真皮沙发上悠闲地喝咖啡，录音师就会挑选出低音鼓的声音。在此，我还要说一下第二张专辑的财政安排。水星公司同意给在伦敦的卢·赖茨纳提供12 000英镑的预算来做这张专辑。除去给乐队和录音室的钱，剩下的都归我。那么，当你看中了温启莫山一条安静的街道上一幢四卧室的都铎风格的房子，你还犹豫什么呢？这只是一个简单的会计学。（1969年，我终于有足够的钱可以搬出父母的住处，在不远的麦斯威山艾灵顿路买了一幢有门廊的小房子。我很快又想着升级一下住所。不过艾灵顿路的房子我也保留着，70年代早期，我都把它租给长约翰，他很快在麦斯威山一带被人所熟识，因为他有个习惯，每天牵着他的白色山羊上邮局。）

我们在摩根工作室录制了第二张个人专辑，工作室位于伦敦西北角的威尔斯登格林，它不仅是伦敦第一家拥有24轨安培牌磁带录音机的工作室，而且更重要的是，它还是伦敦第一家有自己的楼下酒吧的工作室——你可能会觉得，楼下有酒吧，对于任何创造性的工作来说，是种灾难吧，不过实际上它使得这个工作室变得很有人情味。

我们都很自律，没有让酒吧过度地分散注意力。我有制作专辑的任务要完成，也很努力地工作。"汽油巷"这个名字是我在旧金山的菲尔莫尔之西，当时的杰夫·贝克乐队巡演时，在后台听一个女孩子说起的。我当时在跟她搭讪，然后她突然说："我该回家了，不然我妈要说'你去哪儿了？难道去汽油巷了么？'"这个词给我留下蛮深的印象，激发我和罗尼一起写下了这首歌，歌里讲述的是一个人大胆地出发去旅行，然后在路上开始后悔，渴望回家的故事。

我依然想要一种混搭的风格。在这张专辑里，我又翻唱了鲍勃·迪伦的《只是一个流浪汉》（Only a Hobo）。为了制作这首歌里的小提琴部分，我找了一个在比彻姆广场的一个饭店里唱小夜曲的提琴手。我们还翻唱了滚石乐队的《爱到尽头》（It's All Over Now），还有埃迪·科克伦的畅销曲《抄近路，矮子》（Cut Across Shorty）。跟第一张专辑一样，这张专辑里也混合了民谣、摇滚、灵魂蓝调，将它们温和地拼在一起。同样的，制作这张专辑的时候也有一些凑合将就的地方。伊恩·迈克拉甘在我们定好录制《你是我的女孩》这首歌的时候没有出现，我们就不管他，自顾自录好了。这件事也体现了我的急躁性格。

这张专辑比较成功。外界的评价比第一张还高。《旋律制造者》杂志说："罗德的声音非同一般。有时听起来若有如无，可是始终保持着一种交流的力量和深度，很少有人能做到这样。"而在《滚石》杂志里，我被评价为"第一流的歌手"。这让我倍感骄傲。对于一个嗓子里只有只青蛙的家伙来说，真是不错的成绩。

《汽油巷》很快在美国卖出了25万张，在专辑排行榜里排到第30位。这是很大的一个突破。而在我的出生地英国，那里的人们依然对我的魅力无动于衷。这张专辑在英国的排行榜里才勉强爬进前60，一个星期后又跌了下去。

第三张专辑就比较幸运了。《每幅图画讲一个故事》（*Every Picture Tells a Story*）录制于1971年。这一次真的完完全全只有我一个人制作。不知道是因为卢·赖茨纳刚好又要参加另一场婚礼，还是因为他们现在觉得我有能力独自完成。嗯，我选择相信第二个原因。

第三次录制专辑的时候，整个乐队都已经很了解彼此的演奏风格了，你能在录音带里感觉到这一点。风格依然是混搭。我想录《奇异恩典》（*Amazing Grace*），还想专辑也用这个名字，不过茱蒂·柯林斯比我早一步这么做了，我只好放弃。我们翻唱了鲍勃·迪伦的那首《明天太遥远》（*Tomorrow is a Long Time*）；蒂姆·哈丁的《相信的理由》（*Reason to Believe*）；还把《仿佛是很长时间》（*Seems Like a Long Time*）做了一点福音歌的处理，这首歌最初是民谣风格的；还有阿瑟·克鲁杜皮茨的《好极了》（*That's All Right*），猫王就是因翻唱这首歌而一举成名的，不过我们在这首歌里使用了乡村风格；还翻唱了诱惑乐队的《我知道我失去了你》（*I Know I'm Losing You*）。

然后是三首原创的歌曲：《每幅图画讲一个故事》、《曼陀林风》（*Mandolin Wind*）和《麦琪·梅》——这首歌讲述了我在1961年比尤利爵士音乐节的一段遭遇。《麦琪·梅》这首歌改变了一切。

真幸运我当时没有把它扔掉，我差一点就这么做了。我跟之前提到过的马丁·奎腾顿共同创作了这首歌。他是一个性情温和的人，很安静勤奋，总是眉头紧皱（他有一个可爱的女友）。他是我当时遇到的最有创造力的原声吉他手，满脑子都是各式各样的和弦。我头脑中没有那么多和弦储备，更不用说用我笨拙的手去弹奏它们了。马丁住在苏塞克斯，录制这张专辑的时候，他住在我家。有一晚在起居室里，我们一起想出了《麦琪·梅》的基本结构。

整首歌分两次录制完成——不算铙钹部分。听说当年甲壳虫乐队录制完《请取悦我》（*Please Please Me*）的时候，乔治·马丁点开对讲系统，对乐队说："恭喜你们，孩子们，你们刚刚录完你们的第一首冠军曲。"我录完《麦琪·梅》的时候，跟乐队说了什么呢？可能是："差不多了。要不要去喝点什么？"

这显然是首很不错的歌。歌里讲述了一个很好的小故事。里面还有一段曼陀林的音乐，是由民谣摇滚乐队"林迪斯芳"的雷·杰克逊演奏的——通常你在一首流行歌曲里不太能听到曼陀林的声音，不过它是我很喜欢的一种民谣元素。我当时没打算把它当成主打歌曲。事实上，我一度还想着要把它从专辑里删去。它没有副歌部分，只有一段长长的主歌，也没有什么朗朗上口的词语。你怎么能指望一首只有主歌没有副歌也没有卖点的歌成为热门单曲呢？它还有点偏长——长度超过五分钟，对于一首流行单曲来说，这简直是接近歌剧了。最后，它被放在了《相信的理由》这张单曲唱片的B面，这在我看来是最好的安排了。《相信的理由》这首歌看起来更适合在电台热播。

结果，美国某个电台的主持人，据说是俄亥俄州的克利夫兰电台的，播放了《麦琪·梅》而不是《相信的理由》。也许是因为主持人自己更喜欢《麦琪·梅》，也许他只是放唱片的时候放错了面，这已经不重要了。几星期之内，各地的电台主持人，不管是在美国还是英国，都在放这首歌，使得唱片公司不得不把《麦琪·梅》重新放在A面。

我早该从鲍勃·迪伦的歌曲里学到，一首歌不一定非要在中间部分有个朗朗上口的词语才能走红，一首长长的讲述故事的好歌也是有市场的。究竟是怎样做到的，我不清楚，这首歌歌词中的某些部分，整首歌的旋律和设置，这些东西加在一起吸引了人们，而且吸引了很多人。在1971年10月的时候，《麦琪·梅》在英国的热门曲目排行榜上冲到了第一位。与此同时，在美国，它也是冠军曲目。伴随着《麦琪·梅》带来的关注，《每幅图画讲一个故事》这张专辑也在英美两国同时成为了专辑排行榜的冠军。令我无比讶异又无比骄傲的是，突然间，我在大西洋的两岸同时拥有冠军单曲和冠军专辑，就好像所有的行星结盟在我这一边。从未有人创下这种辉煌战果，就连猫王也没有，甲壳虫乐队也没有。

专辑的冠军宝座后来被约翰·列侬的《想象》（*Imagine*）夺走。不过仅过了一星期，《每幅图画讲一个故事》又上升，重新夺回第一。1971年全年，唯一一张销量胜过《每幅图画讲一个故事》的专辑是《忧愁河上的金桥》（*Bridge over Troubled Water*）。唯一一首单曲销量超过《麦琪·梅》的歌曲是乔治·哈里森的《我亲爱的上帝》（*My Sweet Lord*）。

声名和金钱突然滚滚而来。我要如何面对？我不知道，不过我迫不及待地投身其中。

接下来的两张水星唱片是：1972年的《永不乏味》（*Never a*

Dull Moment）和 1974 年的《微笑者》（*Smiler*）。这真是非常忙的一段时期，难以想象的忙。如果你考虑到其他一些小因素，你就明白了。在这段时期里，我同时还效力于一支乐队，非常好的一支乐队。

第 8 章　小有名气

努力想唱出一个很高的高音。

第 9 章

事业选择

　　我们的主人公把自己的命运和小脸孔乐队剩下的几个成员绑在了一起,并且不情愿地发现同时经营两种事业的风险。他还回顾了关于涂鸦、罗尼·伍德的鼻子,还有在高温的房间里穿着天鹅绒衣服的种种往事。

　　1969 年,我手头有一个个人唱片合约,当时录制了首张个人专辑,并正要发行,如果继续在这方面努力,有可能在大西洋两岸都取得个人成功。结果我却做了个让我的顾问们大吃一惊的决定——重投乐队的温暖怀抱。你们就管我叫缺乏安全感的人,或者矛盾的家伙,或者叫我胆小鬼吧——这个决定并不是出于物质上的考虑,只是因为这个乐队是脸孔乐队,我们后来在一起度过了五年,无论如何我都不会错过它的。

　　发挥出色的时候,脸孔乐队使你觉得自己非常特别。发挥不好的时候,我们就感觉糟透了。不过在脸孔乐队这里,糟透了有时甚至比棒极了显得更特别。而我们五人之间感觉非常默契。罗尼·伍德、罗尼·莱恩、伊恩·迈克拉甘、肯尼·琼斯,还有我——当我们五个在舞台上的时候,那种默契是别的组合难以超越的。除了一些足球队,我觉得在其他地方很难体会到这样深厚的友情。虽然到后来,乐队是乐队,我们各自坐着自己的豪华轿车,住在不同的酒店里,每五分钟就有人嚷嚷着要退出，就像一窝关在笼子里的猫在争吵。但是在好的时候，真的是非常好。

不过，当时这个乐队并不想要找一个主唱——并不是针对我，而是不想要任何主唱。当1969年乐队原先的主唱史蒂夫·马里奥特离开了小脸孔乐队，组建了一个内脏馅饼乐队，乐队剩下的其他成员就形成了一种对头面人物的不信任，乐队在剩下的日子里都被这种不信任所笼罩。当时小脸孔乐队发展得好好的，还推出了几首60年代的代表作：《孤注一掷》（*All or Nothing*）、《抓痒公园》（*Itchycoo Park*）和锡兵（*Tin Soldier*）。《秋天的石头》（*The Autumn Stone*）整张专辑都很好听，我和罗尼都百听不厌。然而马里奥特就这么突然离开了乐队，抛弃了他们。"乐队主唱"这个词，简称"LV"，被乐队的其他成员调侃成"午餐券"。大家都认定主唱是野心勃勃的，永远在寻找更大的机会，时机一到就会单飞。如果他们邀请一个新主唱来加入，这个人就会接手整个乐队，然后再无情无义地离开，弃他人于不顾。想到乐队最终的结局，罗尼·莱恩和迈克多半会觉得他们当初的疑虑是完全正确的。他们当然有他们的观点，不过我一直坚持认为事情并不是他们想的那样。

小脸孔乐队剩下的成员都在柏孟塞街47号的一个仓库地下室里排练，这个地方是属于滚石乐队的，他们主要把这个地方用作储藏室。走进去就会看到架子上放着一盒盒两英寸厚的磁带和四分之一英寸厚的母带，上面写着"酒馆女人"和"给我庇护"等等。我们都热爱滚石乐队，觉得全世界再也找不到节奏乐感的像他们那么好的乐队了。所以当你走进那个储藏室看到那些磁带的时候，头发都有些飘起来的感觉。在早期的时候，滚石乐队对脸孔乐队是很好的：他们从来没向我们收过仓库使用费。他们在某种意义上是我们的导师，我们两个乐队之间一直相处得很好，直到他们挖走罗尼·伍德，乐队之间的联系才暂停了一段时间。

1974年我在一次宴会上遇到米克·贾格尔，当时关于伍迪将要离开脸孔乐队的传言开始冒泡。

我："你要把伍迪从我们这里挖走么？"

米克："我绝不会这么做。我绝不会拆散脸孔乐队。"

算了吧，米克，你就是这么做的。

不过这些都是后来的事。一开始，这个地下室就是罗尼·莱恩、迈克、肯尼几个人聚在一起练习，讨论新方向的地方。然后，罗尼·伍德离开杰夫·贝克乐队后，带着他的吉他加入了他们。我也跟着去过几次，只是站在一旁听听，喝上几杯。主要目的是等到晚上，大家一起去附近的"国王的武器"酒吧小酌。店主觉得我们都是好青年，因为我们喝的都是昂贵的酒——朗姆可乐，而不是整晚只喝上半杯啤酒。这就是店主关于"好青年"的定义。

在他们的工作室，我一般待在楼上的控制室里，不打扰他们，只是倾听。我对自己听到的也没有特别的感觉，一开始就是这样。他们的歌听起来有点漫无目的。他们有两首原创的曲子：《哆嗦，战栗，颤抖》（Shake, Shudder, Shiver）是一首摇摆的蓝调曲目，歌词是罗尼·莱恩写的，是关于他的公寓的寒冷；还有一首《飞翔》（Flying），是首缓慢沉思的摇滚歌曲，由一组下行和弦组成。莱恩自己唱，他嗓音不错，不过他毕竟不是史蒂夫·马里奥特。迈克也会唱一部分，不过他唱得还没有莱恩好。乐队明显缺少一个歌手，不过他们的意思是先这么排练下去，稍后再解决主唱的问题。

有一天晚上，我像往常一样站在控制室里，肯尼说："罗德，你进来唱一下呗。"于是我从楼上走下来，走进乐队所在的那个闷热又有些汗味的房间，拿起了一个麦克风。

我："咱们唱什么？"

莱恩："唱些马迪·沃特斯的歌吧。"

因为每个人都熟悉《在新港》那张专辑，所以我们就一起排练了

《你身上有我的烙印》(I Got My Brand on You)、《男子汉》和《我感觉棒极了》(I Feel So Good)。我们合作的效果很好。(我们早期排练的录音收录在脸孔乐队的合辑《五人走进酒吧》里了,所以你可以自己判断。)

即便如此,他们也并没有马上邀请我加入乐队。这样的排练又进行了好几次后,肯尼和伍迪希望我立刻加入乐队,但是他们先要说服莱恩和迈克。这两人被马里奥特伤得太深,不愿意再邀来一个头面人物让自己沦为伴奏。我当然没有参与这些乐队内部的敏感讨论。他们私下里开会商讨,最后决定邀请我加入。于是,在1969年10月,脸孔乐队诞生了——一开始出于延续性的考虑,还是叫"小脸孔乐队",后来考虑到我和莱恩把乐队的平均身高提升了,"小"字已经不适用,于是就去掉了,成为脸孔乐队。

随着排练的进行,我还是有很多疑虑:这是一个流行乐队还是一个蓝调乐队,到底属于哪一种呢?有几个夜晚,我跟伍迪一起离开柏孟塞街的时候,我会跟他说:"咱俩还是给杰夫·贝克打电话,看他还肯不肯要咱俩回去。"与此同时,我在排练时环顾四周时发现,这些家伙都是很不错的人。伍迪对我来说,基本上就像兄弟,也是最好的乐队伙伴。肯尼·琼斯,鼓手,斯特普尼人,很安静,好相处,总体来说挺可爱的。即便如此,他在打理头发上花的时间也让我有点不乐意,这话从我嘴里说出来有点讽刺,因为我自己也是个超级爱打理头发的家伙。他喜欢用卷发夹把底部的头发卷起来,他会花几个小时弄头发。不过他是个很坚强的家伙。有一晚演出的时候,肯尼不小心用鼓棒戳到了自己的眼睛,痛得从鼓架后面摔了下去。他有没有停止演出呢?没有。他爬起来,靠着另一只没有受伤的眼睛,忍痛完成了后面的演出。

他是我25岁前看到的第三个从舞台后面摔下去的鼓手。我有点怀疑是不是我具有某种特异功能。

至于罗尼·莱恩,我很崇拜他,虽然他偶尔有点古怪。他非常有创造力,温文尔雅,不过很直率。如果他不喜欢我的一些做法,他会直接告诉我,不会旁敲侧击。当他后来离开乐队的时候,我和伍迪聊过,我们都觉得乐队失去了引擎。虽然乐队继续挣扎着支撑了18个月,少了莱恩,终归是不同了。

我跟迈克之间好像总有种暗流,使得我们相处时没法彻底放松。我们会因为一些事会心而笑,不过总是有些隔阂。我觉得马里奥特的离开和小脸孔乐队的结束对他的打击最大,他很容易生气。不过最重要的是,我和伍迪共同喜爱的一些幽默方式——混合了英国50年代的广播喜剧、黑色幽默和男生的空虚无聊——也是迈克和莱恩所喜爱的,还有肯尼,当然是在他不卷头发的时候。于是,我们五人就团结在一起,很快变得像兄弟一般。当时的摇滚圈有一条真理:每一个乐队里都会有那么一个家伙,跟谁都合不来。不过在脸孔乐队最辉煌的时期里,这条真理并不适用于我们。

我们很快就做了几场尝试性的演出,其中有一场是在剑桥郡的美国空军基地。那些穿着制服的飞行员和他们的太太围坐在桌旁,目瞪口呆地看着我们表演《围着基座》(*Around the Plynth*)——这首歌是我和伍迪当年给杰夫·贝克写的,我们把它改编了一下;还有《哆嗦,战栗,颤抖》和《递给我的三扣外套》(*Three Button Hand Me Down*)——我和迈克一起写的一首歌。每个人都在尽力创作,每个人都想出来一些各式各样的东西。这很棒,尽管美国空军觉得这些歌对于晚宴舞会不是很合适。

脸孔乐队的经纪人是比利·加夫,他是马里奥特离开之后来的。他是一个个子矮小,说话温和,看上去蛮可信的爱尔兰人,发际线一直在快速后移,他曾经在罗伯特·斯蒂格伍德公司里做过乐队登记人。在20世纪60年代中期的时候,斯蒂格伍德邀请他给奶油乐队做巡演经理。加夫说他觉得自己不适合这个工作,因为他对跟一个摇滚乐队一起旅行毫无经验，没有一点应对的技巧。斯蒂格伍德停顿了一下，说："你照看过小孩子么？"

后来加夫在他和脸孔乐队一起度过的几年里，每一天都深刻地体会到斯蒂格伍德用来概括巡演经理责任的这句话的精辟。

加夫为乐队跟华纳兄弟公司签下了一份唱片合约，当时的华纳公司还不需要打退一千个竞投人才能抢到这个殊荣。大多数人都觉得，马里奥特的离开给了小脸孔乐队致命的一击，而我的加入——考虑到我过去十年的成绩，可能也于事无补。不过，华纳兄弟依然决定投入一些资金。拿到合约的钱，乐队成员都纷纷冲去买了各自的跑车。莱恩买了辆银色的梅赛德斯 190SL，肯尼买了辆名爵 MGA，伍迪买了辆红色的捷豹，迈克买了辆凯旋 TR6。我已经有一辆马科斯跑车，用我之前的个人专辑合约收入买的。我们现在都是开着酷炫跑车的翩翩青年了。

乐队很快录了首张专辑《第一步》（*First Step*），于 1970 年发行。专辑听起来就像是张快速录制的作品。十首歌里有两首是器乐曲，这个事实暗示了这张专辑是一个半成品，而非成熟的作品。然后我们开始上路巡演，一切都变得不同。很显然，这个乐队不适合沉闷乏味的排练室和工作室。这个乐队是为舞台而生的。

我们可能算不上一个音乐方面杰出的组合。我们松松垮垮、懒懒散散，属于贪图享乐的摇滚乐队。但是正是我们的懒散以及我们对懒散的态度，使得我们显得感性、动人、令人愉快。你会希望看到一个乐队给人一种印象：允许犯错。到今天，我还是很享受乐队出错的时候：如果一个成员在演奏中出现明显的错误，我会停下来，指出这一点，观众很爱看这一幕。没有什么比一个很好的音乐错误更能让气氛热烈起来了。脸孔乐队深谙此道——当你本来想要演奏 E 调和弦，结果却弹出了升 F 调，这样的错误对活跃气氛有极佳的效果。

同样，脸孔乐队非常注重着装，因为我们觉得自己的音乐品质可能不算最杰出，如果打扮得极炫，观众可能会被服装吸引，转移一部分注意力。随着脸孔乐队的成功，我的穿衣风格越来越华丽，这也是那个时代的品位。我们都穿绉纱和缎子材质的衣服，颜色艳丽，上面有异国情调的印花，围着围巾，还有腰带，甚至我们还穿很多层衣服。我现在回顾脸孔乐队当时在舞台上的一些照片，有几场演出我们穿了那么多层衣服，就好像在挑战人类穿衣的极限一样。穿这么多当然不舒服，有些行头穿上去就像进了蒸笼。穿着200磅的天鹅绒和绸缎，在舞台上撑90分钟——告诉你，绝对是个体力活。

我们除了用服装掩饰我们的底气不足，还用酒精来壮胆。脸孔乐队个个都酒量惊人。喝酒能给你必需的勇气，在排练不够充分的情况下放手演出，烈酒和葡萄酒尤其有帮助。如果你知道脸孔乐队到底喝了多少瓶酒，一定相当震惊。（实际上，马特乌什葡萄酒公司已经做过计算了。）当后台桌子上的纽卡斯尔布朗淡啤和朗姆酒都被喝完，暂时拿不到更多的酒时，我们有一个方法可以用一罐12盎司的啤酒就把自己灌醉。这个方法是在美国亚利桑那州图森的一家汽车旅馆里练出来的：往一只一盎司容量的烈酒杯里倒满啤酒，喝干；等上一分钟；再倒满，再喝干；重复以上过程，直到一罐啤酒倒完；感觉像喝醉了。

结果酒精使我们付出了相当大的代价，我指的是我们录制的唱片。总共录了四张——有之前提到的《第一步》、《密纹唱片》（*Long Player*）和《对盲马点头和眨眼都是一样》（*A Nod is as Good as a Wink to a Blind Horse*），后两张都录制于1971年，还有1973年的《乌拉拉》（*Ooh La La*）但是没有一张，在我看来，真正发挥出我们的水平。不过，我们能指望录成什么样子呢？脸孔乐队的录音过程总是先从酒吧开始，我们在酒吧待的时间比在录音室里更久。大家都觉得没有什么比一轮朗姆酒和可乐更能激发创造力了——尤其当这些酒水不是你出钱的时候。（我已经学会了第一个走到酒吧门口，然后拉

第 9 章 事业选择

显然摄于脸孔乐队的一场演出后。每个人看起来都酩酊大醉。多么棒的一支乐队！

《乌拉拉》专辑发行，在流浪汉夜总会，身后是跳康康舞的女孩子们。

老友。

123

开门，让他们一个个进去，这样第一轮饮料通常不是我请。另外，在停车场蹲下身子系鞋带是另一个省钱的好办法。）很可惜，朗姆酒和可乐激发创造力的理论纯属胡扯。格林·约翰斯是一个很棒的制作人，他在录制乐队歌曲方面接近天才水平，他之前为滚石乐队录制的歌曲已经证明了这一点，他给我们录制的时候也竭尽了全力。但是当时大家都七嘴八舌发表自己的见解，而且每个人都喝了大量的朗姆酒和可乐，所以结果并不理想。

不过一到了舞台上，情形就不一样了。在脸孔乐队，你要能够在躺下的时候继续表演，倒不是因为喝醉，或者说不完全是因为喝醉，而是因为古老的叠人堆是表演的一部分——伍迪倒在莱恩身上，我倒在伍迪身上，迈克离开钢琴跳到我们身上。而且我们觉得，如果演出接近尾声的时候，我们没有在舞台中央叠成一堆，就不是一场很棒的演出。

我们是第一个在演出的时候往观众席里踢足球的乐队——当然是我出的主意，而且我很骄傲地说，我现在还是这么做。（用的是高品质的比赛用球，不是那种便宜的塑料球。）我们也是第一个在舞台上设置吧台的乐队，吧台上有一个穿着制服的服务生给我们倒酒。这样节省了我们要去舞台两侧拿饮料的时间和精力，也让我们在肯尼冗长的架子鼓独奏的时候有地方可去。我们坐在那里，而肯尼沉醉在自己的鼓声里。通常我们中间的一个会说："咱们现在是不是该继续表演了？"另一个说："再喝一杯吧。"

这一切对于当时那个时代来说，是如此地特别。你得想想那个时候摇滚音乐开始变得多么严肃，跟脸孔乐队差不多同时兴起的是激进摇滚——那些面无表情的吉他手，眉头紧皱，在一把双颈吉他上弹足九分钟长的独奏，键盘手们则用合成器连续几小时地弹奏类似交响乐的音乐。另外别忘了，70年代初的英国是多么沉闷——因为种种罢工经济上受到重创，处于低潮时期，街道上堆满了垃圾，无人清理，政府提倡节约用电。那几年是英国灰暗的几年，而脸孔乐队风格平实，却并不消沉沮丧，大家衣着鲜艳，而且醉态可掬，看上去就像死气沉沉的世界里的一道彩虹。

当时每支乐队都至少有两个吉他手，我们只有一个，就是伍迪。他弹得棒极了。不过，就像在杰夫·贝克乐队一样，只有一个吉他手给我的歌声留下了比较大的发挥空间。

我还有比较大的空间可以走动——舞台可能在克里登的灰狗俱乐部或者斯托克城的特伦特汉姆花园宴会厅里，这些都是我们在英国的时候常去的演出场所。不过我们很快就成功了，可以去美国更大的舞台表演。然后，我内心那个十年来缓慢成长的表演灵魂突然迸发出来。我很快练出了一整套全新的小把戏，用我可靠的道具麦克风架——把它安置得高高的，我可以爬上去够它；把它当成指挥棒一样挥来挥去；把它放在身后慢慢地拖着；轻轻地把它抛到头顶上方；或者把它揽进我的怀抱，然后把它当作像探戈舞伴那样让它向下倾斜。我还学会了信心十足地把它往上抛，再在它下落的时候接住它。在脸孔乐队这五年的表演里，我居然没有戳到自己的眼睛和其他乐队成员，真是奇迹。有一晚在底特律的时候，我抛过了头，麦克风架飞上去就再也没下来。我猜，它可能卡在照明设备上了，可能现在还在那里。

我们典型的上台方式是蜂拥而上。罗尼·莱恩会说一些"不好意思我们来晚了，因为罗德的吹风机坏掉了"之类的话，然后我们马上开始表演查克·贝里的《田纳西州孟菲斯》(*Memphis, Tennessee*)。表演得好的话，这首歌通常会触动观众内心深处某个柔软的部分。这首歌会开个好头，然后我们接着投入地表演，这种感觉很棒。

固定的节目表？固定的节目表只适合懦夫和专业人士。更好的做法是到了那里，然后用脸孔乐队的战斗口号喊一嗓子："我们今晚唱什么歌？"有些时候，我们会表演《顺便说一下，辛迪》(*Cindy In-*

cidentally）或者《甜蜜女郎玛丽》（Sweet Lady Mary），或者大比尔·布伦齐的《我感觉棒极了》（I Feel So Good），另一些时候，我们会把莱恩放在一个橙色位子上，这样他可以唱保罗·麦卡特尼的《可能我很吃惊》（Maybe I'm Amazed）。我们非常崇拜这首歌，并深深嫉妒歌曲的创作者。为什么我们就写不出这样的歌呢？

歌与歌之间的停顿可能会不可思议地长，不仅仅因为我们彼此之间要商量下一首唱什么，还因为有时伍迪想要改变吉他的定音，他不去后台拿另一把吉他，而是直接站在舞台上开始调手里的那把吉他。就是在这里我终于学会了跟观众说话的艺术，在脸孔乐队的演出中，在伍迪试着调到E大调，而其他人无所事事的时候，我通常会讲上一些话。我之前在长约翰那里见识过一些：他很会在歌曲的间隔之间说上一两分钟的话，或者在演唱一首歌之前先讲讲它的来龙去脉。在脸孔乐队这里，我开始把从他那里学到的东西付诸实践。

1970年3月，我们离开英国，去北美做一次38场演出的巡演，刚好赶上我们的专辑《第一步》在那里发行。我们先去了加拿大的多伦多。跟在杰夫·贝克乐队时候一样，我们依然觉得英国观众比较难于打动，而在美国，只要你努力演出，到处巡演，就能收获掌声，美国人对我们是比较欢迎的。他们比较想听这种喧嚣的、有冲击力的英式摇滚。这种判断再一次证明是正确的。在多伦多的大学代表队竞技场，我们给MC5乐队和加热罐乐队做开场表演。第二天我们本来该去波士顿做三晚的开场演出，表演地点是波士顿茶会厅，一个用货仓改造的能容纳1 500人的场所，也是当时波士顿最重要的摇滚俱乐部。可是由于波士顿附近的大雾，我们的航班取消了。比利·加夫说我们只有放弃第一晚演出了，他给我们订了唯一一个能够飞出多伦多的航班，是飞往纽约的。我们坐在飞机上，想到放弃的这场演出，感到闷闷不乐。这个时候，机长的声音突然从对讲机里传来："很抱歉，由于纽约地区的大雾，本次航班改为飞往波士顿。"话音刚落，我们一片欢呼。命运好像站在了我们这边。

波士顿寒冷刺骨。我和伍迪因为之前来过，所以都明智地带了大衣。乐队的其他成员由于第一次来美国，只穿着夹克，冻得簌簌发抖。来美国之前，我和伍迪跟他们说那些来美国要注意的事项，他们都漫不经心地回答"哦，哦"，现在他们开始嚷嚷："你俩事先应该提醒我们的。"

那天下午试音的时候，迈克发现美国的电压跟英国不同，导致他的哈蒙德 B3 风琴走调了足有一个音。乐队其他成员的 E 调几乎相当于迈克风琴的 F 调，所以他第一晚的表演基本上就是忙着移调，结果也只是大致和调。这个开端有点不那么顺利，好在后来乐队的首席巡演经理皮特·巴克兰想办法解决了这个问题，第二晚演出得以顺利进行。

底特律尤其热爱我们。我们第一次去那里的时候，在伊斯顿剧院做了两晚的演出，给萨沃伊·布朗助阵。底特律的孩子们，通常被看作在一个艰难城市里的强悍群体，不过当他们喜欢一样东西的时候，他们是狂热而忠实的。他们喜爱我们演出里的派对感觉，当乐队巡演回到底特律伊斯顿剧院再连演三晚的时候，他们又大批地赶过来看我们。在后来的五年里，这里几乎给我们一种第二故乡的感觉，这里也是我们的试验场。也是在这里，诱惑乐队的戴维·拉芬跟我们一起唱《我知道我失去了你》。这对我来说是很兴奋的事，因为我是他的崇拜者。

我们每到一个地方，就多一批新的粉丝。乐队第一次的美国巡演持续了十个星期左右，这次巡演使整个乐队不管是在台上还是在台下都更好地团结在了一起。那年夏天回到英国，感觉好像从天上回到地下一样。我们离开了美国宽阔的组织良好的剧院和那里观众热烈的喝彩声，回到伦敦像埃德蒙顿"厨师渡轮酒吧"之类的地方来面对观众的冷淡，家乡的观众还不太能接受我们。很多人觉得我们就是些醉鬼和乡巴佬。另外一些人对我们持怀疑态度，他们不清楚我们的脸孔乐队和当初的小脸孔乐队是怎样的关系。小脸孔乐队在20世纪60年代的几首畅销歌给不少人的印象是属于青少年喜欢的那种。

6月我们在西米德兰兹的达德利动物园为支持世界野生动物基金会而做户外演出，当时我们排在埃德加·布劳顿乐队后面。他们的演出很棒，但我们唱了不到三首歌，台下就一片嘘声，还有人还朝台上扔罐子。如果不是齐柏林飞艇乐队的罗伯特·普兰特刚好在场，情况会更糟。他看到我们处境艰难，就走上舞台跟我一起唱《爱到尽头》。普兰特是米德兰兹人，在当地声望很高，他的出现使观众转嗔为喜，拯救了我们。

我们开始赢得英国观众态度的转变是受到了英国电台第一频道音乐主持人约翰·皮尔的喜爱。1970年，皮尔刚开始主持"皮尔时间"，节目里会让一个乐队在一小拨观众面前现场表演，录制是在位于伦敦下摄政街的英国广播电台工作室进行的。皮尔很喜欢脸孔乐队，他邀请我们6月上他的节目。我们录制了《你是我的女孩》、《邪恶的使者》、《挚爱》和《爱到尽头》，皮尔说了许多赞美的话。这帮了我们的大忙，使我们能被英国主流观众所接受。我和皮尔的友情也由此开始，我后来还参加了他的婚礼，在席上跟他的一位来自威尔士的上了年纪的姑妈聊了很久。脸孔乐队后来又参加了好多场他的节目，我们通常会拉着他在工作室对面的酒吧喝酒，直到节目开始前一分钟才让他进去，这使他倍感压力。不过我们总是能及时赶到。

1970年10月，我们再赴美国做28场演出。当我们到达密尔沃基的时候，我们得知巡演剩下的16场演出门票已经全部售罄——真是难以想象的好消息。我们庆祝的方式就是开怀痛饮，然后在半夜闯进比利·加夫的旅馆房间，把床掀过来，把所有的灯泡摘掉，还放水淹了浴室。加夫当时就在床上睡觉。

当然，因为破坏旅馆，脸孔乐队很快就臭名昭著。不过我要指出，我们在这方面做的许多事，与其说是肆意破坏，不如说是有创意的改造。比方说，我们从房间里搬出去的那些家具，通常可以在另外一些地方，像走廊、阳台或者花园里面完好无损地找到。而且，你要想想我们那个时候的生活是多么无聊单调。1970年，因为这两次巡演，我们足足在北美奔波了四个月。离家在外待了那么长的时间，手指难免会有点多动。我们发现要在匹兹堡打发一个无所事事的下午，最好的方法就是把床垫塞满整个电梯，然后把它们送到大堂去。或者把固定床架的螺栓取下，等着看好戏。还可以把电话话筒里的那个麦克风拿掉，让下一个使用者暴跳如雷。这个方法也很受欢迎，我就是它的提倡者之一。

旅馆墙上挂的油画，也非常容易遭到一些改动。如果油画画的是中世纪的场景，我们就在上面画一架飞机或者一辆自行车。伍迪常常在旅馆床头挂的任何一幅17世纪森林场景的油画上画上一架很逼真的飞机。

当然，最常见的涂鸦是画男人身上多出来的玩意儿。我在那时候也很喜欢画，而且在任何东西上都可能画上一个。70年代的早期到中期，基本上都是我的创作期。而且我的画风很好辨认，因为我画的那个疙瘩都是"事后"的状态——向下倾斜，还有液体滴下来。这是我特有的画法。其他人画的都是向上的姿态，不过我喜欢一种深刻些的感觉。

现在回想起来，这类的涂鸦一直延续到脸孔乐队时期之后，直到80年代后期。实际上，即便到现在，有时候到一个上流家庭里做客，看到来宾登记簿，我依然有种冲动想在上面画一笔。在我涂鸦的狂热期，我的神作经常出现在人们的护照上。最近有一次，我和男孩组合小飞侠乐队一起从都柏林飞往伦敦，结果他们三个的护照都被我画了。"现在该怎么办好？"当大家发现自己护照的相片页上有一个圆珠笔画的生殖器时，都有点恐慌。最好的办法是：再加几笔，把它画成一棵树，然后说是你三岁的小孩画的。

除了这些涂鸦和破坏之外，我们还喜欢邀请所有观众在演出结束后来我们住的酒店，这对改善我们和酒店经营者之间的关系当然一点也没有帮助。我会站在舞台上对着观众发出邀请，告诉他们我们住在哪个酒店哪一层。有时候真的会有几百号人站在走廊上——应该说，他们大多数都非常有礼貌。孩子们会自己带着酒来，我们不用锁房门，早晨也不会丢失什么东西。不过，不可否认的是，到后来局面有些失控，有人在泳池里裸泳，滚床单之类的事也时有发生。在当时，一个留着长发的英国摇滚乐队成员，对于年轻的美国女孩子来说还是很有吸引力的。我们在巡演的时候没有人能做到完全洁身自好。不过我们自己觉得，只要不是在巡演，我们绝不会乱来。很勉强的逻辑，不过事实就是这样了。

有一次我们跟深紫乐队一起巡演，我没说自己的住处，而把他们住的酒店告诉了观众。呃，结果不是特别好。

当然，这些做法从财务角度来看，并不是很明智。乐队要不停地支付大笔钱给那些遭到破坏的酒店的经理们，还要劝他们不要报警。比利·加夫去结账的时候，听到的通常不是"昨晚您有没有用过小冰箱里的东西，先生"，而是"这是重新装修第九层需要的费用"。有一次在克利夫兰，加夫要离开的时候，被一个怒气冲冲的经理和当地的警察拦住了。他花了5 000美元的现金才能脱身。而且这样的事情不止一次。

这样的行为终于使我们不能再住在假日酒店。有一次浴室里的水溢出来，淹了太多房间，我们被假日酒店连锁列入黑名单，它旗下的所有酒店都不欢迎我们——据我们所知，我们是第一支被酒店拉入黑名单的摇滚乐队。为了对付这种禁令，我们预订酒店的时候用了"弗利特伍德马克乐队"的名字。当我们被揭穿后，我们又换上"感恩而死"的名称。总有法子对付过去的。

* * *

在加入脸孔乐队之前，我没有接触过可卡因。但是跟他们一起在美国巡演期间，可卡因是随时可以买到的。我们都很喜欢用。乐队里也有人吸食大麻，不过我没有，因为我害怕伤到嗓子。只有极偶尔的时候，会稍微嚼一点，目的就是显示一下胆大或者好相处。可卡因会好一些。我们觉得药物形式的可卡因是最好的，见效快，而且对身体功能没有太大的影响。其他一些街头出售的劣质可卡因会使得你在某些方面力不从心。

迈克在他舞台表演时穿的上衣扣眼上别了朵假的康乃馨，他会在演出前在花上撒些可卡因，这样演出的时候，他就可以侧过头吸一点粉振奋精神。我们其他人想吸一点的话，就只好把粉放在扩音器后面。这些做法可能现在看起来会比较怪异，不过当时觉得非常正常。就是男生常做的事，一些愚蠢的乐趣。很多乐趣就在于淘气，并且不被抓到。不像后来，吸食可卡因总带着种罪恶感，好像自己是某种巨大的畸形的毁灭性的工业机械的一部分。

不过，1973年春天的一个早晨发生的某件事让我们吸食可卡因的兴致稍微减了一些。前一天晚上，脸孔乐队刚刚在森德兰的洛迦诺舞厅做了一场非常精彩的演出，当时森德兰足球俱乐部的几个队员也在场。他们在为上星期英格兰队在足球总杯半决赛中击败阿森纳队而庆祝。（那一年，他们克服重重困难，击败利兹联队，赢得了冠军，成为全英国最受喜爱的球队，虽然只维持了短短十分钟。）

很多足球队员都很喜欢脸孔乐队。我们拥有某种共同的文化，除了在吸毒和酒店破坏方面稍有差异之外。脸孔乐队在英国演出时的氛围就好像足球场上的氛围一般：一片叫喊声欢呼声，观众挥舞着格子围巾。足球和脸孔乐队好像有许多共同点。

那晚演出结束后，苏格兰国脚比利·休斯邀请我和伍迪第二天早上去看森德兰队的训练。于是，我们勉强爬起来去了球场。就是在那里，场地边上，看着他们踢球的时候，伍迪悄悄把脸转过来，他的头稍稍后仰，然后说："你看看这个。"我侧过头，向上看他的鼻子，结果透过他鼻子的隔膜，看到一丝阳光。

我们显然需要重新考虑吸食可卡因的后果了。一种想法就是完全停止。另一种想法是找到另一种方法服用，不使用鼻子，这想法对我俩更有吸引力。于是我俩从药房买来感冒胶囊，把胶囊打开，倒出里面的感冒药颗粒，装些少量的可卡因进去，然后把胶囊从肛门里塞进去。人体很神奇，能毫不费力地将这些吸收进系统里。

* * *

成功了。我们发现这一招很管用。我们这么做，一方面是因为伍迪的鼻子已经承受不住了，另一方面是我开始担心可卡因通过鼻腔会伤害我的嗓子。现在我们只要到洗手间，像法国人那样，把药物塞进去就可以了。

在脸孔乐队的早期巡演中，我还学到了跟媒体打交道的宝贵一课。当时我和伍迪收到宝丽莱的拍立得相机，拍照后，相片会马上出来——这在进入数码时代之前是一项技术上的奇迹。我和伍迪通常用它在酒店房间里拍些女孩子的照片。

巡演中我接受了《太阳报》的一名高级记者的采访。他看上去像是个可以信赖的人，所以当他关掉录音机之后，我跟他说："来，看看这个。"我从口袋里掏出厚厚一沓拍立得照片，里面都是各式各样的金发美女，上面还注着拍照的日期和城市。结果，这段歌手和记者之间的悄悄话上了《太阳报》，标题是"爱用拍立得的罗德"。我从来没有感到这么窘迫过。我有一段时间不敢回家，因为害怕被父亲责问。当我最终鼓起勇气回家面对他们二老时，父亲足足有两个小时对我不理不睬。

不过我父亲本来就对整个脸孔乐队看不太顺眼——就算我们没有拍那些照片，没有把它们拿给一家全国性报纸的记者看，他也不喜欢我们。他会为乐队的成功感到高兴，因为我在乐队里，但是他自己不喝酒，所以我想他对乐队成员公然的酗酒和酒后里的种种行为是非常不以为然的。他显然不赞同我们在酒店里的种种恶作剧。我了解这一点，因为我和哥哥们曾经有一晚跟他开过类似的玩笑，后果很严重。

那是在爱丁堡的时候，我们和父亲还有叔叔们一起去那里看一场苏格兰足球比赛。我们住的旅馆正在装修。深夜，我和哥哥们喝醉了，搬了几架梯子和几块木板，蹑手蹑脚地走进父亲的房间，把它们围着他的床搭起来。我哥哥唐爬上两个梯子之间放置的那块木板，装作在粉刷天花板，然后我们打开床头灯让父亲醒来。这种超现实的画面没有让父亲觉得很有趣，事实上，他勃然大怒，一路追杀我们到走廊上。我从此再也没有跟他开过类似的玩笑。

脸孔乐队开始书写传奇，在英国也大受欢迎。1971年我们参加了威克利节的演出，去衬托马克·博兰，结果却抢了这个家伙的风头。观众只要看我们的表演，不肯听他唱歌。那年9月，我们还参加了在肯宁顿椭圆形板球场的户外演出，那是为援助孟加拉国而举行的一场慈善演唱会，大腕云集，主打乐队是"谁人"乐队。

我很少有机会开自己的车去参加演出，不过这次刚好可以。于是，那天下午我开着用专辑收入新买的白色兰博基尼，穿着舞台演出服装——豹皮外套和配套的裤子，这是我特地从英皇道那家"祖母去旅行"精品店买回来的。那个年代，我们这些音乐圈的人都在同一家店里买衣服，这样可以很好地避免撞衫这样的悲剧：店员看到你从衣架上取下一件衣服的时候，会在一旁委婉地说"米克买过那件"，或者"鲍伊刚刚进来买了这件"。

我记得自己开车转入那个板球场后面的停车场，从兰博里钻出来，从头到脚打扮得像头豹子，我的女友迪伊·哈林顿穿着一条极短的连衣裙，我俩手挽手地向化妆室走去。就在那时，我突然有一种很强烈的"到达"的感觉——不仅仅是到达板球场，更是到达了人生的某个阶段。我在心里想着："天哪，我真的成了摇滚明星了！"

我和迪伊·哈林顿一起去旅行，看上去一片黄褐色。

关于那场演出还有一件事：我在演出的时候，直接在舞台上喝酒，虽然当时到处都是警察；我下台后，又跟其他人一起喝了一杯；然后我钻进兰博基尼，打算开车回家，门口的警官们都热情地挥手跟我告别。没有人觉得有何不妥："再见，斯图尔特先生。平安到家。"震惊吧，时代不同。

第9章 事业选择

* * *

脸孔乐队松散作风的坏处是，没有一个乐队成员懂得商业运营。没有人掌管财政，大家都把钱放在鞋盒和信封里，比利·加夫叫我们不要担心。没有人做账，有时候就在餐巾上记录下花销。也没有人做主安排一下我们的生活，好让我们有足够的时间休息。巡演会不断地强加给我们，我们都会抱怨，说"我们不要去唱"，然后加夫就会说："哦，恐怕你们非去不可，因为我们已经收了定金了。"

靠着美国巡演赚来的钱，我们都过着奢华的生活：每个人都买了豪宅名车，伍迪给他父亲买了台大大的彩色电视机（他父亲马上用锁链把电视机跟暖气片连在一起，这样就不怕别人来偷了）。我们那时年轻，傻乎乎的，没有人关注一些细节，因为我们做梦也想不到自己能有这么富有的一天。这在二十几岁的时候再自然不过了，只是没有人去想，可能有一天形势会变。

然后，你瞧，事情果然起了变化，是关于权力斗争的，问题是逐渐产生的，主要是因我而起，因我的个人专辑的成功而起，它给整个乐队带来了各式各样的紧张和焦虑。一开始我把作为一个独唱艺人和作为脸孔乐队的成员两者之间的平衡保持得很好。我在乐队里就是个无法无天的摇滚歌手，而在我的个人专辑里，我既唱摇滚，也唱民谣和灵魂乐。而这些爱好之间也没有任何冲突。正好相反，两种生活融合得相当不错。

刚开始，一切都很和谐。1971年，推出了《麦琪·梅》，我要参加"流行之巅"节目来宣传它，脸孔乐队也一起来了。在这个节目里，我们合作融洽，一起调皮捣蛋。在后台的时候，我们先是想闯入"潘神一族"的更衣室，她们是这个节目的常驻女子舞蹈团，可惜失败了。然后我们在英国广播电台的走廊上跟"斯莱德"——一个迷惑摇滚乐队——踢了一场高难度的足球比赛。脸孔乐队以 2 比 0 获胜。因为要上节目，大家都穿得时髦华丽，约翰·皮尔——我们的主持人和拥护者——坐在一个高脚凳上，装模作样地在弹曼陀林（实际上他对这个乐器一窍不通），而莱恩、伍迪和我则溜到舞台后面踢足球，一点儿也不担心这样做会暴露"流行之巅"节目的黄金行业秘密——在这个英国最受欢迎的音乐节目里，乐队只是在假装演奏。第二年，我们做得更过分。当时《天使》上了榜，因为莱恩来不了，我们就在他的位置上放了一个硬纸板做的人像来代替。不过这次宣传《麦琪·梅》的集体亮相，对我和乐队来说，都是一个代表性的时刻。它将我们塑造成一个无法无天、傻傻的、可爱的形象。在当时的欢乐氛围里，你很难想象我的成功怎么会对乐队造成伤害，或者乐队怎么可能对我个人的成功造成伤害。

不久之后，水开始变浑。莱恩和迈克显然开始困惑：到底我把更多的时间放在哪里？我最充沛的精力投入到了哪里？对我来说，到底乐队是第一位的，还是我个人的事业是第一位的？这些演奏《麦琪·梅》和《你穿那个好极了》（*You Wear It Well*）的夜晚究竟是对他们有利，还是仅仅对我个人有利？他们的女伴们吹的那些枕边风，使得我们之间的气氛更僵。有时候在机场，华纳兄弟公司会派车来接脸孔乐队，而跟我签下个人专辑合约的水星唱片公司也会派车来接我。于是，突然间我们就坐在不同的豪华轿车里：非常容易产生分裂的感觉。又或者有时候，华纳会给乐队订普通的酒店房间，而水星会给我订一个套间。

当然，我本可以拒绝拿钥匙，坚持降下等级跟大家在一起。但是，那样的话，我就没套间住了……

不过，这些住行方面的细节从来没有影响到我和伍迪之间的关系。1975 年 2 月，我们在纽约参加麦迪逊广场花园的一次演出。我发现自己住在雪莉尼德兰酒店，而伍迪住在对面的广场酒店，中间隔着第五大道。他打电话到我房间，问我："你住在哪一层？"我说住在15层。他说："好极了，我住在17层。我们看看能不能看到对方。"我们同时往外看，什么都看不到。我说："伍迪，这个估计行不通。"他说："等等。"我又往外看，对面，离地面很高的地方，远远地有一个毛茸茸的人探出窗口，举着一张点燃的报纸当作信号灯。

迈克和莱恩最介意的事是，整个乐队被理解成我个人的伴奏乐队。我很理解这样的不满，但是我也无能为力。我们一开始就明确要求演出的承办者在海报上或者幕布上只写"脸孔乐队"。但是在美国，即便早在1970年，我的专辑《汽油巷》已经卖了25万张，美国的那些演出会承办商们当然不是傻子。所以，我们到了演出场所，往往发现那里醒目地写着"罗德·斯图尔特与脸孔乐队"。这个时候，迈克和莱恩就会很生气。有一次莱恩是如此暴怒，将一个玻璃瓶砸到比利·加夫的头上。任何一个这样做的剧院，它的更衣室都会被乐队成员弄得一片狼藉，以示报复。

争吵越来越频繁，同时我做得也不好。在一次采访中，我说乐队的第三张专辑《乌拉拉》"糟透了"，这对我与乐队的关系无疑是雪上加霜。我猜当时说出这种话是因为我的个性如此，以及我之前提到过的我倾向于否定自己刚做完的东西。但是在一张专辑的发行前夜，你当然不想从乐队的主唱那里听到这样的评价，即便这是他当时的真实想法。我为此向其他成员郑重道过歉，不过估计迈克在心里嘀咕"该死的主唱就是这样"。

不久，我被指责把最好的歌都留给了自己的个人专辑，把剩下的给了乐队的唱片。这当然不是事实，也不合逻辑，因为我并没有一直在创作歌曲，我不像莱恩那样是一个真正的词曲作者。我只有进入录音室，在最后一刻才能急中生智完成创作。我并没有写好一堆歌分门别类地放着，等到要用时再翻阅挑选。

很多年后，在莱恩去世前不久，当时他患了多发性硬化症，对外声称我的那首《曼陀林风》是剽窃了他的创作。这不是事实，而且最好的证明就是莱恩自己的个性：他不是那种看到别人盗用了他的作品会一声不吭，直到多年以后才提起的人，他会在当时当地就跟我对质。

莱恩在1973年离开了乐队。一开始，大家都以为他是一时气话，因为"我要离开乐队"是大家的口头禅：只要一感到失望或者挫折，大家就会这么说。哪怕你只是在钻出豪华轿车，走进酒店门厅的那一瞬间淋了一点雨，你也会嘟囔句"我要离开乐队"。它就跟另一句乐队常用语"胡扯，你这混蛋"一样没有什么实质意义。可是这一次，在北卡罗来纳州的罗阿诺克那场演出之前，他是来真的了。我觉得他可能以为乐队的其他人会跟着他一起走，剩下我一个人。不过，我们其余四个只是开了一次会，坐在一起商量我们能找谁来代替他——我们都知道找不到真正能代替他的人，莱恩是如此重要，可是我们能怎么办呢？

我第一个想到的是安迪·弗雷泽，他曾经是自由乐队的贝司手，这个乐队早期的专辑我很欣赏，巡演的时候常听。可惜，安迪没有这个意向。于是，我们又去问山内哲，他是安迪走后自由乐队找来代替安迪的，是一个性情温和的日本人，几乎不会说英语。阿哲当时好像有些情感上的问题，但是因为他不说英语，我们也就无从知晓他究竟碰到了什么样的难题。我们倒是发现他酒量很大。我记得有一天早上看到酒店端来他的早餐：香肠、豆子、煎鸡蛋、熏肉，还有两小杯威士忌。不过他也有喝醉的时候。他第一次跟我们一起巡演时，其中一场演出阿哲需要一直靠着舞台后部的贝司架，还有一个乐队管理员在后面抱着他的腿，他才能站直。

那段时间，不用说，是乐队漫长的衰退期。迈克开始处处针对我。他跟莱恩一样，老觉得我随时都会离开乐队毁掉乐队，然后他好像决心要在这一切发生之前就对我怀有怨恨。实际上，真正让我离开的事件是伍迪去了滚石乐队——再怎么不舍，凭良心说，滚石是他真正命定的乐队。伍迪的离开对我是致命的打击。乐队少了莱恩已经够糟了，少了伍迪……一切真的走到尽头了。

滚石乐队长久以来一直想挖走伍迪，他们对伍迪的青睐是众所周知的。他最终被这诚意打动，一点也不奇怪，也没人可以怪他。有几个吉他手可以抵挡住去滚石乐队的诱惑呢？不过，伍迪没法一下子跟脸孔乐队一刀两断。有一阵子，他以为他可以同时属于两个乐队，让大家都高兴，但是这不实际。1975年的秋天，伍迪跟滚石一起完成一次巡演，然后最后一次参加了脸孔乐队的巡演。在那场演出里，我们在舞台上设置了意大利式的栏杆，并安排了一个管弦乐队来演奏我的新专辑《穿越大西洋》里的四首曲子，这是我的主意（也是我付的钱），不过乐队的其他成员，尤其是迈克，觉得这个主意糟透了。

迈克不肯相信，其实一直到最后，一直到伍迪要离开，我始终是想留在脸孔乐队的，想成为它的一员，我并不想单飞。单飞不是我的性格。如果我可以一辈子做乐队的成员，我会很开心。可是残酷的事实是，到1975年，脸孔乐队基本上已经名存实亡。周围的人一直想说服我退出，想一点点改变我的立场，可是我从未屈服。现在比利·加夫和唱片公司又一次跟我提起："清醒吧，一切都已经结束，给你自己找个伴奏乐队，做好自己的独唱事业，是时候做你想做的事情了。"最终，在1975年12月，我不得不承认，是离开的时候了。

这样脸孔乐队就解散了，不过从来没有被忘却。我和乐队成员相聚过几次。11年后，在1986年7月，那天下着倾盆大雨，当我在温布利体育场的演出接近尾声的时候，伍迪、迈克和肯尼走上台来，还有莱恩，他当时身体非常虚弱，拄着拐杖，不过穿得很精神，心情愉悦的样子。当他上台的时候，掌声雷动，观众对着他齐声大喊"莱恩，我们爱你！"莱恩坐在高脚凳上，我拿起麦克风架，把它高高地抛向空中，在这过程中差点扎到自己。我们又开始各种喧闹，跟当年

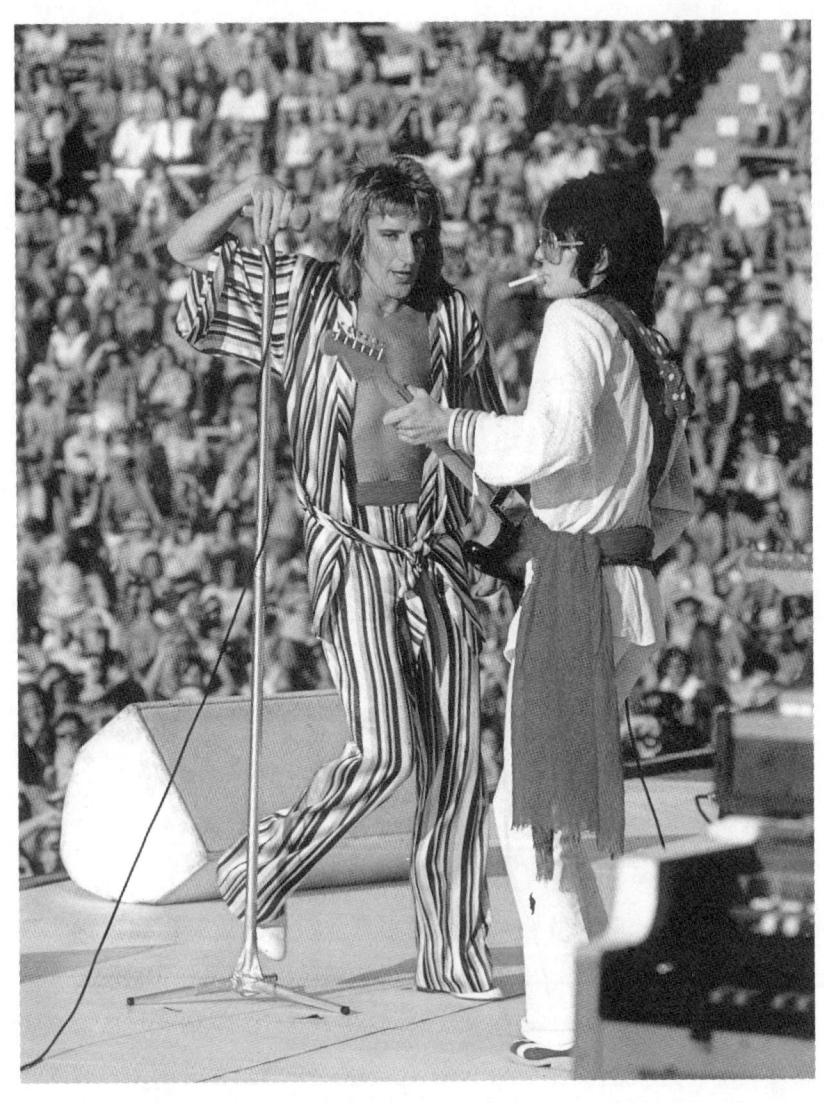

伍迪和我在讨论下首歌的舞台动作。20世纪70年代初期摄于加利福尼亚的圣巴巴拉。

的懒散无序几乎一模一样,我们唱着《我知道我失去了你》、《整晚舞步交错》(*Twisting the Night Away*)和《留在我身边》(*Stay With Me*)。

1993 年还有一次乐队演出,当时我在全英音乐奖上获得"杰出贡献奖"(这样的奖项让人想到退休时收到的金手表)。莱恩当时病重,无法前来,四年后他去世了。不过伍迪、肯尼、迈克和我一起做了些排练,还一起去喀里多尼亚的酒吧里喝了几杯,在颁奖仪式上,我们一起表演了《留在我身边》和《可爱的小摇滚歌手》(*Sweet Little Rock'N' Roller*)。

然后是在 2012 年 4 月,脸孔乐队因为对摇滚乐的贡献(还有之前小脸孔乐队的贡献)入主美国摇滚名人堂。我错过了在克利夫兰举行的仪式,因为链球菌性咽喉炎而病倒。好像只要遇到名人堂事件,我就注定去不了。1994 年我凭借个人成就入主名人堂那次,也因为洛杉矶大地震而被困在家里,错过了颁奖仪式。真是非常有意思的场景:你进入了名人堂,然后颁奖前夜,地球就张开嘴想把你吞下去。

我还记得在母亲去世前的几天,我去看她,那是在 1991 年,她已经 85 岁了。在生命的最后几年里,她有些糊涂。她醒过来看到我,就说:"罗德,你在啊。脸孔乐队怎么样了?"

乐队很好,妈妈。

题外话

> 我们的主人公在一场枪战中幸存下来,在全世界最强壮的男人面前穿着一双庸俗的鞋子,并且开始了对凯尔特人队永久的爱。还在家里接受了一次终生难忘的来访。

我不爱去想这些年满世界去看苏格兰的凯尔特人球队总共花了我

多少钱。不过，我一直记得，1978年它差点要了我的命。

那年夏天，世界杯在阿根廷举行。这是连续第二次苏格兰有资格参赛，而英格兰没有——这个细节让苏格兰队的支持者对这个赛事更加热情满满。虽然我未能加入球队，但至少我被邀请为苏格兰队创作和录制世界杯歌曲《加油》（*Ole Ola*）。可能每个人都期待听到风笛的声音，不过我选择了南美风格的曲调，最终站在洛杉矶的录音室里唱出了下面这句不朽的歌词："加油，加油，我们要从你们手里捧回世界杯。"

球队带着满满的乐观和兴奋出发去了南美洲。艾利·麦克劳德，苏格兰深受爱戴的领队，声称苏格兰队即使不能拿下世界杯，也一定能带回一枚奖章。我对观看比赛迫不及待。苏格兰在小组赛中要对阵秘鲁、伊朗，还有强大的荷兰——我一分钟也不能错过。

我跟同伴尤安·道森一起飞到阿根廷，住在布宜诺斯艾利斯的四季酒店，期待着一星期的奢华生活和球赛。在苏格兰跟秘鲁的开场赛前一晚，当地的唱片公司邀请我们去吃饭，因为拒绝唱片公司请的免费大餐这种做法不像我的为人，所以我接受了。他们说："我们要带你们去最高档的饭店，因为我们不想遇到匪徒。"尤安和我都觉得："很好，我们也不想。"

那天晚上，尽管饭店无可争议地高端，我还是注意到有两个保镖一直陪同我俩从酒店到餐厅——这是我一生中唯一一次身边有私人保镖跟随。一切看起来都井然有序，菜也很好吃，直到晚宴结束，餐后甜点盘正被撤下去的时候，饭店的大门突然被撞开，闯进两个持枪的人。

匪徒，很显然。

真可怕。我们被要求摘下身上的值钱物件，放在前面的桌布上。我一面战战兢兢，一面不情愿地解开手上那块名贵的保时捷手表。不过，肯定有人按下了紧急报警按钮，因为匪徒们还来不及收走他们的

第 9 章 事业选择

战利品,街上就响起了警笛声。就这样,双方展开了混战。匪徒在饭店里面往外射击,警察在外面往饭店里面射击。我的心脏怦怦地跳,保镖护着我趴在桌底下,周围一片枪声和玻璃粉碎的声音。

房间里终于安静了下来,我们从桌底下爬出来,吓坏了。枪战显然转到了大街上,然后停止了。一个警察过来看我们是否无恙,说:"我们把他们打死了。你们要过来看下吗?"

大多数人可能都会拒绝。不过,我是这么想的,你一生里能有几次机会被邀请去看那些本来要抢走你的手表,结果却死在路边的匪徒呢?所以我就出去瞥了一眼。奇怪的是,让我印象深刻的并不是那两具尸体,而是他们掉在地上的枪:老式的长枪,就像怀亚特·厄普拿着的那种。

接着,饭店老板居然要唱片公司付饭钱。

开什么玩笑?

他们当然没有付。我和尤安还拿走了一瓶白兰地来压惊。

第二天,苏格兰在比赛进行到 19 分钟的时候由结实的乔·乔丹先进一球,占得先机,但最终却 1 比 3 输给了秘鲁。在赛前那么大吹大擂之后,现在输掉真是耻辱,这一败也使得那首《加油》在英国的单曲排行榜上的排名狂跌。当晚,华纳兄弟公司打电话来,说他们希望我马上离开布宜诺斯艾利斯,因为留在那里太危险了,而且他们为我买的保险里并没有包括饭店遭遇匪徒这一项,高档饭店也不行。于是我就回家了,这也意味着我错过了阿奇·格米尔对阵荷兰队的时候踢进的那个可能是世界杯史上最伟大的进球,他使苏格兰队几乎拿到了进军下一轮比赛的资格,可是接着荷兰队的约翰尼·雷普又踢进一球,让荷兰队顺利晋级,苏格兰队被淘汰。这一切我都未能看到。可恶的匪徒。

这种对苏格兰的热爱,对这个离我长大的地方有 300 英里远的地区和人民的热爱,到底从何而来呢?我很难解释清楚。人们会觉得这

143

种热爱有点做作，甚至是一种背叛。"你是个伦敦人，对吧。你怎么会对苏格兰这么热爱呢？"

很明显，我父亲是苏格兰人。不过他从未把这种特质强加给我们，我也从来没有声称过自己是苏格兰人。我在英格兰长大，我的母亲是英格兰人，我继承了她的口音。在20世纪60年代，当我在格拉斯哥的汉普登公园泥泞的草坪上看苏格兰队跟英格兰队踢球的时候，我头上戴着格子呢软帽[1]，嘴巴却要闭得紧紧的，生怕一开口就暴露了自己是敌方的一员。（汉普登公园的草坪泥泞是因为那里的泥土是用铁路枕木压实的，很多喝多了的球迷在上面撒尿把土都冲开了。我不太理解为什么去看苏格兰队踢球，必须要在脸上涂颜料，不过这是古老的习俗。）

这种苏格兰特质，我不单从父亲身上感受到，也从他的兄弟们——我的叔伯们身上感受到，他们经常来我家。房子里充斥着他们的苏格兰口音，听起来既自然又特别。这些声音使我意识到我跟一种遥远、浪漫、迷人的精神家园有某种联系，我要做的就是伸手抓住它。从那之后，苏格兰对我来说，就是风笛，还有各种各样带格子图案的东西。

我也是听着用苏格兰口音讲述的各种足球传奇长大的。苏格兰的球赛对我父亲来说是神圣的，一直如此，从未改变。1928年，本土国际赛上，苏格兰的"温布利魔法师"队以5比1击败东道主英格兰队。在这历史性的一天，父亲跟他的兄弟们一起，因为没有门票，从后墙爬进温布利球场（那个时候温布利球场还没有屋顶）。他环顾四周想要找个地方坐下来看球赛，最后却坐在了皇室包厢里的一个空位上。那个位置本来是给阿富汗国王留的，他因为一些原因没有到场。这个故事，被父亲一再地讲述。一个苏格兰人在英格兰队的主场，坐

---

[1] 格子图案是苏格兰的特色。

在国王们中间，像国王一样看完比赛，这在我心里引起强烈的共鸣。

1966年7月30日，英格兰队击败德国队，拿下世界杯，这是英国足球史上最辉煌的一刻。当时英格兰家家户户只要有电视，都坐在那里看那场激动人心的比赛，不过斯图尔特家并不是这样。加时赛的时候，英格兰明显赢定了，父亲看到这里，就关了电视。类似这样的事对我产生了一种深刻的影响。

所以我很小就站在了苏格兰一边。至于对某个特定的俱乐部的偏好则是很久之后的事了。我在70年代迷曼联，因为那个时期，他们那里有很多伟大的苏格兰球员，像丹尼斯·劳，他是我的第一个足球偶像。正是出于对他的模仿，我每次去球场也把袖子拉下来，用手指紧紧抓着袖口。我现在还是这么做的。

1973年脸孔乐队在曼彻斯特自由贸易大厅有一场演出，当时丹尼斯和他的曼联队友帕迪·克雷兰德，还有曼城的迈克·萨默比，一起上台来送给乐队一张金质唱片。接着，丹尼斯的代理邀请我去看在老特拉福德球场进行的那场曼联对利兹联队的球赛。这场球赛中，丹尼斯被狠狠地铲了一脚，利兹的比利·布雷姆纳因此被罚下场。丹尼斯不久也被换下场，他的代理就推推我，悄悄说："咱们过去看看他。"

于是，比赛还在进行的时候，我们走下楼梯，穿过走廊，走到后面曼联的更衣室里，敲了敲门然后进去。丹尼斯没穿衣服，正友善地和布雷姆纳聊天。我后来回到乐队里，激动地跟他们说："你知道我今天下午看到什么了吗，丹尼斯·劳全裸的样子。"

我真正爱上的一支队伍是凯尔特人队。当然，机会还是跟脸孔乐队有关。1974年我们在格拉斯哥有一场演出，肯尼·达格尔利什、吉米·约翰斯通、迪克西·迪恩斯和乔治·麦克拉斯基这几个凯尔特人队的球员都来看演出。肯尼在演出结束后问我："你明天要不要来看我们训练？"

在格拉斯哥狂热的粉丝中间，在艾尔顿的经纪人约翰·里德的帮助下试图钻进自己的汽车。

当时，凯尔特人队通常在体育场里训练，于是第二天早上，我开车到格拉斯哥东端的帕克海德去看他们的训练。站在球场边上，穿着一件厚厚的拉上拉链的运动服的是他们的主教练乔克·斯坦——表情冷酷，看上去好像用花岗岩雕刻而成，他是史上最杰出的足球教练之一，令人生畏。肯尼向他介绍了我，我不安地伸出手来跟他握手，我注意到斯坦有点好笑又带点轻蔑地看着我的脚。我当时穿着一双华丽的白鞋子，真是不合时宜。

不管怎么样，你认识了乔克·斯坦，你就是一个凯尔特人队的支持者了。你一旦认识了吉米·约翰斯通，你就永远是一个凯尔特人队的球迷了。吉米是穿着绿白横纹衫的最伟大的球员，他个子矮小，却让那些高大的后卫们闻风丧胆，认识他是我的荣幸。另外，他还会唱歌。2004年，吉米也录制翻唱了伊万·麦考的《肮脏老镇》，这是我跟他的一个共同点。2006年，他被运动神经元疾病夺去生命，享年61岁。在他去世前两个星期，我到格拉斯哥城外他家里去看他。我们都知道他当时病重，所以我的哥哥们鲍勃和唐，还有我的两个朋友大阿尔和牛皮阿尔都在外面的车里等着我。吉米的妻子阿格尼丝把我带到吉米的房间，他躺在床上，骨瘦如柴，看到我，脸上却绽出了灿烂的笑容。他马上要他太太给他拿一瓶香槟，然后透过窗户他看到了我的车。

"谁在外边啊？"他说。

我回答："我的哥哥们，还有两个朋友。"

他说："他们干吗待在外边呢？让他们进来吧。"

即便病重，他依然很精神，而我整个上午都在抱怨自己感冒了。在有些人面前，你会永远感到惭愧和谦卑。

70年代我的生活里基本就是音乐和巡演，直到80年代后期，我才开始定期地去看凯尔特人球队的比赛。好景不长，凯尔特人球队差点不复存在。俱乐部陷入财政困境，在1994年时危机到达顶点，只差五个小时就要被银行破产清算，幸好一位出生于苏格兰的加拿大籍企业家弗格斯·麦克莱恩挺身而出，拯救了球队。他给俱乐部注入资金，并在俱乐部的旧址帕克海德上新建了一个球场。我受邀参加新球场北看台的开幕仪式，并致辞。麦克莱恩还在凯尔特人公园球场看台上给我设了一个终身席位，这真是最好的终身成就奖。

我对凯尔特人队的感情在戈登·斯特罗恩执掌帅印的四年里变得更加深厚。戈登·斯特罗恩是最勇敢坚韧的苏格兰球员之一，他退役后，常拖着伤腿来我在埃平住所的球场踢球，我们有个中老年组。我和彭妮跟他还有他的妻子莱斯利成了好朋友。所以当2005年斯特罗恩告诉我，他可能在马丁·奥尼尔离任后接管凯尔特人队时，我变得无比兴奋。在斯特罗恩的任命被公布后，他因为周日的一场比赛而来到埃平，我在走道上，郑重地向他鞠躬。

2005年7月的一天早上，斯特罗恩给我打电话说："你的球场可以用吗？"

我说："草刚剪过，标记可能还没弄好。怎么了？"

斯特罗恩说："我想带这些小伙子们过来训练。"

我说："哪些小伙子们？"

他说："当然是凯尔特人队。"

我差点摔倒。当时，凯尔特人队正要和富尔汉姆队踢一场季前赛。当地的俱乐部都在使用自己的球场，没有富余。凯尔特人队上次在伦敦的时候，只能借用市政厅的球场来训练，结果发现球场上满是狗屎。

斯特罗恩说："我觉得让孩子们到你这里来训练，可以让他们兴奋一下。"

让他们兴奋一下？我才兴奋坏了呢。

他们来的前一天，园丁们修剪球场直到天黑，让它看上去棒极了。第二天早上，两辆豪华客车开进大门，转进车道，停了下来。一辆车上载着球员，另一辆载着教练们、各种装备和食物，他们来后会坐在泳池边吃东西。坐在我的泳池边！

我躲在楼上窗帘的后面看着他们到来，看着他们一个一个下车：艾登·麦吉迪、博博·巴尔德、肯尼·米勒、尼尔·列侬、阿图尔·博勒斯、加里·考德威尔……我最热爱的球队的队员，走在我家的车道上。我浑身都在颤抖，好像一个暗恋中的少女。我不想走出家门，不想过去跟他们打招呼。

我的妻子竭力让我平静下来。他们在我的小更衣室里（现在挪了位置，也加大了）换上球衣，然后走上球场。我和彭妮一起跟着他们，彭妮当时怀着阿拉斯泰尔，我们的第一个孩子。我们跟他们握了握手，然后站在边线上。球场上放置了一些锥体，他们在练一脚进球的打法，速度快得惊人，并且是在我的球场上，它从未显得如此美丽。斯特罗恩已经告诫过全队，不可以说脏话。不过麦吉迪碰到些问题，还是忍不住爆了句粗口，他马上转过身跟彭妮说："对不起，夫人。"很乖的孩子。

最喜爱的球队在自己的家里训练，世界上还有谁有这样幸福的经历呢？这真是年少时的美梦成真啊。

有这么一个笑话。妻子对丈夫说："有时候，我觉得你爱凯尔特人队胜过爱我。"丈夫说："亲爱的，我爱'流浪者'胜过爱你。"要过多久，这样的笑话才能再度变得好笑，或者只是变得可能呢？流浪者队——凯尔特人队的同城死敌，2012年被破产清算，现在已经降入丙级联赛。我试图向我年幼的儿子阿拉斯泰尔解释（他好像也迷上了凯尔特人队）为什么目前不可能再有"老字号德比"[1]这样的对抗赛，他感到很悲伤。我同情流浪者队的球迷们，尤其是年轻的那些。但是流浪者的破产降级对双方的球迷来说都是莫大的损失：争斗了125年的势均力敌的老对手陷入危机。苏格兰足球跟英格兰足球比起来，从整体来说，是脆弱和贫困的。2008年一场球赛中，我刚好坐在邓迪联队主席埃迪·汤普森旁边，他是一个可爱的人，可惜不久就去世了。他曾经给过我一张手写的食谱，上面是俱乐部专用肉饼的配方。我问埃迪："邓迪联队在这一季排名第四能挣到多少钱？"他说："165 000英镑。"牛皮阿尔马上说："英格兰的弗兰克·兰帕德一星期的报酬就有这么多呢。"

而无论如何，球迷能做的，就是为自己的球队摇旗呐喊，一直摇下去喊下去。虽然我在英格兰，但只要凯尔特人队在家乡比赛，我们就会坐飞机过去看：我，大阿尔，牛皮阿尔，还有里基·辛普森，如果他刚好也在附近的话。我们会飞到格拉斯哥中部的罗加诺，先点鳕

---

[1] 专指凯尔特人队与流浪者队的比赛。

鱼和薯条吃，然后驾车往东开到球场，越靠近目的地，街道越来越热闹，穿着绿白条纹衫的人也越来越多。我们会经过乔克·斯坦拿着欧冠杯的铜像，进入球场。有时候我觉得哪怕仅仅为了听场上的歌声——绿衣球迷那种热烈独创的不停的歌声，也值得一去，他们编出的歌全世界都跟着哼唱。我的终身席位在董事会成员的包厢里，有一块刻着我名字的铜牌，旁边是比利·康诺利的位子。我的右前方是比利·麦克尼尔，他旁边是伯蒂·奥尔德（两人都是1967年"里斯本雄狮"的传奇人物）。作为一个球迷，能坐在球队英雄旁边是无上的荣光，我开心极了。

跟你说，我曾经也是里斯本雄狮的一员。好吧，那只是在1994年的一次慈善足球赛上。不管怎么样，能在更衣室里坐在比利·麦克尼尔、罗尼·辛普森和约翰·克拉克旁边是件多么令人兴奋的事。伯蒂·奥尔德还用浓重的苏格兰口音跟我说："罗德，传球给我的时候要利索。"我们的对手是另外11个凯尔特人队员，那场比赛里卢·马卡里从后面一脚把我给踹飞了。

就算我不能到现场，我依然关注球赛。2012年1月，我要从伦敦飞到雅加达演出。不过，我怎么可能错过苏格兰联赛杯，凯尔特人对福尔柯克的那场半决赛呢？我在网上搜索到新加坡有一家凯尔特人队球迷俱乐部，于是就决定中途在新加坡停一晚。将近午夜的时候，我挤进了一家小酒吧，在离格拉斯哥有七千英里远的地方，跟一群苏格兰人一起，大家都穿着绿白条纹衫，围着电视机呐喊歌唱。但是电视机上的画面经常停顿，因为是依靠网络直播。

凯尔特人队3比1赢了比赛，安东尼·斯托克斯进了两球，队长斯科特·布朗罚进一个点球。不过这些精彩的时刻我们都没能亲眼目睹，因为电视画面总在这时停滞不动。

这一切确实很消耗时间、精力和金钱，用理智来分析的话，简直就是疯狂。而且球赛决定着我的心情，快乐或悲伤，我花了太多时间

第 9 章 事业选择

坐在洛杉矶机场的一个行李推车上等待，1975 年。竭力想看起来平静理性。

想着它，把它看得过于重要。可是，你有什么办法呢？足球就是这样。有一次在加拿大的温哥华，凌晨4点的时候，我开车前往一个酒吧，我知道在那里可以看到一场苏格兰中午时间进行的一次比赛。当时太阳快要出来了，我看见路上有个人骑着自行车，穿着绿白条纹衫，在空旷的街道上拼命地骑着，赶去看比赛。我在心里默念："咱俩一样，兄弟。"

加油，凯尔特人队！

第 10 章

爱情到来

我们的主人公和一个皇家空军中校的女儿开始了一段恋情,买了一幢大得过分的房子,并和艾尔顿·约翰成为朋友。

1971年7月,唱片公司在洛杉矶的一个叫作"碰撞"的晚间俱乐部为脸孔乐队举行了一个派对。一切都是熟悉的场景:震耳欲聋的音乐,免费的饮料,唱片公司的人或焦虑或陶醉,还有一大群穿着性感的晚礼服的女人,唯一的目的就是向乐队成员大献殷勤,她们自己也毫不掩饰这一点。

在这些场合,我了解到,作为一个乐队成员,想要站在房间中央是不可能的。你就算一开始站在那里,脚趾紧抓着地毯,你还是会被朝你涌过来的人群逼得连连后退,直到背靠墙壁,推开一个个靠过来的人。即便如此,这晚我穿得依然抢眼:一件白色的天鹅绒西装,亮得可以照亮一个冰球场。

我最终注意到的这个女孩子,既没有朝我抛媚眼,也没有把我挤到墙边在我耳边建议夜晚余下时光的安排。相反,她坐在一张桌子旁边,穿着白蓝相间的裙子和木底鞋。她正带着一种置身事外的超然,饶有兴致地打量着周遭的一切和我的外套。我走过去向她介绍了自己——这样的介绍很有必要,因为迪伊·哈林顿来自英国,她只是跟她的一个朋友一起来参加派对,并不是脸孔乐队的粉丝,对摇滚音乐也不太感兴趣，而且也不知道我是谁。她更喜欢灵魂乐，不过灵魂乐也是我热爱的一种音乐，于是我们马上有了共同点。当艾瑞莎·富兰克林的《西班牙的哈莱姆》响起的时候，我邀请她跳一支舞。跳完我们又坐下继续聊，接着我们离开了俱乐部，一起生活了四年。

　　我们一见钟情，在彼此的身边都感到安心，很难解释人与人之间的这种化学反应，不过我俩之间就是有这种感觉。迪伊当时21岁，教养很好，是在英国南部城镇长大的女孩子，皇家空军飞行员哈林顿中校的女儿。她之前在伦敦的一家唱片公司做秘书，当时来到洛杉矶找工作，还没有着落。她很迷人，而且因为对自己的迷人没有确切的认识而更加迷人。在我遇到她的前几天，她坐在一家摄影室的前台，等着她的一个模特朋友拍完照出来。这时候一个摄影师经过，当场就给她拍了一张照片，放在《花花公子》杂志上。她本来计划存些钱，然后去日本，结果却和我在一起了。

　　我们两个人都渴望单独相处，于是离开了派对，一路走啊走，聊啊聊，漫无目的地都不知道自己走到了哪里。在此期间还有一辆警车停了下来，确认我们是不是正常。在洛杉矶，没有人这样一圈圈地走路，但是我们很好，而且从来没有这么好过。我们最终走到了日落大道上的"尝尝威士忌"俱乐部，可是我们进不去，因为迪伊看上去太小，不像21岁，身上也没有带任何证件能够证明她的年龄。于是我们又走回到乐队住的比弗利山庄，但是迪伊说她不可以留下来，因为这不是她的风格——在俱乐部认识一个摇滚歌手，然后去他的房间……不过如果大家只是各自休息，也许不是完全不可以，于是我们就各自安睡了一晚。

　　不过在睡觉之前，我从自己的袋子里拿出一个兰博基尼穆拉的模型给她看。"我在英国有这样一辆车。"我说。我是不是世界上唯一一个想用一辆玩具跑车吸引女孩子的人？她说："哦。我坐过这样的车。"实际上她没有。她只是决定显得毫不在意。

第10章 爱情到来

第二天她来看脸孔乐队在长滩的演出，跟我一起坐在豪华轿车里，从剧院的后门进去，当走到舞台的一边，灯亮起来时，她第一次看到台下人山人海的观众，开始意识到我们乐队的影响力。演出结束后，在后台我们被人群冲散在走廊的两头，我拼命地跟保安打手势，想让他穿过这些拥挤的粉丝，把她带到我这边来。她第二次领略到这种疯狂，不过她不喜欢，也不想成为其中的一部分。有一段时间，这并没有影响我们的关系，因为我俩一直远离这种喧嚣纷扰。

回到伦敦后，我给她打电话，约她在兰开斯特门的一个酒吧见面，我开着黄色的兰博基尼过去，把车停在门口，向她证明我不是在吹牛。（我觉得她其实是蛮喜欢兰博的：双座设计，可以开得那么快，每个人都看着它，诸如此类的。为什么不呢？我们都是年轻人，这些东西对我们来说就是很有吸引力。）不到三个月，我就在纽约的一个酒店里向她求婚了，这么快求婚让她有点吃惊，这其中的守旧和传统也让她吃惊吧，因为在那个年代，结婚并不是一件时髦的事——至少她是这么想的。（我们确实也从未谈到婚礼，只是停留在一种订婚的状态里顺其自然。）三个月后，我们就一起住在英国乡间的一幢豪宅里了。

很突然的，而且是人生的头一回，我开始有大笔钱进账——许多钱，多到我的会计会让我故意多花一点。说得具体一点，他让我花掉十万英镑买一个物业，这样就不用拿同样多的钱去纳税。

好吧，如果他这么坚持的话……

在1971年，你要找一幢价值十万英镑的房子，又不能是白金汉宫或国会大厦，还真是相当难的。我找到的最接近目标的房子价值是89 000英镑：克兰本庄园，主建筑是一幢乔治时代的灰色大楼，位于伦敦西部乡间，靠近女王在温莎的住所。鲍勃·霍普也曾经住在这里，我很中意这一点，而且听说以前这里住着一个古董商的时候，索菲娅·罗兰还常来看古董。

它的主人，贝瑟尔勋爵，是一位家道中落的英国贵族。当他那天下午带着我和迪伊看房子的时候，迪伊悄悄推了推我，指了指他的裤子。他的裤子已经磨损得如此之薄，以至于可以透过布料看到里面的条纹底裤。他会不会因为要被迫变卖祖业给一个暴发户——一个长头发的摇滚明星和他的金发女友而心怀不甘？这不得而知。不过至少他没有表现出来，他表现得更多的是找到买主后的轻松。

于是，在1972年1月1日，在我们相遇半年后，迪伊和我搬出了我在温启莫山的那幢有四间卧室的都铎风格的房子，搬进了这个巨大的庄园。大门的柱子上雕着石鹰，连绵曲折的车道穿过杜鹃花丛，中间是17英亩各式各样的花园和围场，大厅的天花板高40英尺，一个宽大的楼梯盘旋而下。我把它展示给母亲看的时候，非常骄傲，不过她看上去很担心。

"罗迪，这些要花多少钱啊？"

"你不会想知道的，妈妈。"

父母始终不清楚我到底赚了多少钱。很多年后，我问母亲她想要什么圣诞礼物。

"说吧，"我说，"让我给你买点东西。"

她想了好久，然后说她想要一个新的面包箱。

困难不在于买下克兰本庄园，困难在于如何充实这些房间。从之前房子里搬过来的家具装不满新房子里的一个房间，还剩下35间屋子需要填充家具。接下来的两年半时间，我和迪伊做的一个主要的事情就是布置这座大房子。

我们找了一个汽车那么大的吊灯挂在客厅。我们在英皇道的古董店里搜寻真皮长靠椅，还有天鹅绒沙发。我们买了八把柳条制成的，椅背做成蝴蝶形状的高大椅子放在餐桌旁。我哥哥鲍勃是个木匠，他常常过来帮忙做一些东西，足足忙了两年多。

我们留出两间卧室放我的铁路模型，在隔断墙上打了几个孔，这

正在我的克兰本庄园里剪草坪，不远处还停着我的兰博基尼小蛮牛。生活很美好，1973年。

样房间之间可以连电线。还把马车房拆了，变成网球场。我在台球室里贴了好些丹尼斯·劳的照片。我加了一个室内游泳池，把昏暗的老式厨房改得赏心悦目一些，还装了一个沃利策点唱机，这样我们可以一边吃饭一边听音乐。我确保里面有阿瑞莎·富兰克林的《西班牙的哈莱姆》，我俩的主题曲。

我俩待的最多的地方是厨房。迪伊穿着格子迷你裙，站在灶台旁边做饭。她会做出一顿相当丰盛的早午餐：香肠、培根、黑布丁、豆子和蘑菇。星期天的早上，我在伦敦北部踢足球，顺道看望父母的时候，她会做好星期日烧烤[1]。听到车道上传来兰博基尼的引擎声时，就开始上菜。

我们养了一只叫普斯格罗的猫、两条柯利牧羊犬、一条阿尔萨斯犬（我们给它取名"卡洛"，用的是索菲娅·罗兰的丈夫卡洛·庞蒂

---

[1] 一道传统的英国周日主餐，包括烤肉和一些其他伴餐菜品。

的名字，以此来纪念索菲娅·罗兰与这幢房子的关系），还有一只短尾鹦鹉，它喜欢迪伊，讨厌我——可能是因为当我听腻了它的尖叫声时，就会把它连同笼子塞到食品室，关掉灯，然后锁上门。外面还养了四头小公牛，主要靠它们来吃草，马厩里还有三匹马，希瓦尔、卡拉米亚和斑点，后来还生了匹小斑点。

迪伊经常骑马，我玩我的铁路模型，我俩待在这世外桃源里，远离外界的纷扰。我们在那里住了那么久，只办过一次正式的宴会。就在那一晚，之前提到过的，加里·格里特的假发掉在游泳池里。（我想是我的姐夫把他推下水的，不过说实话，在那些日子里，想推他下水的人还真不少，都得排队。有一次，他在巴黎跟我们乐队一起演出，受到了最可怕的对待。无数的啤酒罐扔到他的身上，不过他还是继续唱他的。不管你对他有多少看法，他确实是一个老练的艺人。）

其他时候，我们只请朋友来吃晚饭或是周日来吃午饭。有一次约翰·皮尔，英国电台的主持人过来吃顿便饭。迪伊给他做了烤肉大餐，可惜他是个素食主义者。迪伊只好急忙又煮了个洋蓟。这可能是他吃过的最糟糕的午餐了，不过他始终很有风度。

另外，在我们这里，毒品是绝对禁止的，在这样的田园生活里没有它的位置。迪伊对毒品从来不感兴趣，我也不想惹来警察翻箱倒柜地搜查，可怜的基思·理查兹就老碰上这样的事，所以我定了一项"把毒品留在门外"的政策。如果你自己带着毒品来，我们会礼貌但坚决地请你把它们放回到你自己的车上去。

不过绝大多数时间，就只有我们两个人待着，彼此拥有对方全部的注意力。我俩有说不完的话，随便什么话题都能聊上几个小时。迪伊管这里叫作"天上的大厦"，因为从马路上是看不到这屋子的，没有人知道我们在这里。我们深爱着彼此，虽然房子装饰得富丽堂皇，我们的生活方式却是简单朴素的，甚至有点接近波西米亚的生活方式。我们会穿着肘部有洞的套衫四处晃荡，鞋子是用旧式的缎带系起来的，外套是那种狗狗很爱冲过来咬住的阿富汗外套，我们还分享一套睡衣——上衣给她，裤子给我。我爱用的一些老式的英语表达常把她逗乐，像"我要走到楼梯的底层了"（表示惊讶），"你上上下下好像一条裤子"（说一个人坐不住，好动）。有时候我们像小孩子一样满屋子跑，大喊大叫，还玩捉迷藏。这房子用来玩捉迷藏最合适不过了，只是你藏起来之后，别人可能永远也找不到你。我们的户外夜生活就是穿着拖鞋走到当地一家叫"鞋匠"的酒吧：我的拖鞋是老式格子呢的，她的是带着粉红绒球的坡跟鞋。

这样的生活，快乐、有益身心，可惜却不能长久。

* * *

疯狂在其他地方继续着。我跟迪伊在一起的这段时间是我事业上非常成功的时期，从1971年到1975年，专辑《每幅图画讲一个故事》大卖，《麦琪·梅》和《你穿那个好极了》相继成为热门单曲，《微笑者》专辑又大受欢迎。那几年是我的歌手事业的突破期，我到达了一个全新的名声大噪的阶段。《麦琪·梅》是在我和迪伊认识三个月的时候爆红的。经过了这么多年的寂寂无名，我突然成了明星，成了所有注意力的中心。我想要好好享受这一切，不去享受才不合情理吧。这不正是我这么多年来一直追求，渴望拥有的吗？

"流浪汉"酒吧开在杰明街，紧挨着伦敦的皮卡迪利街。酒吧内部很豪华，看上去像在远洋渡轮上，房间覆了一层华丽的木制镶板，挂了好些枝形吊灯。最重要的是，它在这个大楼的地下室。在我看来，酒吧就应该放在地下室。（如果要上楼走进一家酒吧，感觉总是怪怪的。那些没有设在地下室的酒吧往往很快就关门大吉，谁叫老板无视这样重要的定律呢。）

"流浪汉"酒吧的特别之处在于它吸引了众多名人：音乐家、球员、演员。那个时候，比方说，你在那里遇到乔治·贝斯特的几率就很大。事实上，有段时间，他去得如此频繁，简直跟酒吧里木制镶板一样成了那里的一部分。我们常坐着聊天，也跟那里的服务生聊，他们很多都是意大利人和西班牙人，很爱聊足球。脸孔乐队在那里开了几次派对，那里对我来说，就像一个停泊的港湾，我常去那里，很多年都是这样。

与此同时，艾尔顿·约翰和约翰·里德住的那个房子离克兰本庄园很近，开一小段路就到了，他家的派对总是持续时间很长，富有传奇色彩。艾尔顿和我自长约翰时期就彼此认识了。艾尔顿的第一个乐队"蓝调学"带去演出的那几个蓝调俱乐部，我在60年代早期经常去，长约翰在蒸汽包乐队解散后又加入了他们，成了他们的歌手。不过我和艾尔顿真正走得近还是在70年代早期，那一段时期我们是很好的朋友。长约翰给我取过昵称叫"菲莉丝"，他也给艾尔顿取了一个叫"莎伦"，所以我们就这样叫彼此："菲莉丝"和"莎伦"，或者"亲爱的"。

菲利斯和莎伦，在分开的两个浴缸里，因此避免了不必要的谣言。1974年摄于沃特福德足球训练后。

"你好啊，亲爱的。过得怎么样，亲爱的？是真的吗，亲爱的？"

我喜欢他的幽默感，欣赏他能够看到开车绕着位于伦敦中心的大理石拱门纪念碑转上30圈这件事的喜剧价值。（现在可能听起来很蠢，不过当时觉得很好玩。）当然，我们还有足球这个共同爱好，我也佩服他在音乐方面的见解。他对蓝调和灵魂乐有独到的理解，如果我做的事情能够得到他的肯定，这对我来说意义重大。我暗地里有点嫉妒他的才华横溢，能够不停地写出这么多大受欢迎、脍炙人口的歌曲。

他还有一件事让我敬畏，就是不管是喝酒还是服可卡因，我都不是他的对手。有一晚在他家里，我们用了一些药粉，到早晨6点的时候，我撑不住了，就走到楼上找了张床呼呼大睡。四个小时之后，艾尔顿捶门把我叫醒。

"起床吧，亲爱的。我们还要去看场球赛呢。"

我看上去就像被不同种类的机车从不同方向碾过一样，无精打采，腰酸背痛。艾尔顿呢，站在门口神采奕奕，笑容满面，穿着一身无可挑剔的日间礼服，头戴一顶大礼帽，手里还拿着一根金质尖端的手杖。经过这样一个狂欢的夜晚，我需要几星期才能恢复体力。而在艾尔顿身上，却完全看不出熬夜的痕迹，才过了四个小时，他就兴致盎然地准备好去看沃特福德跟"谢菲尔德星期三队"的比赛了。

不过在这个方面，我一直都只是小试牛刀，并没有特别想要出类拔萃。在服用毒品上，我觉得自己是比较绅士的。如果用一点可以使夜晚增色，那就用一点。我从来不是那种疯狂的不知约束的一心想要让自己神志不清的瘾君子，完全失控的状态对我没有吸引力。"出于社交场合的需要"可能是比较准确的说法，只是在某段时期里，我的社交活动过于频繁。

当然，脸孔乐队成员都喜欢痛饮，个个以海量著称，并以此为荣。不过即便在这样的背景下，我也很少让自己喝到腿软趴下，甚至昏迷的状态。至于毒品，任何需要吸食的种类，我都不会考虑，因为我必须保护自己的嗓子。我本来可能会对那些引起幻觉的药物感兴趣，不过一个朋友的悲剧警醒了我。我之前提到过的朋友克莱夫·阿莫尔，在60年代是我的朋友圈里第一个服用迷幻药的，有一天晚上他觉得自己能够飞翔，就赤裸地从顶楼窗户跳了出去，摔死了。自那之后，我就再也不碰迷幻药之类的东西。

而且，坦白说，夜晚出去玩的时候，比起喝醉，我对跟女孩子聊天更感兴趣。过了一阵子之后，这两种爱好变得互不相容。我还一直注意保持体力，这样可以在星期天踢一场球赛。从这个意义上说，足球使我避免了许多的过度行为。总而言之，在酒精和毒品方面，比起圈子里的几个大神，我充其量只是个半吊子。

有些人就体格来说，天生就能海饮而面不改色，而我可能不是这类人。但是从长远来看，这对我是件好事。1977年的某一天晚上，在流浪汉酒吧，我极不明智地加入了凯思·莫恩的活动，度过了一个疯狂的夜晚。凯思·莫恩是"谁人乐队"以情绪多变著称的鼓手。他是一个危险的家伙——并不是身体上给人的威胁感，他个头矮小，从体格上来说，不是很吓人的那种。主要是他给人一种随时会爆发的感觉，而你不知道他爆发的原因，也不知道他会迁怒于谁。

莫恩在流浪汉酒吧臭名昭著，他有一次赤条条地就跑到舞池中去。那天晚上，他衣服倒还穿在身上，但是突然对周围的人说："我今晚不睡觉，要一直玩到第二天中午11点钟酒吧开门，谁先走就是个该死的混蛋。"

我心里某种好斗的东西被激起了。当时应该马上走开的，可是我却愚蠢地接受了挑战。我们喝了大量的酒，用了许多可卡因，在许多地方，包括，如果我没记错的话，罗尼·伍德的家里，伦敦西区某个并没有邀请我们的派对上，在莫恩位于彻特西的那座白色现代的奇特的房子里，那幢房子有五个金字塔形状的屋顶，里面有一个酒吧，用一些巨大的微微令人感到不安的卡通超级英雄的油画来装饰。就在这里,在雷神托尔和绿巨人浩克的油画下,黎明到来了,我突然清醒过来。

"我不能再混下去了,凯思。"我低声说了句,然后悄悄离开回家了。

他恨不得杀了我。

"斯图尔特,你这个混蛋。回来!既然开始了,就要做到底。"

莫恩为他这种不节制的生活付出了最惨重的代价,他在1978年死于过量服用镇静剂。"你这个混蛋"大概是他跟我说过的最后一句话。我深切地怀疑,艾尔顿如果不是后来痛下决心戒掉毒品的话,可能也早就挂掉了。每个人能服用多少的量,是有限度的,即便艾尔顿·约翰也一样。

在这些方面我不能跟艾尔顿比,不过在音乐方面,我们倒是旗鼓相当地斗了一阵子。我们斗得还蛮开心的,半开玩笑半认真的那种,想在销量和成功方面击败对方。现在依然如此:我俩在2011年同一时间推出专辑,当他的专辑排名第三,而我的排名第四的时候,我很恼火,他则沾沾自喜。(我猜某人有几百张卖出去的专辑实际上在某个地方堆着,当然,这只是我的推断,没有任何数字上的证据。)我俩在拉斯维加斯的凯撒宫都有常驻地,又比两人谁的票卖得多。(答案:我卖得多,不管艾尔顿在演出的时候怎么跟他的观众们吹。)

这样的竞争使得艾尔顿时不时地做些有趣的惊人之举。1985年我在伯爵宫的上方系了一些充气足球,个个都像小型飞船那么大,来宣告我在那里有演出。艾尔顿就雇了一个狙击手,用气枪把它们都打了下来。还有一次也是在伯爵宫外面,我拉了条横幅"金发的人有更多乐趣",艾尔顿就在对面的大楼上挂了条横幅,上面写着"但是褐发的人赚的钱更多"。

有天晚上在巴黎的一家酒店,这种竞争达到了顶峰,我俩在可卡因的支撑下从晚上一直争论到早上 10 点。这场庄严的辩论只围绕一个话题：我们两个谁的银行账户里钱更多？周围的人纷纷去睡了，他们第二天早晨下楼来吃早饭的时候，发现我们竟然还在讨论。争论的结果：没有结果，胜负不明，在可卡因刺激下的辩论一般都这样。

不过，这世界上再也没有比艾尔顿出手更大方的人了——极度大方。我这里有好些他送给我作生日礼物的手表：昂贵的，镶嵌着许多宝石的手表，上面刻着"艾尔顿敬上"。他送给我的第一个妻子阿兰娜一架斯坦韦钢琴，他俩一直是好朋友，即便在我和阿兰娜离婚后。这些礼物可真不便宜啊。

有次圣诞节快到了，我想了很久也不知道送什么礼物给他好。这真是个难题：你能给一个什么都有的人买什么礼物呢？我在店里搜罗了一阵，看到一件中意的：一个新奇的便携式冰箱。真不错。你给它插上电，按一下按钮，门就会自动打开，里面亮起来，一瓶酒会在一团水蒸气里冒出来。我觉得这样的东西会让人想说一声"哇哦"。它花了我 300 英镑，我觉得差不多了。

艾尔顿那年送给我的礼物是：一幅伦勃朗的画。

《牧羊人崇圣》(The Adoration of the Shepherds)。

伦勃朗的画！我觉得自己的礼物在对比之下显得相当渺小，不过也并没有艾尔顿说的那样微不足道，他说我送给他一只"冰桶"。那不是一只冰桶，那是一只新奇的便携式冰箱。

不管怎样，后来我在 1997 年他的 50 岁生日上略胜一筹。我给他买了台大型的吹风机，就是你在美发店里常看到的，人坐在机器下面的那种。两年后，我和雷切尔结婚，他送给我一张布茨连锁店价值十英镑的代金券，还在卡片上写着："自己去挑点好看的东西吧。"

我们有时一起旅行，或者当两人都在国外时彼此见个面。皇后乐队有阵子在洛杉矶的贝莱尔租了一个房子，艾尔顿和我在那里跟皇后乐队的主唱弗雷迪·墨丘里聊了一晚。他是一个性情温柔又有趣的人，我很喜欢。我们探讨了一下三个人组成一支超级乐队的可能性。我们觉得乐队的名字可以叫作"鼻子、牙齿和头发"，分别用的是我们三个人最受关注的身体部位。大致的构想是我们三个可以打扮得像"比弗利姐妹"那样。不过这个设想始终没有付诸实践，实在是当代音乐界的一大损失。

弗雷迪·默丘里和我穿着大翻领上衣，看上去有点腼腆。弗雷迪看上去好像正把手放在我的膝盖上。

1985年，艾尔顿还和我一起在非洲度过了一个小假期，那是一次狩猎旅行，我们开车到丛林里去看传说中的"非洲五霸"——大象、犀牛、野牛、狮子和豹子。最好的时间当然是清晨极早的时候，但是这个时间我一般都醒不了。因此艾尔顿会在帐篷的门帘那里叫到我醒为止："起来吧，亲爱的。"然后我们开着一辆路虎出发，任命自己为"粪便学家"——根据动物的粪便判断出它们的种类和状况的专家。到了夜晚，回到露营地，我们会打上蝴蝶领结，穿深色上衣，打扮隆重地参加篝火旁的晚宴。

即便是在狩猎旅行中，艾尔顿也会坚持把他的钻石带在身边。他有一个黑色的盒子，里面装着各式各样的卡地亚珠宝，价值多少只有上帝才知道。他会把这个盒子交给他的助理鲍勃保管，就像美国总统让身边的人拿着装有核程序的公文包一般。在非洲，有一天晚上，吃晚饭的时候，我们其中的几个人决定偷偷地把这个宝贝盒子从鲍勃那里拿走藏起来，看看他们的反应。不过你很难使艾尔顿慌乱。鲍勃开始惊慌失措，而艾尔顿只是淡淡地说了一句："别紧张，亲爱的。这些只是白天佩戴的东西。"

在这段克兰本庄园的时期，除了艾尔顿的房子，另外一个娱乐中心是罗尼·伍德的住处，威克别墅。这是一幢位于里士满的乔治时代的建筑，是他从演员约翰·米尔斯爵士那里买来的。房屋建在山坡上，后面有很大的凸窗，面对着泰晤士河，威克别墅即使不是全欧洲最美的，也是公认的全英国远眺风景最美的房子。罗尼·伍德就选中这里了。

这幢三层的房子有一个椭圆形的餐厅和客厅，木工雕刻，还有很棒的壁炉。罗尼在地下室里设了一个录音室，还有一张前任屋主留下来的台球桌。他还买了一只鹦鹉，他教会它说一个词"滚开"。至于其他的必要家具，比如说餐桌，他都不太讲究。整座房子看起来就好像是一个巨大的多房间的衣橱，到处都挂着罗尼的舞台服装，还有他的那些宝贝吉他。

不过这里是一个很好的聚会地，你可以在深夜踱进去，那里依然满满的都是人，大多数都挤在楼下的录音室里，唱歌，或者听别人唱，或者帮罗尼录音。在那里你可能会遇见谁人乐队的吉他手皮特·汤森德，或者基思·理查兹（他在罗尼的花园尽头的一间小屋里住了一阵子，尽管他有自己的大房子），偶尔还会看到保罗·麦卡特尼。我依然记得，有时在录音室里过了一晚，上楼的时候发现天已经不知不觉亮了，这个时候总会有莫名的感伤。有天晚上也是在这个录音室里，米克·贾格尔试探着问我，有没有可能跟我和迪伊交换伴侣，我猜，这可能是他的妻子比安卡的意思。呃，被人询问总的来说不是什么坏事，知道有人惦记着你，也令人欣慰，不过回答是否定的。交换伴侣是我不会做的事，迪伊更是绝不会答应。

事实上，威克别墅里的一切都让迪伊很不适应。那里总是挤满了人，大家聊着各种各样的事，说着各种各样的胡话——如果你也参与其中，就不会有特别的感觉，可是她没有，我猜她可能觉得那里的一切都很黑暗而且令人害怕。有时候我看见她站在人群里，脸上的表情如此不安，好像想要找个地缝钻进去。那里完全不是她喜欢的打发时间的方式。

我的工作变得日益忙碌和复杂，需要组织更多的活动，克兰本庄园的宁静也开始受到侵蚀，这让迪伊很失望。我开始感受到工作的压力，有越来越多的事情要做决定，生活牵涉到更多的人。我的身边多了一个叫托尼·图恩的人，他是我的助理和公关，迪伊对托尼一直持保留态度。托尼总是穿着破旧的灯芯绒外套、破旧的裤子，像一个衣衫褴褛的小报记者。他身材瘦削，秃顶，还总是叼根烟。我们都叫他"烟鬼里尔"。他装模作样，尖刻，粗鄙恶劣，无可救药。在任何一个饭店，每顿饭结束的时候，他都会对侍者说："给我来一大杯杏仁酒和一个男人。"他乐此不疲。很多人会觉得他这个人和他的笑话都让人讨厌，不过我倒挺喜欢他在身边的。他很有意思。

他还很会编故事。公关大致分两种：一种坚决保护自己的客户，使他远离报纸的困扰，不让媒体得到任何消息，减少可能产生的任何不良影响；还有一种认为他们的工作就是尽可能地让自己的客户上报纸，给媒体他们想要的任何消息。托尼属于第二类——不管我愿不愿意，也不管这些故事会不会伤到我或者我身边的人，他只是一心要我上报纸。如果他可以用一点蛛丝马迹编出一个故事，他会很高兴这样做。

所以，比方说，我在纽约的一个酒店里遇到比安卡·贾格尔，在大堂里跟她稍稍调笑了几句，没过几天，报纸上就会登出一个故事，说我俩即将同居。

可能托尼编出的最经典的故事是关于我和布里格迪尔·福特总统的女儿的恋爱故事。1975 年在华盛顿的时候，苏珊·福特确实来看过脸孔乐队的演出。她那时大约 18 岁，迷人，有一头长长的金发。她也确实在演出结束后来过后台，身边跟着一群保镖。

但是仅凭这一点点细节，托尼就编出了一系列能上一星期的报纸头条的故事，说我俩如何在拥挤的人群里四目相交，如何绝望又永久地陷入了恋情，苏珊如何邀请我去白宫赴宴，可惜纽约大雾使我不能前往，于是只好送了五十支玫瑰以表歉意。

托尼还有项本领就是制造一些饭局上的碰面。比方说，他会告诉我，米克·贾格尔打电话来想跟我一起吃饭。我说"好啊"。然后他就会给贾格尔打电话，跟他说，罗德·斯图尔特想要跟他共进晚餐。贾格尔也会说"哦，可以啊"。这样，饭局就约好了，我们双方都以为是对方的意思，然后托尼会陪着我们吃一顿免费的大餐，顺便再给媒体提供一些小道消息。

我总是问他："他们是怎么知道这件事的呢？"他就会回答："我不知道啊，亲爱的。不是我说出去的，亲爱的。我会帮你查一查，亲爱的。"

小报记者肯定都很爱托尼·图恩，他是他们的消息来源。但是对于迪伊来说，托尼是个很不受欢迎的存在。不用说，托尼到处兜售我的花边新闻，肯定令迪伊万分反感。迪伊觉得托尼的行径接近出卖。对于迪伊来说，托尼正代表了克兰本庄园精心阻挡在外的那个疯狂的世界。

当然，迪伊遇到我的时候，我就是一个摇滚歌手。她第一次看到我的时候，就是我跟乐队一起在俱乐部的情景。她很清楚乐队歌手身边是怎样的蜂缠蝶绕，她也明白我在外巡演时对她保持忠诚的可能性很小。不过一开始，巡演是另一个世界，克兰本庄园是我们的真实世界，它阻挡着摇滚世界的疯狂。可是摇滚世界逐渐越过了围墙，进入了我们的房子、我们的生活。《麦琪·梅》的大热使我名声大噪，成为公众人物，也使我俩的感情出现了裂痕。我觉得名气并没有使我改变多少，我还是蛮脚踏实地的，尤其在周围环境的对比下，更显得如此。但是名声无疑给我周围的世界带来了巨大的改变。四周突然涌来的崇拜，来自陌生人的爱慕，这些对于我来说是令人愉快的，但是对我身边的人来说，却是非常令人困扰和不安的。尤其当我俩一起外出时，人们涌上来跟我交谈，仿佛迪伊不存在似的。很多女人会当着她的面，跟我调情。有时我们一起去剧院看戏，然后不得不中途逃出来，因为周围的人们都在窃窃私语："看，那个是罗德·斯图尔特"。嫉妒，怨恨，焦虑——这些东西开始进入我们的关系，侵蚀着我们的感情。

我俩的生活都是关于我和我的日程安排。前一秒还在过着田园生活，下一秒直升机就降落在草地上，准备接我去参加各种各样的活动：宣传、录音、巡演。我当时既是乐队成员，又有自己的独唱事业，所以忙得焦头烂额。当我不在的时候，迪伊就一个人在空荡荡的大房子里闲逛。她快25岁了，开始思考："那我呢？在我的人生里，我应该做些什么？"她有时说她想要找份工作，可是我不愿意她这么做。我告诉她人们会说："你们知道吗，那个有一幢大房子的男人让他的女友出去工作。他有多小气啊！"

我们的关系开始变得紧张，一点点地接近破裂，当初的乐趣不复存在。我们之间的裂痕越来越大，关系确实到了该结束的时候，只是我们双方都放不下。直到1974年，我们的争吵日益频繁——每次都吵到迪伊心灰意冷地回到她父母那边。我又会很后悔，想让她回来。因为害怕冲突，我会让米基·沃勒，我在杰夫·贝克乐队时交下的朋友，给她打电话说："如果罗德给你打电话，你会接吗？"如果她气头已经过去，我就会在电话里平静地请她到海威科姆的酒店吃顿午饭，然后再恳求她搬回来。这样的情形周而复始，一再发生。

其中的一次分居大约持续了六个星期，我去参加了一次足球颁奖仪式，认识了女演员乔安娜·拉姆利。那个时候她还没有因为《新复仇者》一举成名——为了避免有人把她加入跟我传绯闻的一长串的金发女子的名单，先声明，那个时候她还是黑发的。

她也受过良好的教育，非常漂亮时髦。我记得她有一次用了"家族挂毯"这个词，我在想她指的是不是地毯，后来才明白她并不是这个意思。她看上去不像是个会答应跟一个摇滚顽童出去玩的人。不过我喜欢挑战，而且我俩之间好像有那么一点火花。如果最终涉及阶层问题的话，我总是能说出我自己觉得很高端的台词："你愿不愿意到西班牙我的船上共度周末？"

我确实有一艘游艇：一艘巨大的 70 英尺长的荷兰制造的船，船体是钢制的，我给它取名"快乐的入侵者"。一开始它停在里士满的泰晤士河上，我觉得首航应该挑个星期天，带母亲坐坐船。我问我的司机西里尔，他会不会开游艇。"当然可以啊，"他说，"我之前可是在海军待过的。"

于是我们就上船了，在西里尔的驾驶下，一路向泰晤士河上游驶去。这样跟母亲一起坐着船，喝着葡萄酒，真是再好不过了。

"西里尔，"我说，"我们差不多该掉头回去了。"船身很长，所在的那一段河道却比较窄。西里尔是个老手，他把船头掉转了 90 度。然后他开始倒退，发出一阵刺耳的摩擦声和木头破裂的声音，因为船的尾部刮到了停在岸边的一排粉刷得很漂亮的手划船。

经过这件事之后，我觉得这艘游艇最好还是放在西班牙，于是我就让人把它开到了西班牙的巴努斯港。刚好有一个可靠的苏格兰人住在那里，我就请他在我不在的时候照看，以便在我想用的时候随时可用——比如这次，我可能会挑个周末去那里，来取悦乔安娜·拉姆利。

我俩坐车到了港口，为了在海上度过一个愉快的周末，我特地穿着轻便的亚麻衣服，陪着我的女伴走向我的游艇，我远远地把它指给她看，它停在码头上许多闪亮昂贵的游艇中间。我们终于走到船边，我的女伴第一次看到它的样子。

它看起来就好像有人把饭店后门的垃圾箱拖过来，把垃圾都倾倒在甲板上一样。船上是一堆堆丢弃的食品和垃圾，到处都是脏兮兮的。我信赖的苏格兰看船人正在一堆空啤酒罐旁边的吊床上酣睡。他的五个女伴躺在甲板的各处，同样在昏睡，手脚摊开晒着太阳。

我走过去冲着看船人大叫，用了各种各样的称呼叫他，具体有哪些现在记不清了，不过，其中有一个肯定是"蠢蛋"。接着我只好陪着女伴快速地离开了港口，住进了一家酒店。好在她只是觉得这一切很好笑，不过我注意到，我们的关系很快就结束了。

我和迪伊的感情在它开始的地方走到了终点——洛杉矶，脸孔乐队巡演中的一站。那是1975年，那天下午迪伊从伦敦飞过来看我，她感到疲倦就说她要去睡了。我告诉迪伊我要跟人谈些事情。我没有告诉她的是，我在行吟诗人夜总会跟布里特·埃克兰约会。

然后糟糕的事情发生了：晚上迪伊觉得精神恢复了些，就出来找我。她推开夜总会的门走进来，脸上带着天真期待的表情，但在看到我的那一瞬间，眼神转变成深深地受伤。

没有什么大吵大闹。迪伊转身离开了俱乐部，飞回伦敦，搬出了克兰本庄园，这一次是永久的离开。

这对我们两个来说都是正确的选择。只是，怎么会以这样的方式结束呢？要怎样才能不跟自己爱的人分离呢？

这人是露比·斯图尔特还是罗德·斯图尔特呢?

第 11 章

美国征程

我们的主人公找了个借口离开英国来到洛杉矶，并与一位邦德女郎同居。两人感情很好，可惜最终还是出了问题。本章也讲述了他在一个不是那么了解足球的国度里定居下来的艰难。在这段时间里，他还推出了最好的几张唱片。如果你还没有购买的话，现在买还来得及。

布里特·埃克兰在各方面都让我大开眼界。我们在一起度过了两年多的时光，那时候我们眼里只有彼此，好得难分难舍。不过，后来事情急转直下，甚至变得有点让人寒心——具体一点说，她试图起诉我，向我索赔 1 250 万美元。生活里这样的事时有发生，也没什么，毕竟，不尝试怎知结果如何呢。我现在依然觉得那是一段很棒的恋情，也是我有幸拥有的一种人生经历，让我学到很多。

1975 年 2 月，布里特到洛杉矶剧场来看脸孔乐队的表演。就在一年之前，她出演了 007 系列中的《金枪人》，成为世人瞩目的邦德女郎，是当时公认的全世界最美的女人之一。你可能觉得像她这样的大明星是不会去一个摇滚乐队的更衣室敲门的，不过在我们乐队后来的几场演出里，后台确实来了不少明星。在好莱坞露天剧场演出的时候，史蒂夫·麦奎因就来看我们。达斯汀·霍夫曼也是我们颇为忠实的粉丝。布里特，则是被她的朋友琼·科林斯带来的。琼·科林斯嫁给了罗恩·卡斯，他是华纳兄弟公司的唱片制作人，而华纳负责制作我们乐队的唱片，这就是我们之间的联系。罗恩和琼在比弗利山庄的卢奥饭店请大伙儿吃饭，那里环境优雅，气氛迷人。正是在那里，我坐在布里特身边，我们一见如故。

那时她32岁——比我大两岁，经历也比我丰富得多。她和演员彼得·塞勒斯有过一段婚姻，然后跟罗·埃德勒有过一段恋情。罗拥有一家唱片公司，就是他制作了卡洛尔·金那张伟大的专辑《挂毯》（Tapestry）。布里特有两个孩子：女儿维多利亚，跟塞勒斯所生；儿子尼古拉斯，跟阿德勒所生。当时维多利亚十岁，尼古拉斯两岁，她和阿德勒的恋情也在男方承认与人有染后走到尽头。布里特后来在她的书里写道："在我跟卢分开六个星期后，罗德走进我的生活，我就像一只海鸥，沾满油污的翅膀被清洁剂洗净，又重新展翅飞上天空。"

那我算什么？小仙女洗涤剂？无所谓了，还有更难听的叫法呢。

当然你可能会问，"你在这个红唇金发的瑞典影星、国际知名的邦德女郎身上究竟看到了什么？"她确实美艳惊人。在公众场合看上去是有些高贵冷艳，不过那些表现多半是由于她在过多的公众关注之下感到不自在而引起的。私底下，你不可能碰到一个比她更真诚更实在的人了——总是在别人家里帮忙，做饭，洗碗。她非常热衷于家事。那些不了解她的人在玛丽戈尔德看到她亲自来开门，都会感到非常吃惊。我们乐队的男孩子们都喜欢她——他们一来，她总是给他们做法式吐司吃；我的家人也非常喜欢她。1976年的圣诞，我们是在剑桥郡我哥哥唐的家里度过的，布里特和我共用客房的单人床，我们12个人在餐厅里围着餐桌共享圣诞晚餐。当时我的母亲有点搞混了，好几次管她叫"迪伊"，好在布里特一点儿也不介意。

我们很快就变得异常亲密。那晚第一次共进晚餐之后，我们一起去了歌手雪儿家的一个派对，不过我们是如此地专注于彼此，以至于谁都没有跟其他任何人交谈。我记得第二天的晚上我们继续共进晚餐，几天后，我们在行吟诗人夜总会约会的时候，迪伊走进来，发现了我们的事。那时候我意识到自己坠入了爱河。布里特的美貌无与伦比，虽然个子不高，但她充满异国情调，修养比我强一千倍。况且（我不得不承认这个因素的存在）她是如此有名，是那个时代的巨星，我还从来没有跟这样的名流交往过。这一切令人无比兴奋。我想我当时是彻底被她的明星范儿迷住了。

一开始，我们在马利布海滩罗·埃德勒的那栋房子里度过了许多恩爱时光。在我们不得不分开各忙各的时候，布里特总会寄给我一些包裹，里面装着情意绵绵的小纸条，信件，还有她的短裤。哎，现在大家用电子邮件是大不一样了。

我们其实也没有分开那么多次，至少一开始并没有。那个年代，还没有音乐视频或者音乐电视，所以你会花很多时间从一个国家到另一个国家、从一个电视台到另一个电视台，来宣传你的音乐。布里特把她的事业搁置了一阵，跟我一起旅行，有她一起的旅行要有趣得多。我们把它变成了一种国际大冒险。

我叫她便便，她叫我皮皮——这些称呼在私下里听起来是很甜蜜的，只是我们的事情很快变得尽人皆知，然后这样的称谓让有些人觉得很不舒服。有一次接受采访的时候，她随口说，我们这一对就好像理查德·伯顿和伊丽莎白·泰勒一样。我听得脸都绿了，真想找个地洞钻进去。因为大家听了都会当真的，没有人会相信她只是开个玩笑。

报纸都在写我俩的事。英国摇滚歌星和瑞典影星的组合正合那些小报的胃口。他们大肆渲染，没完没了。有时候我们也觉得很有趣，特别是当我们想方设法甩开他们的时候。为了避开跟踪，我们预订旅馆和饭店的时候都化名成科克夫斯先生和太太。有人觉得我们喜欢这种关注，并乐此不疲……好吧，也许。

当她在非洲的罗得西亚拍摄影片的时候，她敦促我给她写一封情书，我于是发了封电报，"手淫无趣。盼归。爱你，皮皮"。那段时期无比甜蜜浪漫。我们坐游轮伊丽莎白二世号出海度假，这是我一直梦寐以求的事。我们还准备了许多套 30 年代的衣服来穿。其中有一顶货真价实的硬草帽，是布里特在比弗利山庄一家叫"哈罗德之所"的古董服装店里给我买的。我在我的专辑《城里的一夜》的封套上戴的就是这顶硬草帽。我真后悔当时戴了它。如果我当时戴的是布里特给我的另一件礼物，就不会看上去这么贱了。那是一块狮子皮做的小毯子，有一个完整的狮子头和整排的牙齿。我们把它摊在伦敦比彻姆广场租来的公寓的地板上，走来走去的时候经常被它绊倒。

　　布里特很懂油画和古董。她能说出很多东西的名字和创作年代。我本来也觉得自己还挺懂的，为自己的眼光沾沾自喜，不过跟她一比，就外行多了。布里特教会了我如何鉴别。她教我欣赏艾米尔·盖勒设计的灯具和花瓶，这些精美的 19 世纪末新艺术派的创作，用彩色玻璃雕刻而成。我们决定收藏一些，于是身上带着几千法郎的现金，一起去巴黎开始了寻灯淘宝之旅。我们在法国的市场里一待就是几个小时，跟老板讨价还价。确切地说，布里特会用动听的法语还价，我只能在旁边帮腔，说些"那你想要多少？""这么贵，我都可以直接买个新的了"之类的话。当你想买件物超所值的东西时，身为名人就很不利。你只要一踏进店门，就不知不觉抬高了对方的开价。所以最好的做法是先离开，再找别人来买。

　　布里特还让我对专业按摩的保健效果有了正确的认识。我之前对按摩的态度一直有点拘谨，带着英国式的保守。（"什么？你不穿衣服让一个陌生人按摩，你俩最后还啥事都没有发生？"）更容易招人非议的是，她开始给我的脸化妆。很浓的妆，眼睛周围两个黑黑的圈，看上去很轻佻。这一切当然没有逃过乐队其他成员的眼睛，所以后来每次布里特一来，大家就嚷嚷"雅芳来了"[1]。

---

[1] 雅芳是一个化妆品品牌。"雅芳来了"是当时的广告词。

第 11 章 美国征程

我的歌迷们对她的态度要更为激烈。他们觉得就是这个女人让我昏了头。因为她出现的时候，正好赶上我们乐队濒临解散，所以大家把她视为小野洋子[1]。这实在是太冤枉她了，布里特跟脸孔乐队的解散一点关系也没有，是我们自己有这个解散的意图，早在她出现之前就有了，谢谢大家的关心。

我那段时期日子也不好过。我交了一个影星女友，又移居到洛杉矶，这两件事使得很多人很恼火——我不是指大众，老百姓才不在乎，但是部分英国媒体用嘲讽的语气声称"罗德现在完全被好莱坞化了"。

这些话让我很反感。之前四年，我住在温莎的一处豪宅里，面积跟一个公共图书馆差不多，车库里停着一大排车，厨房有篮球场那么大，怎么都没有人说我背叛了我的出身。我只能认为现在这些抨击都是出自那些心胸狭隘、对好莱坞心存偏见的人。我憎恶这样自以为是的说法。我去了好莱坞，不等于我就被好莱坞化了。

而这一切抨击仅仅是因为我脸上化了浓妆，端着一个香槟杯，戴着一顶硬草帽，摆了个造型……

好吧。这段时期我是有几次稍微乱了头绪，做事欠考虑。

可是让这些抨击见鬼去吧：我是伦敦北部一个水管工的儿子，对我们这样出身的人，谁能指望人生有这样的美好时光：沐浴着加州的阳光，身边还有个瑞典影星这样的美人儿？如果这个时候我不去尽情享受，却时时刻刻担心着要不要忏悔，那才是矫情呢。

那年圣诞，布里特和我一起参加了艾伯特·布洛克里在比弗利山庄举办的一次聚会，他是 007 系列电影的制作人。那天温度将近华氏 80 度[2]，不过房子和草坪上覆盖着厚厚的人工雪，树上挂满了彩灯和圣诞彩球。我真不敢相信自己会在那里，臂弯里还挽着全世界最美丽

---

[1] 小野洋子和约翰·列侬的婚姻被认为导致了甲壳虫乐队的解散。
[2] 相当于摄氏 27 度左右。

布里特和我，大约在1976年。这张照片就是让你们笑一笑。

的女人中的一个。那是一个戴黑色领结的隆重场合，我一直记得，当我踏出车门，挽着布里特走在那些人造却无比美丽的景致里时，我很想掐自己一把，看看这一切是不是梦境。

* * *

那个时候，我已是一个洛杉矶居民。1975年4月，当我和布里特刚刚坠入爱河的时候，我离开英国，成了一个出国逃税者。英国媒体对这一切不太能接受，他们认为我背叛了自己的祖国。艾尔顿·约翰尤其不能接受。一天晚上在他那里，当我告诉他我在考虑离开英国时，他说我是个叛国者，然后把埃尔加的《威风堂堂进行曲》(*Pomp and Circumstance Marches*) 音量调得很大，以致我们没法继续交谈。

听听我的辩解吧：我所逃离之地的税率是83%。你可以想象每年从我的收入里挖出那么多是多么使我心疼。而且逃税的人也不只我一个：乔·考克就跟我坐同一班飞机离开了希思罗机场，飞往同一个地方；埃里克·克莱普顿坐的是下一班飞机，也出来了。事实上，各行各业的人似乎都在逃离英国，去一些生活费用没有那么高昂的地方。他们把这现象称作"人才流失"——虽然我可能算不上什么人才。

另外，我坚持认为，比利·加夫，我的经纪人，有一点把我忽悠进这次移居事件。至少，我对整件事的一些细节有点困惑。

加夫——他是个爱尔兰人，所以本来也就没那么在乎英国——打算先飞往洛杉矶，在多希尼街找到一处三室的房子，然后我和托尼·图恩去那里跟他会合。我原以为就是去那里住上几星期，看看可不可行。如果不适应，那也不要紧，我可以再飞回英国。

也许我当时没有听得足够仔细。当我抵达多希尼街，把行李放在卧室里的时候（主卧当然是给我的），加夫告诉我，这一年我都不能回英国。据他说，我最终还是能够回去的，在任意一个纳税年度，在英国住上数量有限的几个夜晚，但是我必须要先离开英国整整12个月。

我的心都凉了。离开英国整整一年？连回去探访也不行？那我心爱的那些英国独有的东西不是都看不到了？足球、传统烤菜、考究的茶，甚至糟糕的天气，还有我的家人们呢？

第一年真是难熬。我就像个游客，完全没法适应，只是冷眼旁观每一样事物，等着回家的那一天。有时候赶上下雨——这在加州不多见，我会跑出去，站在雨里淋个透湿，就为了让自己重温雨天的味道。我思念父母和兄弟姐妹，好在还有布里特在身边。慢慢地，我开始喜欢那里的阳光，洛杉矶是个宜居的好地方，我逐渐爱上那座城市。现在依然热爱。

1975年的夏天，我花了75万美元在荷尔贝山庄的卡洛伍德路买了栋房子。因为年久失修，20个房间里很多都爬满虫子，还有一窝住在露台下面的野猫也要加以驱逐。但是它显然有潜力成为一个很棒的家——它没有温莎的克兰本庄园那么豪华，却更有梦幻气息。布里特8月份搬进来跟我一起住，我们全力以赴投入到整个房子的装修中。这项工程长达数月。不用说，那些新艺术派的彩色玻璃派上了大用场，是装修的一大亮点。更衣室里的衣橱都安上了装饰艺术风格的玻璃橱门。我们有一组真皮沙发、一排象牙、一套银质的桌子和一对跟实物一样大小的观赏鹈鹕——这也许算不上低调的奢华，可我觉得这地方美极了，如梦似幻，像宫殿一般。我让托尼·图恩住在花园里的客房。在这一点上，布里特跟迪伊差不多，她俩好像都对托尼的魅力无动于衷。布里特坚持托尼只可以在被邀请的时候来主宅。不过他有时候会在早晨踱进厨房，抽一根烟，给自己泡杯茶，再踱出去。

洛杉矶几乎每天都有阳光，背井离乡似乎也不完全是件坏事。

第11章 美国征程

布里特年幼的孩子们经常跟我们在一起，所以我们通常都待在家里，享受天伦之乐。如果晚上外出，我们常去的一个地方是圆顶饭店。饭店是一个叫"埃迪·柯克霍夫"的比利时人开的，他后来成了我们的好朋友。埃迪觉得如果你能够让一些名人经常来你的饭店吃饭，会让饭店看起来非常有吸引力。所以他想出了一个起步的方案，每个预存3 000美元的人可以在饭店享受价值5 000美元的食物。他向我提供了这个优惠，还有其他一些人，像艾尔顿·约翰、达德利·摩尔、奥莉维亚·纽顿·约翰、平克·弗洛伊德乐队的成员，等等，很快他手头就有相当壮观的一份名单了。

那个时候，圆顶饭店是洛杉矶仅有的几个营业时间到很晚的地方之一——大约到凌晨一两点。很多时候，即便过了那个点，埃迪会关掉前面的灯，让那些不想回家的人继续待在那里喝他们的酒。饭店还很贴心地设计了一个后面的出口，直通停车场，可以让一些人不被注意地离开，尤其是当他喝得烂醉如泥，或是和不该在一起的人在一起时。

由于它的顾客群和品位，圆顶饭店一楼的洗手间很快变成了某种不良场所。有人在那里吸毒，偶尔还有人在那里调情——在上菜的间隙里短暂的缠绵。要想了解那里的设施到底暧昧到什么程度，只要听听这个：比起一楼，艾尔顿·约翰宁可使用二楼的残疾人洗手间，因为他觉得一楼的洗手间口味太重，过于摇滚了。洗手间后来重新做了一番装修，不过始终带着一种轻微的颓废风格。与之相映成趣的是，在那里服务的是一位叫"吉尔"的人。他会安静地坐在角落里，读着《圣经》，无视他周围的放浪形骸（或许因为四周的情形而更加正襟危坐），然后在你走出洗手间的时候递给你一块手巾。你很难不觉得自己受到了某种无声的指责。

有一晚，我在圆顶饭店请了一大桌人吃饭，主要是我的"流放者"球队的成员们（后面会再提到）。当时达德利·摩尔在喧闹的屋子的另一头想跟我说话，他直接朝我扔了一块猪排来引起我的注意。结果引发了一场大规模的食物大战，是我经历过的最可怕的一场：满屋子都是飞来飞去的肉丸和各种蔬菜。场面失控到连一向温和自制、处变不惊的埃迪也看呆了。他大发雷霆，当场就把我俩列入饭店黑名单。当然，我俩没过多久又若无其事地回来了。

* * *

主啊，那个时候我多么热爱自己的工作，当然现在还是这么热爱着。谁会不爱呢？做一个摇滚歌星：这是多么棒的事。尤其在20世纪70年代中期，摇滚歌手真的是炙手可热。我无比幸运地赶上了好时候——在60年代度过学徒期，在70年代脱颖而出，当时这个领域的一切都显得如此新鲜、令人惊奇，你好像在走一条没人走过的路上。我爱这个行业的浪漫，我也爱它的疯狂。我回想起我的人生，总是感觉不可思议：像我这样一个出身平凡的人，有一天突然"嗖"的一声飞了起来——而且是用这样一种不同凡响、彻底改变的方式起飞。这种不可思议的感觉一直存在着，伴随着我做的每一件事情。

跟布里特在一起的两年里，我完成了两张最棒的专辑——正如她的律师后来非常明确指出的。比利·加夫帮我跟华纳兄弟公司签下了一张个人专辑的协议，是时候换一套装备，采用一些新的手法了。1974年我着手准备这张名为"穿越大西洋"（*Atlantic Crossing*）的专辑，先是在洛杉矶，然后去了位于亚拉巴马州的马斯尔肖尔斯音乐工作室，接受那位具有传奇色彩的制作人汤姆·多德的指导。

到了那里，马斯尔肖尔斯工作室首先让我吃惊的是它很简陋。房间非常小，墙上贴着一些蛋盒来隔音。没有什么特别之处。

其次是关于它的录音乐手们。除了鼓手阿尔·杰克逊，其他人居然全都是白人。我想我可能是来错工作室了。制作了这么多经典黑人爵士灵歌的团队成员怎么可能不是黑人呢？

汤姆·多德当时 50 岁，声名赫赫。就是他制作了雷·查尔斯的那首《我能说什么》，他为奥蒂斯·雷丁打造歌曲，他为艾瑞莎·富兰克林量身定做，他为达斯汀·史普林菲尔德制作，他还制作了埃里克·克莱普顿最好的几首歌。你会想当然地觉得这样一位大人物肯定是很严肃，甚至有点让人敬畏的。而实际上，汤姆是一个技艺精湛、温和可亲的行家。他很有气场，一种温暖安静、让人眼睛闪闪发亮的气场，不是那种权威压迫型的，而是很像一个慈父。他会轻松地融入进来，让我们专心忙我们的。他的一贯态度是：当一切都在自如进行，大家思绪活跃的时候，不要插手做什么。他会坐在一旁，抽烟看报纸。我们有事会问他："你觉得那个怎么样，汤姆？"他会倾听，抽一口烟，然后说："嗯，不错啊。"

因为他杰出的成就，我非常敬重他，不论他是在静静旁观，还是告诉我应该做什么——他通常用一种非常和蔼的口吻。我们之间的合作从来没有过争吵、糟糕的气氛或者恼怒。即使他有感到沮丧，他也从来没有表现出来过。有些制作人喜欢把自己的风格强加在所有事物上，炮制出所谓的"标志性声音"。有时候制作人的自我意识跟艺术家的一样强，这真不是什么好玩的事。汤姆是如此不同，以至于你会在心里暗想："现在我终于知道为什么这么多大牌都喜欢跟他合作了。他不仅知道自己在做什么，而且很随和。"

我第一次在一个工作室里感觉到轻松。马斯尔肖尔斯是我们专用的，这样我们可以照自己的时间来去，而且没有预算限制，所以很多时候大家就坐在那里聊天讲故事。汤姆告诉我们，奥蒂斯·雷丁写那首《海湾港口》（*Dock of the Bay*）的时候，用的那把吉他被史蒂夫·克罗珀调到 E 调。如果你把吉他调到那个音域，你就可以用一根手指弹完《海湾港口》，奥蒂斯就是这么弹的。汤姆还会跟我们说起他跟奥蒂斯因为山姆和戴夫这对节奏蓝调双人组合而起的争执，他们几个当时都是斯塔克斯公司的艺人，彼此是竞争对手。奥蒂斯会说："你得做点什么，汤姆，你真的要做点什么。要赶上他俩太难了。"我感觉奥蒂斯很棒。他一点也不以商业成功为耻，不以身为艺人为耻。我视他为榜样，学到很多。

当我们第一次录完一首歌的时候，汤姆站起来说："嗯，该去阳台上走走了。"我有点不解。"就是做一下阳台试验。"他说，"他们都这么做的。艾瑞莎做过，奥蒂斯也做过……"是这样的，你要走到外面，然后从阳台那里隔着门听这首歌，这样你才能听出来这首歌是不是录出了最佳效果。在录音室里的时候，只要调大音量，差不多每首歌听起来都很棒。你只有离它一段距离，才能听出它是不是真的好听。后来汤姆又教我做汽车试验，马斯尔肖尔斯的又一个独门秘技：把几根电线接到停车场里的汽车上，用车里锡制的小音箱放歌。如果一首歌从那里传出来也能打动你的话，那你对这首歌心里就有底了。

那段时间，我是否想念罗尼·伍德和米基·沃勒，还有那些跟我一起制作了五张水星唱片的老搭档们呢？嗯，制作《穿越大西洋》这张专辑的时候，伍德正跟着滚石公司巡演，所以他没法参与制作。我自然是很想念他们。不过那个时候，汤姆听过了脸孔乐队的表演，他觉得他们在音乐方面还不够灵活，达不到他的要求；而我在这里，跟这些富有传奇色彩的节奏蓝调演奏家们合作，著名的 MGs 乐队、艾尔·杰克逊、"鸭子"邓恩、史蒂夫·克罗珀，还有布克·琼斯（跟他的合作是在我翻唱比吉斯乐队的那首《爱一个人》的时候，那首歌并没有收录到这张专辑里）。这一切，让我不能不觉得幸福。这根本就是梦想成真。

在这些幸福时刻里，唯一的阴影就是亚拉巴马州是一个实施禁酒法的州。史蒂夫、邓恩和我三个人有一瓶朗姆酒，是我们从之前住的假日酒店里带来的，而我们每天只能喝一小口过一下酒瘾，所以当汤姆在早上10点钟打电话给我，让我去录《航行》（*Sailing*）的时候，酒已经一滴也不剩了，我有点恐慌，我从没有试过在录音室里唱歌之前不喝一点酒的，何况是唱这么一首古老的赞美诗，而且我也从来没有一大早起来唱歌的经历。但是效果很好，录了六七遍，搞定。盖文·萨瑟兰写的这首《航行》，对我来说意义重大：它先后两次在英国造成轰动，第一次是在1975年，一年之后它又因为被英国广播公司用作一部海军生活纪录片的主题曲而再度风靡。当时，我又和当初对待《麦琪·梅》一样，强烈反对把它用作专辑的首发单曲，我想用《彻底失败者》（*Three Time Loser*）。而有趣的是，我的判断又一次被证明是错误的。好吧，我也很高兴承认这一点。

自从跟汤姆合作之后，我就非常热切地渴望再录张专辑。即使在宣传《穿越大西洋》的时候，我也总是在口袋里放几张纸，上面写着下张专辑可能用到的歌名。1976年初，我们又进入录音室，这回是在洛杉矶，制作《城里的一夜》。这张专辑的封面就是我最痛恨的那张：我戴着硬草帽，举着那个水晶香槟酒杯。大家觉得都是布里特的错，其实不是。当然，是布里特给我买了那顶草帽，而我戴上的时候，她也总是说"亲爱的，你看上去可爱极了。"但是我戴着草帽在一张专辑封面里摆了个风骚的造型，并且自己一直觉得挺满意，这事不能赖她。我本来有很多机会可以对其他人说："呃，我觉得，这张封面实在是太糟糕了，咱们换点别的吧。"可是，我没有这么做，我也不知道自己当时是怎么想的。后来别人每次递给我这张专辑来签名时，我都想找个地缝钻进去。我把它翻过来，签在背面的莫克·雷诺阿的画像上，它好歹还有点幽默在里边。

在此，我还是要为自己弱弱地辩护一下，我很快就后悔用了那个封面，并试图补救。当我们为宣传这张专辑巡回演出的时候，我坚持把宣传海报、乐队以及工作人员的后台通行证上面的图片改成一只拳头穿过一顶硬草帽。这表明我对自己曾经同意做的错误决定的否定；同时也是想说："说真的，我当时不是那个意思。我已经试图改正。"

尽管封面令人尴尬，但这是张好专辑。当时，我的声音在洛杉矶时已经开始出现问题。我努力唱歌，可是音质不好，声音失去了优势，令人担忧。我们在想是不是由于洛杉矶的烟雾，如果是的话，这就算我外逃的报应了。"罗德已经完全好莱坞化了，好莱坞把他的声音也破坏了。"录音地点从好莱坞的切诺基音乐工作室转到了科罗拉多的驯鹿农场。艾尔顿就在那里录过音，还有海滩男孩合唱团。那个地方有很美的田园风光，在一个改建的谷仓里，在高高的落基山上——说实话，过于高了：海拔 7 000 英尺。我在那里觉得缺氧，嗓子也更糟了。那个时候我开始感到绝望，汤姆还是很冷静。我们又换了个地方，这回到了迈阿密，我的嗓音总算又回来了。但是，这只是我和自己的喉咙做的一系列斗争的开端。

这张专辑里的《乔治之死》（第一和第二部分）在叙事结构上，可能是我写过的最雄心勃勃的一首歌了，也是最长的一首歌。这首歌是我在一天半夜里突然想出来的。每个晚上我都会起床，然后写下一段。有时我会觉得自己不是在写一首歌，而是在写一本小说。终于写到好像可以结尾了，长度刚好可以用作一首单曲。华纳兄弟公司里有些很守旧的人觉得，这首歌传递的支持同性恋的信息会使我失去我的异性恋的追随者们。他们真是吃饱了撑的，我觉得。这可是我最引以为傲的一首歌。（而且这首歌大受欢迎，风靡一时，没有人因为这首歌而疏远我。）

这张专辑里还有凯特·斯蒂文斯的那首《第一次受伤是最重的》(*The First Cut Is the Deepest*)，这首歌实际上是从《穿越大西洋》那张专辑里落下来的，这么多年我还是非常喜欢。专辑里还有《就在今夜》(*Tonight's the Night*)，讲述的是一个类似诱惑少女的故事，有几家电台因此有些犹豫要不要播（和上次一样，从商业角度来看并没有什么持久的不好影响），布里特还在这首歌的结尾部分用法语说了一串动听的话。她在录音室里紧张得像一只小猫，不过一点可卡因对她很有帮助。

顺便提一句,汤姆·多德很仰慕她。每个人都很仰慕她。每个人,除了我。

* * *

新的家,新的唱片公司,新的音乐,然后是关于承诺的老问题,我还是完全没有结婚的念头。我跟布里特在一起,但是也经常看上其他女人。真糟糕,最终我又开始出轨,像我之前那样。我跟女演员苏珊·乔治有过短暂的勾搭——她还是布里特介绍给我认识的,所以我这样做确实很无耻。我们当时去看皇后乐队的演出,然后一起去吃晚饭。布里特看到苏珊在独自用餐,就邀请她坐到我们这一桌。接下来的整个晚上我都在跟苏珊聊天,而布里特则跟弗雷迪·默丘里聊。最后布里特一个人开车回家时,我还在和苏珊聊得热火朝天。

我还有一段更长的私情,是和女演员莉兹·特雷德韦尔,她金发、高挑,长得很美,又聪明机智,我非常喜欢她。这段私情后来很不幸地被发现了。

布里特以为我俩正迈向婚姻。我俩身边有她的两个孩子维多利亚和尼古拉斯,我也很喜欢孩子们,这看起来就像一个现成的家庭。我们还一起装修了在卡洛伍德路的那幢房子——我们的爱巢。可是在内心深处我一直知道自己不会跟她结婚,我根本不想安定下来。当这一切变得明显的时候,她非常受伤。她肯定觉得自己被深深地欺骗了。

这件事说明了,即便是跟世界上最美丽的女人在一起,你也依然可能表现得像个混蛋。还有,即便是跟最美丽的女人在一起,你也依然可能不快乐。

像上次跟迪伊分手一样,这次分手我依然做得很不体面。1977年的夏天,布里特带着孩子们去瑞典度假,住在她外公留给她的海滨别墅里。我和加夫飞往纽约去和艾尔顿·约翰会面来讨论他关于一部电影的好点子。晚餐后，我们去了一家夜店，在那里，我遇到了莉兹。不巧的是，我们离开的时候，被《纽约邮报》的一个摄影师拍了下来，上了第二天的头版新闻。我很快便意识到大事不妙。

布里特度假回来后，参加了电影制作人艾伦·卡尔在好莱坞举办的一个宴会。我当时在录音室里工作，所以没有去。布里特在那里遇到乔治·汉密尔顿——她之前的一个情人，他向布里特问起她和我的状况，还问起我和莉兹·特雷德韦尔的关系。这是布里特第一次听到这件事。然后她在卡洛伍德路的那个花园里质问我，我承认了自己对她不忠。布里特拿起她的外套走了，还有其他属于她的东西。

我从来没有能够好好地跟一个女人分手。我在这方面一直是一个懦夫，十足的懦夫。我总是想回避冲突，因为我不知道该怎么处理，不知道该怎么说我已经不爱了。我感到焦躁，被困住了，想要结束。我不想伤害布里特，而事实上，我最终还是免不了伤害她。每次都是如此：我游荡到另一个女人那里，开始消失，不回家，然后回来看到布里特彻夜等候，责问我："你去哪儿了？"——就像你们在电影里看到的那些场景一样。然后你的行径迟早会被发现，于是就会引发那些眼泪、激烈的争吵、大喊大叫和心碎。我为什么不学点教训长点心呢？我就是没有。这样的模式持续了很长时间。

"赡养费"在当时是个蛮流行的词。几年前，李·马文的女友米歇尔·特里奥拉曾经试图起诉他，向他索取他们共同生活那几年他收入的一半，这是最早的"赡养费"案例。特里奥拉没有成功，因为法官认为他们没有正式结婚，所以她无权分得马文的财产。但是这案例并没有使其他人放弃尝试。布里特从洛杉矶那些聪明的律师那里得到了一些法律方面的建议，向我提出了 1 250 万美元的索赔。

这是一个多么令人幻灭的时刻。我正从录音室里走出来，突然，一个穿着深色西装的家伙把一个信封塞到我手里。"这是你的法院传票,兄弟。"又一件我以为只有在电影里才会发生的事。当我看到信的内容,我不算太高兴。我觉得布里特过于贪心了,而且这也不公平。我完全没有想到事情会变成这样,这也不像她的为人。我的经纪人比利·加夫一直跟她的关系很好,直到现在还是。他去了趟迈阿密,布里特在那里拍摄一个电视节目。加夫劝说她放弃法律途径,最终我们私下解决了。真是万幸。

* * *

我和布里特分手一星期后,在旧金山皇宫表演的时候,不小心踩到粉丝扔上来的一朵花上面,一头栽倒,脸撞到鼓架上,磕掉了一颗牙齿,缝了七针。这看起来很像神灵的喻示,不过医院可以证明我只是喝醉了。

想起来挺有意思。我玩了20年的竞技足球,脸上都没受过什么严重的伤,除了26岁那年被撞了一次,把鼻子稍稍撞歪了一些,然后我一直过得很好,如今却因为一朵花结结实实地摔了一跤。

题外话

  在这段时期,我们的主人公发现自己被朋克摇滚歌手们唾弃。

1977年,约翰尼·罗顿管我叫"老家伙",不是当着我的面,而是在一个英国的电视节目上。我当时32岁,远没那么老,而且也不是惹人讨厌的家伙,不过人们总是可以有自己的想法。重点是,当时在伦敦,朋克摇滚正以一种暴风骤雨的势头兴起,到处唾弃其他音乐类型的歌手,而我就是被唾弃的人之一。对于这新兴的、年轻的、愤怒的一代来说，我突然成了那些富有的、高高在上的、骄傲自满的（更糟糕的是）惯于唱情歌的音乐家们的代表。他们决定要把我的镀金笼子好好地晃一晃，情形变得很有些对抗的味道，至少在英国是这样。像性手枪乐队和碰撞乐队对保守派发起猛烈攻击，想要把他们一扫而空，他们唱着"1977年我们不要猫王，不要甲壳虫，也不要滚石乐队"。当然，他们也不要我。

我在接受《新音乐快递》采访的时候忍不住说了一句话，这句话后来跟了我一段时间："我身上没有什么见鬼的安全别针往下掉。"这话听起来很有针对性，而且带着轻蔑的味道——这当然是有意为之。但是这也是实话。朋克歌手们穿着撕破的T恤、打着补丁的紧身裤子，而他们看到我正处在俄国芭蕾舞大师鲁道夫·纽瑞耶夫阶段：穿着哈伦裤、丝质拖鞋，脚踝处有银质夹子，腰上还系着根腰带。现在回过头想想，我能明白这样子的装扮会怎样地激怒弹着电吉他、带着些怨气的、骄傲自大的年轻人。"这样穿舒服。"我就说这么多。每个人都应该有一段鲁道夫·纽瑞耶夫时期，只要条件允许。

我当时还有种遭受背叛的感觉。性手枪乐队之前明明就是脸孔乐队的狂热粉丝。他们预演的时候，唱的是《递给我的三扣外套》，这首歌就是我这个"老家伙"和伊恩·迈克拉甘一起写的。性手枪乐队喜欢我们脸孔乐队那种跟观众的互动。我们的理念是一场表演就是一个盛大的派对，每个人都是其中的一分子——不像滚石乐队，他们一直以来就保持一种遥远的姿态，跟观众拉开距离。你可能会觉得自己爱滚石乐队，但是你从来不觉得自己了解他们。性手枪乐队对脸孔乐队后来的解散以及我单飞后成为歌星的事感到憎恨。那个音乐主持人约翰·皮尔，也对此无法接受。他站出来说，他对我变成一个名人感到很失望。他感觉我被盛名所惑，不再是他熟悉的罗德——自从我搬到了洛城，我们再无交集，他还觉得我已经在盛名中失去了自我。

然而名声还是继续在扩大，它以一种你无法控制的方式增长。演唱会的规模也越来越大——而且，大家都会跟你说，这证明你做对了。并且，随着演唱会规模的扩大，要保持和观众的互动，就越来越有难度。总的来说，我还是尽力好做，结果也很不错。我想我的观众会觉得他们了解我，我认为他们的判断是正确的。

由于越来越成功，还要当心它是否影响了你的头脑。音乐界的每一个成功人士都会不时地被成功冲昏头脑。我在70年代中期就昏了头，《城里的一夜》专辑封面上的那张戴着硬草帽的照片就是最好的证明。而脸孔乐队后期也免不了被盛名所累。脸孔乐队一开始是一帮从酒吧出道的人，但是后来乐队成员之间因为豪华轿车和酒店房间而起的争吵会让老鹰乐队都相形见绌。如果当时承办商没有特地按照合同里写的那样，给伊恩·迈克拉甘提供一架斯坦韦钢琴，伊恩也许会在演出结束后把那架钢琴砸坏。这听起来像是酒吧驻唱出身的朴实家伙干的事吗？

所以，从某种程度上来说，朋克歌手们给了像艾尔顿和我这样的人应得的东西：被人踹上一脚。在我这里，是在哈伦裤上踹的一脚。我并不是说在音乐上我从朋克歌手那里学到了什么。我几乎没有从我听到的或者看到的他们的演出里学到什么，我只是喜欢他们的那种人生态度，那种"别多想，站起来开始工作"的方式，这和当初的脸孔乐队很像。至于他们的音乐嘛，倒没那么喜欢。我热爱的音乐依然是我之前一直热爱的那些：灵魂乐、节奏蓝调、民谣，再加进一点点摇滚。同时，朋克音乐是一种小小的提醒，一种现实状况。突然间就出现了一些抵制，突然间就出现了一种挑战——很公开很大声的挑战。

我做了一个决定。我没有离开躲起来，而是正面应战。1977年6月，我推出了一张两面都是A面的单曲唱片：《我不想多谈此事》和《第一次受伤是最重的》。两首都是流行情歌，不好意思。这张单曲唱片在1977年的整个6月都雄踞英国榜单榜首，而一直被它力压在第二位的正是性手枪乐队的《上帝拯救女王》。一切不言自明。

马尔科姆·麦克拉伦，性手枪乐队的经理人，声称此事背后有做假和暗箱操作。那年正是女王陛下在位25周年，麦克拉伦的理论是，在全英国百姓都在庆祝女王统治的25周年时，当局不会让一首反君主制的歌位居第一。当然，英国广播公司确实是拒绝播放性手枪乐队的专辑，至于这样做究竟是阻止了还是反而促成了它在商业上的成功，倒是很难说。（因为没有什么比禁令更能激发人们更大的兴趣了，这一点我是在《就在今夜》这首歌的事情上发现的。）不管怎样，差不多30年之后，理查德·布兰森，性手枪乐队当年所在的维京唱片公司的老板，在一次电视节目中说起，这次单曲之争是公平进行的，没有任何黑幕，所以，我赢得光明正大。

这件事说明一点，即便是在朋克音乐势头正猛的时代，一个"老家伙"只要选对歌，他的歌依然可以雄踞排行榜。我要做的就是相信自己可以继续创作。乔·史密斯，这位华纳兄弟唱片公司的杰出老板，在我刚跟他的公司签下个人唱片协议的时候，就跟我说："如果你在这行能撑十年，那么你就可以一直站得住脚。"也许吧。我知道的是，现在已经过去了40年，其间我看到了很多人昙花一现。

当然，时间改变了我们所有人。2010年脸孔乐队有一个重组巡回演出，来自纯红乐队的米克·哈克纳担任主唱（我当时很忙，不能参加），贝司手则是格伦·马特洛克，当年性手枪乐队的成员。伍迪在电话里跟我说："格伦现在也胖了，而且他总喜欢系领带。"

瞧，大家都这样了。

第 12 章

性警故事

　　此章叙述了1976—1986年间性警察组织的工作和动机，还有我们的主人公抵达希思罗机场时的一些尴尬事，以及在舞台上使用灯柱的危险。

　　有一晚我打开我的酒店套间，发现一个贝司手赤条条地被胶带绑在床上……呃，这个就是20世纪70年代后期和80年代乐队巡演的时候经常发生的事。我只是对着查利·哈里森点了点头，就走到邻近的卧室里上床睡了。我知道他们自己过会儿会解决这件事的，庆幸这次没有用到活鸡之类的动物。

　　查利只是性警察行动的一个对象。性警察随时随地都有可能突袭。性警察是哪些人呢？他们是乐队成员和工作人员的一个松散的联盟，一开始是在乐队经理皮特·巴克兰的号召下成立的。这个组织成立的目的是为了杜绝巡演途中的性行为——确定可能发生性行为的主体，锁定可能的地点，然后加以阻止。而巡演途中这类事是层出不穷的，所以他们是相当忙碌的。他们的业务也扩张得很快，其中包括在途中安排各种各样的恶作剧。你要明白：就算你本人也是性警察的一员——我承认我就是，你依然有可能成为他们行动的对象。性警察本人也害怕别的性警察来敲门。

　　倒不是说他们一定会敲门。说他们的行动是精心策划的只是很温和的说法，他们有一整套工具包，对讲机、相机，更重要的是，他们有万能钥匙。也就是说，他们可以在你到来之前就埋伏在现场（比如你的酒店房间）或者（更糟糕的是）在你到来之后出现。他们有螺丝刀可以把门铰链去掉。（你和你的女伴刚把钥匙插进门锁，整扇门可能就倒掉了。）他们还会用长长的尼龙绳把你的行李从窗口放下去，挂在酒店的外墙上。（你很难找到自己的旅行箱。即便你找到了，发现它离你的房间足足有十层楼那么远，要把它拉上来也很不容易。）然后，他们还有制服：一件白色的连裤工作服，后背写着"性警察"，正面是他们的标志——两个嚣张的男性生殖器，还有一句拉丁文"严厉但公正"。他们甚至还用活鸡。

　　性警察第一次使用活鸡的记录是在1985年达拉斯的一个酒店里，我是目标。我当时正在套间里接受《美国舞台》的制作者——已故的

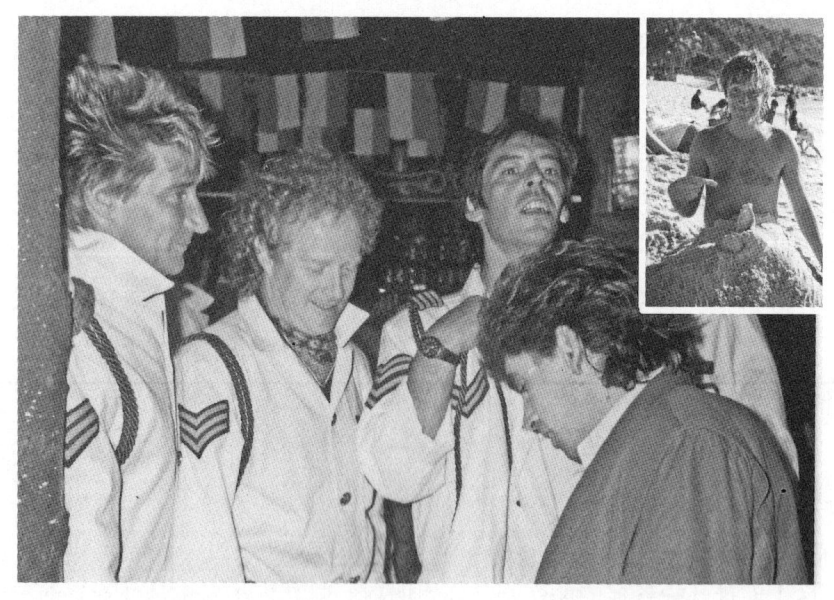

　　臭名昭著的性警察。我的好友吉姆·克雷根（站在我身边的这个，他后来是我和彭妮结婚时的伴郎）、罗宾·李·梅热勒和马尔科姆·卡利莫尔，我的忠实的私人助理（最右），大家正在商量突袭某一个人的旅馆房间。
　　插图：这幅图就留给各位自行想象吧。20世纪80年代摄于墨西哥。

伟大的迪克·克拉克的拍摄采访。谈话接近尾声的时候，门突然被打开，走廊上传来一声大喊"房间服务"，然后房间里就被洒满了鸡毛和鸡屎。克拉克是一个非常专业的人士，他只是觉得这一切很有趣。

我还算幸运，因为只有鸡。他们还想用羊，不过短时间内羊比较难找，鸭子也是。性警察长久以来的一个遗憾是，他们想在某人的酒店浴室里放满鸭子的想法一直未能实现。

鸡比较容易找到。在加拿大的纽芬兰，性警察曾把一个乐队工作人员房间里的每一样家具都搬掉了，锁在隔壁的一个房间里（标准程序），然后，留下两只鸡。那个工作人员跟一个女孩子回到房间里，若无其事地在里面待了几个小时，真是不同凡响。表现得若无其事，好像一切都很正常，非常关键。如果你反抗，只会招来更多更恶劣的对待。

1977年12月22日，我搭乘英国航空公司的航班从洛杉矶飞到伦敦，在抵达希思罗机场后，我穿上靴子，感觉到花生压碎的声音，还有一点黏黏的感觉，（经验告诉我）多半是草莓酱，我并没有本能地马上脱掉靴子。我继续穿着靴子，大步走下飞机，在我的靴子里填着各种各样飞机食品的情况下，尽可能自然地走进希思罗机场。

当然也有可能我当时醉得太厉害，根本没察觉出来。当我到达行李区的时候，我手里还拿着一杯白兰地，唱着乔尔森的《妈咪》。即便在那种情况下，我还是意识到这次我们玩得过火了。我的吉他手吉姆·克雷根的卷发上满是烟灰和烟蒂，他的脸上涂满了像是蜂蜜之类的东西。大家刚笑了一阵，管理团队中的吉米·霍洛威茨就很快在机场的管辖区因在公共场所酗酒被捕（并被治安法庭罚款25英镑）。在我们身后是英国航空公司被芥末酱弄得一片狼藉的头等舱。等待我们的是媒体对我们可耻行径的抨击。我不知道我们这是怎么了。

实际上，我知道的——是白兰地。

《每日电讯报》是这么报道的："霍洛威茨先生承认乐队部分成员

坐在行李传送带上,不过他说罗德·斯图尔特因为醉得太厉害,没有爬上传送带,只是躺在一个角落里,身上压着几件行李。"这么说,至少我们几个人中还有一个人保持了一点体面。很可惜,在那之后,边境官员打开霍洛威茨的护照时,有两片熏肉掉了出来。真是一个令人遗憾的插曲。为此,我及时地向英航表达了诚挚的歉意。我很想说我们在此学到了宝贵的一课,从此洗心革面,处事端庄。可惜,我们并没有。

从上面的事情可以看出我们在巡演中的不羁行为并没有在脸孔乐队解散后有所收敛。相反,当我在1976年开始以独唱歌手的身份巡演的时候,因为有脸孔乐队的先例,音乐圈里的人都如是说:如果你加入罗德·斯图尔特的乐队,你就要习惯酒精和各种愚蠢的行为。听起来脸孔乐队就好像是某种基准,需要被超越。回想起来,我们很多时候成功地超越了脸孔乐队,为摇滚乐队巡演途中的各种胡闹历史添加了很多新纪录。

当时,我在脸孔乐队解散后组建的第一支乐队招了三个吉他手。大家都嘲笑说:"他要用上三个吉他手才能代替罗尼·伍德的空缺。"并不是这样。我用三个吉他手是为了营造吉他声音的厚重感,也是为了他们之间的互动,也因为(我不怕承认)我觉得这样看起来更好看。我看佛利伍麦克乐队就是这么做的,效果很不错。

所以,有一个吉他手是吉姆·克雷根。他在史蒂夫·哈利和伦敦叛逆者乐队的那首《使我微笑》(Make Me Smile)中有一段可爱流畅的原声吉他独奏。我们都叫他"萨默塞特的塞哥维亚"。另一个吉他手是加里·格兰杰。加里曾是挺进者乐队的一员,这个乐队之前参加过脸孔乐队的演出。他的存在会给乐队带来一种狂野的感觉。还有一个吉他手是比利·皮克。我在美国的电视上看到过比利的演出,他当时在查克·贝里的乐队,他演奏得很棒。当时我给汤姆·多德打电话,跟他说:"我们得把他请过来。"这是在录制《城里的一夜》的时候。我觉得如果他的摇滚演奏对查克·贝里来说都够好的话，对我来说多半也就够好了。

贝司手是菲尔·陈，我曾在罗尼·莱恩离开脸孔乐队之后邀他加入，不过他当时另外有约。键盘手是约翰·贾维斯，他是一个经过古典音乐训练的美国人，参加了《城里的一夜》的录制，是个不错的乐手。鼓手是卡迈恩·阿佩斯，他曾是摇滚乐队"香草软糖"的一员。卡迈恩是美国人，不过我曾经跟他交流过，希望他用英式的手法，而非美式的手法。美式摇滚的击鼓是刚好击在拍子上。我喜欢的英式风格要稍稍松垮些，击鼓落在节拍后面一点，这样听起来更放松些。当然，如果过于放松的话，就成一盘散沙了，这一点我们在脸孔乐队的时候已经不止一次地认识到。因此要达到的效果应该是既有一点懒散的感觉，又依然是克制的。滚石乐队在这方面做得特别好。

总的来说，我希望我的乐队以一种轻松的方式演出。那个年代，杰克逊·布朗的试音会弄得像音乐会那么长。然后，他的整个乐队会被叫去认真地听完整场演出的录音，每个人的失误都会被明确地指出来。这不是我惯常的做法。我们乐队的试音会尽可能地简短。15分钟就很长了，更不会去弄什么事后分析。演出效果好当然很重要，即使有些成员可能当时没有很到位，也会很快就跟上，毕竟这是摇滚乐队。我的态度是，如果演出对我们自己来说都不是充满乐趣的话，对观众来说也不可能充满乐趣。

巡演第一场的前一晚，6点左右，乐队每个人都要来展示一下他们的舞台造型。这个过程通常令人捧腹大笑。我鼓励每个人穿得华丽多彩一些，不过不是每个人都能做到。他们会照自己的想法打扮好，走进来问你："你觉得怎么样？"然后会有人大叫："天哪！你怎么穿成这样，我可不要跟你一起上台！"菲尔·陈穿得还不错，吉姆和凯文会犯一些令人难以置信的错误，而鼓手卡迈恩的搭配可能是最糟的：蛇皮图案的衬衫搭件银色马甲，再加一件无袖真皮外套。至于比利，他的身材有点矮胖，我们谁都不知道怎么设计他的舞台造型才好，所以通常就把他打扮得像个法国人，然后就不管了。

我给每个乐队成员都做了一件斗篷：宽大的天鹅绒斗篷，上面还绣着他们每个人名字的首字母。工作人员就拿着斗篷站在台下等着，等乐队一下来就给他们披上，护送他们到豪华轿车上。他们中的一些人居然都不出汗，真是浪费我的钱。

恶作剧不仅在舞台之外发生，在演出时也同样盛行：又是从脸孔乐队传下来的东西。演出不是神圣的，如果你有什么主意让它变得更欢快热烈，都是可以的。比方说，卡迈恩会有一个架子鼓独奏表演（这在当时是必不可少的），结束的时候他会站在凳子上，高举鼓棒。这时候，舞台后部的工作人员，就会猛敲一下卡迈恩鼓架后面的铜锣（那个年代铜锣也是必不可少的），让他的表演有个圆满的收尾。因为那个时候，乐队的其他成员都在后台，所以就会有人抢走工作人员的锣棒，让卡迈恩孤单单地站在凳子上，等待那个永远不会响起的铜锣声。

因为对着铜锣的那个麦克风是放在舞台后面的，观众看不到，所以你很容易用别的一些更搞笑的声音来代替锣声，比如玩具喇叭或者自行车铃声，或者一个屁，如果你刚好放得出来的话。（80年代，对着麦克风放屁在我的巡演乐队很流行。音响师们不得不把麦克风的声音关掉，直到演出前几分钟才打开，免得观众席里充满放屁的声音。）

有时候闹剧不需要刻意去制造，它自然而然就会发生。为了营造一种戏剧的感觉，我们在屋顶上有一根灯柱，它会在我开始唱《乔治之死》前在黑暗中降落到舞台上。有一晚，我不小心刚好站在它的正下方，成为极少数在演出中被一根十英尺长的柱子击倒的摇滚歌手之一。（仅仅有些擦伤，谢谢你的关心。）

乐队继续在壮大：吉他手又增加了罗宾·李·梅热勒，键盘手多了凯文·萨维加，他们后来都成了我的好朋友。恶作剧也在加剧。

1984年11月，宣传专辑《伪装》的巡演到了日本东京那一站，乐队成员和工作人员发明了一种"走窗台"的运动：从一个人的旅馆房间外的窗台走到另一个人的房间。在25层楼的高度，这项活动真需要很大的勇气，或者很多酒，或者很多酒加很大勇气。虽然我能清楚看到这件事有趣的地方，在25层楼高的地方，突然出现在别人的窗前，然后敲敲窗进去，但是我并没有参与。每个人都有自己的极限，走窗台是我做不到的。

众所周知，摇滚乐队巡演途中有许多无所事事的时间，你要一路跟无聊做斗争。

"如果我把这个盘子放在我的头顶，最多能放多少东西在上面而不掉下来呢？"

"如果我穿上这个套在干洗衣服外面的塑料袋，它看上去会像一件紧身衣吗？"

"如果我用保鲜膜把自己全身裹起来，会是什么样子呢？"

"这个床头板能不能放进电梯里？"

"我们能在什么地方找到鸭子呢？"

这些就是巡演中的乐队成员经常思考的问题，而且它们会盘旋在脑海里，直到找到答案。性警察这个组织致力于在酒店套间里放活鸡可能有点奇怪，不过这样的活动使我们不至于闲得发疯。

【以上问题的答案：（1）一个装着水果的水果盘、一个水壶、三小瓶葡萄酒、两本平装书、盥洗用具袋和一条裤子。（2）是的。（3）你看上去会像一包没煮过的鸡胸肉，不过裹着保鲜膜的感觉还是蛮舒服的。（4）能，只要你用力推。（5）我说过了，我们从来没找到过。】

第 13 章

成家生子

主人公没有听取父亲的意见，结了婚，定居下来，还有了孩子。主人公在这一章还回顾了各种各样的事，像臀部、迪斯科、托尼·柯蒂斯和穿弹力裤。

先别管华纳兄弟公司的乔·史密斯跟我说过的那套关于在音乐界撑上十年的理论了。1977 年对我来说，同样紧迫的一个问题是，我能跟同一个女人维持十个月的恋情吗？那年 11 月，我跟布里特还有莉兹·特雷德韦尔分手之后，开始和比比·比尔约会，她之前是《花花公子》杂志插页的照片女郎，刚跟美国的摇滚歌星托德·朗德格伦结束恋情。如果我没有带她去伦敦待一星期的话，我跟比比之间本来可以发展得更好一些。结果在伦敦的时候，我被马西·汉森所吸引。我可以说是因为一个《花花公子》模特背叛了另一个《花花公子》模特。

当时，结婚有没有特别列入我的议事日程呢？答案是否定的。

不过，就在那时我遇到了阿兰娜。

我们第一次四目交接是 1978 年春天在洛杉矶的花花公子俱乐部，当时我为自己的巡演工作人员办了一个派对。那里铺着厚厚的地毯，端饮料的都是穿着天鹅绒兔子装的女孩子。（那个年代的音乐界有多么奢侈，连工作人员都能在花花公子俱乐部开派对。）不久之后，我

第 13 章　成家生子

又在一个上流聚会上遇到了她。那是超级代理人欧文·拉扎尔在"我的房子"饭店办的一个聚会。阿兰娜·汉密尔顿是一个个子高挑、长腿（你可以猜到我接下来会说什么）、金发、笑容迷人、穿着白色的修身长裙的南方美女。我们谈了谈音乐，她告诉我她喜欢的是乡村音乐和西部音乐，这有点挫了我的锐气，不过我们两人之间有那种强烈的电流感应。当时她身边还有男伴，所以我们的交流短暂而甜蜜，不过我知道自己想再次见到她。

我的通常做法是让托尼·图恩打电话过去，试探一下约会的可能性，但是这在阿兰娜那里行不通。她告诉托尼，如果我想跟她约会，就得自己打电话给她。于是我鼓起勇气这么做了。

阿兰娜看了看她排得满满的日程表，说："我要去参加罗伯特·斯蒂格伍德家的一个宴会。你要不要跟我一起去？"斯蒂格伍德是一个非常成功的戏剧和电影制作人，还是奶油乐队和比·吉斯乐队的经纪人。我说："听起来不错。"那晚席间，我和阿兰娜开始对彼此有了些了解。

她当时 33 岁，跟我同岁，不过跟她的出身一比，我的卑微背景都可以算得上王室的级别了。她在得克萨斯州的纳科多奇斯长大，住在一个没有电的偏远房子里。她先在得克萨斯州航空公司当空姐（制服是带流苏的上衣和牛仔帽），后来成为纽约的福特模特经纪公司的模特。接着她来到好莱坞，希望能做一个演员，遇到影星乔治·汉密尔顿并嫁给了他。但是他们在三年前，大概 1975 年的时候分手了。他们有一个四岁的儿子阿什利。在他们的婚姻期间，阿兰娜迅速进入好莱坞的社交圈，大放异彩，几乎没有名人是她不认识、不交好的。

晚宴快结束的时候，阿兰娜说："咱们去蒂娜·辛纳屈家吧。"我说："好的。"蒂娜是法兰克·辛纳屈的女儿，她是阿兰娜最好的朋友。她家是当代设计风格的典型建筑，到处都是玻璃和透明树脂。那里正播放着萨尔萨音乐，阿兰娜和我在白色的大理石地板上有点调情味道地跳着舞——半开玩笑半认真，鞋子轻碰，喇叭裤轻摆着，那时我就明白她对我有种吸引力。

不过我们的第二次约会并不顺利。那是在一个派对上，我有些生气，因为我觉得阿兰娜的大部分时间都用在四处寒暄、活跃气氛上，跟我在一起的时间很少。接下来的几天我们都各自沉默，没有联系。不过在这段时间里，我发现自己很想念她。她看上去是那么聪明、那么有趣、那么充满活力。所以最后我还是打电话给她，邀请她出来共进晚餐。她出现了，看上去极度性感，还告诉我这段时间她也在想念我。从那时起，我们就形影不离了。

在我们交往的前八个月，我们并没有搬到一起住。我还是住在卡洛伍德路——曾经跟布里特住在一起的地方，阿兰娜则在比弗利山庄有自己的房子。不过在我们交往的第一年，也许只有一个夜晚两人不在一起，而且只有很少的几个夜晚我们不是一起外出的。阿兰娜比我认识的任何一个女人都更爱玩。晚间俱乐部、派对、宴会……我们把整个城市都玩遍了，全力以赴地寻求欢乐。有一晚在床上，阿兰娜给我一颗胶囊，说："试试这个。"那里面装着硝酸戊酯。你在高潮的时候打开它，吸入里面的粉末，可以增强快感。我以前从来没试过，当然这对你的心血管没有好处，不过我们好像浑然不在意这些风险。在那段时期，追逐欢乐是我们最关心的。两人之间好像存在一种竞争：看谁更会喝酒、去更多的派对、更会跳舞、更懂寻欢作乐。这样的生活使我们很快乐。

* * *

与此同时，当白天我头脑还算清醒的时候，我去录制《金发的人有更多乐趣》这张专辑。跟以往一样，我走进录音室的时候，并没有什么成形的歌曲。通常的做法是，乐队成员会在第一天到位，然后我们就敲敲打打直到歌曲成形。不可避免的是，我们经常听的歌曲会影响我们的创作。我总是说："我们能不能弄点跟这个差不多的歌？"这是打开思路的一个好方法。在1978年那段时间，我常听的是"格调乐队"的歌。在他们的专辑里，贝司手是主要的推动力，旋律主要是由他们弹奏的。我还很喜欢听奥德赛乐队的《纽约本地人》（*Native New Yorker*），还有滚石乐队的《想念你》——摇滚乐队版本的迪斯科，这种混合很吸引我。于是，我就有了这样的想法：我们能不能也弄出点这种类型的歌曲呢？就这样，产生了一首歌叫作"你觉得我性感吗？"（*Da Ya Think I'm Sexy?*）

这大概是我创作的歌曲里在商业上最成功的一首。这也是我写过的最让我心情矛盾的一首歌了。如果你现在问我，我会告诉你我很爱这首歌，并且为它感到非常骄傲。不过，还记得杰夫·贝克关于《乌云周围的白光》说的那句话吗？"这首歌像在我的脖子上套了一个粉红色的马桶座圈，我的余生都要挂着它。"我一开始也有点担心《你觉得我性感吗？》这首歌会不会就是我的《乌云周围的白光》。区别在于杰夫是被哄骗的，不情愿地戴上了那个粉红色马桶座圈。而我，则是亲手制作了这个粉红色马桶座圈，亲手把它涂成粉红色，并且很高兴地把头伸了进去。

你永远也想不到一首歌会在听众中引起怎样的反响，或是它会经过怎样的一个市场销售过程。不过《你觉得我性感吗？》这首歌一出来就大受欢迎。它在美国卖出200多万张，在英国也有50万张的销量，在全世界都很受欢迎，包括一些我从来没听过的地方，其中一些地方如此偏僻落后，以至于我听说他们那里能通电都觉得很稀奇。这是华纳兄弟公司所有单曲唱片里卖得最快的一首，直到六年之后，1984年麦当娜推出的那首《宛如处女》（*Like a Virgin*）打破了这个纪录。所以，我怎么可能不骄傲呢？如果你是一个作曲者，你整个创作生涯里都会梦想着有这样的一刻，你写的一首歌投入市场，反响热烈，好评如潮。

不过与此同时，我好像也使一部分原本亲近我的歌迷感到陌生，尤其是一些自《汽油巷》时期就追随我的歌迷，他们感到很失望。他们不喜欢迪斯科，不理解我到底在做什么，为什么要掺和到这类歌曲里。那个年代音乐界里有各式各样的斗争，（感谢上帝）现在总算不这样了。在70年代后期，有灵魂乐、重金属，还有朋克音乐等等。这些阵营各有各的追随者，他们在各自的战壕里上好了刺刀准备搏杀。如果你跳出自己的战壕，跑到别人那里，哪怕只是打个招呼，都有被灭掉的危险。

不过，从一开始，我就喜欢把各种不同类型的音乐混搭在我的专辑里——一点节奏蓝调、一点民谣、一些摇滚，并希望我的声音能把它们都融合在一起。在我接近十年的独唱生涯里，由于这些策略，我并没有受到太多攻击。但是这次对迪斯科的尝试，让很多人觉得我走得太远了。这首歌引发了猛烈的攻击，尤其是受到了乐评者们的攻击，他们讨厌《你觉得我性感吗?》就像讨厌一大块过期的奶酪，他们还觉得这首歌是一种极度自恋和炫耀的产物。

我要怎么解释呢？我已经反复指出这首歌的歌词是用第三人称写的："她一个人坐着，等待着他的暗示。他如此不安，回避着所有的问题"，诸如此类；当副歌部分转成第一人称的时候，是在展示这歌中男女的内心想法，他们渴望投入对方的怀抱，却不知该如何开口（"如果你想要我的身体"，"如果你觉得我很性感"，等等）。这首歌并不是我在问路人，他们觉得我是否性感，而是在讲述一个故事。可惜，这一点被忽视了，而我的经纪人和市场部工作人员的做法使得误会更深。他们让我穿着弹力纤维做的衣服平躺在"你觉得我性感吗?"的标语下面。天知道我的男歌迷们看到这个会怎么想，他们可能要把我之前的那些专辑都收在衣柜里，眼不见为净一阵子了。

让事情变得更复杂的是，巴西的歌手豪尔赫·本·乔指出，这首歌的副歌有部分旋律跟他 1972 年那首《泰姬陵》（*Taj Mahal*）很像。这是确定无疑的，我马上举手同意。但是并不是我站在录音室里说："我们用《泰姬陵》里的旋律来做副歌吧。原作者在巴西，他是不会知道的。"而是 1978 年初，我跟艾尔顿和弗雷迪·默丘里一起去过里约热内卢的嘉年华。当时有两件重要的事情发生：首先，我绝望地爱上了一个巴西的女影星，她是同性恋，坚决不让我靠近；其次，豪尔赫·本·乔的《泰姬陵》刚好被再度推出，当时在里约各处反复播放。显然，它的旋律深深地植根在我的记忆里，当我们编副歌的时候，它自然而然地就出现在我的脑海里。无意识的抄袭，事情就是这样。我交出了版税，心里暗自想着《你觉得我性感吗？》这首歌是不是被诅咒的。

其实，事实上，在这首歌的开头部分，我倒是从鲍比·沃玛克的那首《放一些东西在上面》（*Put Something Down On It*）的弦乐器部分偷了一句。不过你可以从整首歌里偷用一句话，偷一个调子，这不算侵犯版权。所以，这里你拿我没办法。

在 21 世纪初的头几年里，我因为厌倦，一度把这首歌从演唱会的曲目里剔除了，不过观众对此颇有怨言，让我觉得自己不唱这首歌，就好像欠他们什么似的，对不起他们买的票。而当我再度把这首歌放回到节目单里，我意识到自己还是很喜欢唱它。所以它现在又在演唱会的曲目单里了，唱到后来，它都会演变成某种狂欢。这首歌好像总能瞬间把人们带回到迪斯科盛行的 70 年代末，使他们回想起过去的种种。作为一个作曲者，你会感到自己很幸运，能写出这么强有力的作品。

至于歌曲视频里的扭臀部分，虽然当时它引起了一些抨击，但我不想做任何道歉。我不知道他们为什么要介意：我一直都这样跳啊。自从我在脸孔乐队找到当头面人物的自信后，我就一直是扭臀动作的提倡者。我坚信臀部是一个摇滚歌手在舞台上的重要武器，一个强有力的交流工具，只要运用得当，而且我刚好就是那样跳舞的。

不过，我承认，视频里穿的那条黑色的弹力紧身裤，再配上波涛般的丝绸罩衫，确实使臀部显得格外突出，因为以前穿宽松的衣服时，它没有那么抢眼。那段时期我很喜欢穿的同样质料的豹纹裤，也有类似的效果。但是，我们这里讨论的是服装方面的差异——裤子的剪裁，而不是我扭臀动作的变化。裤子不同，但扭臀姿势还是一样的。这就是我的论点。

关于《你觉得我性感吗？》的视频，还有最后一点要指出：你可能注意到，在表演过程中，当乐队在舞台上，配合着磁带做模拟表演时，我常在镜头前转身，背对着镜头，那是因为我忘词了。如果我当时能记住这些可恶的歌词，你看到我臀部的机会就可以大大减少。

1978年12月，《金发的人有更多乐趣》专辑巡演的英国部分在曼彻斯特拉开帷幕。当时因为跟阿兰娜难分难舍，所以我们就在伦敦的切斯特广场租了一个房子作为落脚点，还把阿什利也带过来一起住。我已经有两年没在英国演出了，也不知道这边情形如何。英国媒体对这张专辑并不热情。还有人记得我吗？会有人来看演出吗？这是我一直要承受的压力——对空座位的恐惧，它们清楚地说明你人气下降，大不如前。我之前读过阿尔·乔尔森写的关于他对空座位的恐惧，他是我童年时代的偶像之一，而我现在完全能感受到这种恐惧了。

不过这次演出没有遇到这样的问题。一大群穿着格子衣的歌迷依旧热情满满地冲到座位前面，完全没有对号入座。巡演到12月底的时候，演出的气氛和圣诞的气氛融合在一起，产生了一种我从未经历过的狂热。不止一次，当我开始唱《我不想多谈此事》的时候，我听到全场观众都在跟着唱，听着他们全情投入地唱着，我突然哽咽了，无法唱下去。

第 13 章　成家生子

* * *

1979年初，阿兰娜说她好像感冒了。其实，她没有感冒，她怀孕了。

我们之前有谈到过小孩子。我知道自己想要他们。我跟布里特的孩子们——维多利亚和尼古拉斯在一起过得很开心。我也喜欢阿兰娜的儿子阿什利。我喜欢待在孩子们身边。我来自一个大家庭，我也想要一个大家庭。对我来说，孩子们是最可爱不过的。

那我在1979年的时候想不想要他们呢？当时，我跟阿兰娜的恋情还不到九个月。

我开始惊慌失措，因为惊慌，我对阿兰娜变得很冷淡，我们度过了很糟糕的几个月。我吓坏了，表现很差。1979年2月我在澳大利亚巡演的时候，跟澳大利亚模特贝琳达·格林一夜风流，她是1972年度的世界小姐。我以为自己在地球的另一边，那个年代消息传播比较慢，也有难度，说不定可以神不知鬼不觉地混过去。结果《悉尼先驱晨报》大幅报道了这件事，还配上了照片。消息传到了阿兰娜那里，她当然极度烦躁。

我当时觉得自己就跟珍珠港的警戒哨一样受欢迎。不过，我还是告诉自己，也告诉她，这次出轨是最后一次，是因为对逼近的责任感到恐惧才会走错一步的。我在日本巡演的时候，阿兰娜飞来看我，我们重修旧好。我们意识到两人依然相爱，于是决定结婚。没有什么特别浪漫的求婚，没有单膝跪地什么的，就是两人达成共识应该这么做。住在酒店的时候，我想告诉远在伦敦的父母这个消息，又非常害怕跟他们说。我知道他们不会赞同。我让我的秘书盖尔·威廉斯先跟他们透了口风，然后接过话筒跟他们聊，同时畏缩不安地坐在床沿上。真是个糟糕的对话，母亲竭力保持愉快的语调。（很久之后，她才跟媒体说起她和我父亲意见相同，都希望我"娶一个苏格兰的好女孩"。）父亲干脆说："你还不到年纪。"

这当然十分荒谬：拜托，我都 34 岁了。

我们在 4 月结婚了，在那之前，我的婚前恐惧症又发作过几次。在婚礼之前，我们应该去注册结婚的那天，我还跑去汽车展示厅，想着买一辆新车——说明我的责任感还是没有到位。显然，我身上的那个单身汉不经过一番斗争是不会轻易屈服的。不过，至少我没有逃跑。婚礼那天，新娘穿着奶油色，新郎也是——只不过阿兰娜穿的是一条露肩的裙子，我穿的是一套西服，配着一条粉红的领带。我们在蒂娜·辛纳屈家的玻璃和大理石房子里私下举行了仪式。蒂娜是伴娘，比利·加夫是我的伴郎。然后我们开车到拉辛尼伦吉大道上的艾米塔基法国餐厅举行婚宴。我们没有告诉任何人那是婚宴，只说是为了庆祝我巡演的美国站的开始。我们甚至没有把消息透露给托尼·图恩，因为只要让托尼知道，就相当于把这个计划公布在日落大道的广告牌上。尽管如此，人们好像还是猜到了这件事背后的真实意图，因为饭店外面的人行道上挤满了摄影师，这样宾客们大多也意识到了。我们也不介意媒体拍摄，接下来是很大的一个派对。本来打算在贝莱尔酒店度过新婚之夜的，但是媒体多半会跟着我们一直到房间，所以我们就回到卡洛伍德，两人都觉得很幸福。

婚姻就好像一个开关。它扫除了所有的疑虑，驱散了所有的恐惧。我在澳大利亚的不忠被遗忘，我成为了一个好丈夫：爱着阿兰娜，爱着自己的角色，爱着结婚这整件事。我在美国到处巡演，不过每晚都会飞回家，这样我就可以和她在一起。我怎么会不开心呢？我们是新婚夫妇，马上会有个小孩子——肯定是一个男孩子，罗德里克·克里斯琴·斯图尔特。我们名字都想好了，因为虽然我们没有去查孩子的性别，但是非常确定这是个男孩子。

8 月，经过三个半小时的分娩，孩子出生了。分娩期间，阿兰娜展示出了她内心的那个我从未见识过的狂野彪悍的得克萨斯人。她叫嚷的一堆话，我都闻所未闻，即便在得克萨斯也不可能听到吧。生出来的并不是罗德里克·克里斯琴，而是金伯莉·阿兰娜。没有什么比她更美好了。我比阿兰娜更早抱到她，医生把她递给我，我第一眼看到她就爱上了她——我们的金伯莉。

现在我们为人父母了，同时还是好莱坞很多宴会的主人。这段时期真是使人沉醉。阿兰娜把我带入了一个我从未想到过的庞大的社交圈。我们在卡洛伍德房子的一端增加了一个宴会厅，周围是一个高端的画廊。我们会在那里举办盛大的宴会——非常正式的场合，精心布置的餐桌，挂着打褶的帐幔，有给跳舞伴奏的乐队，宾客们也被要求着正装。这段时期是我们的"了不起的盖茨比"[1]时期。宾客名单上有芭芭拉·史翠珊，沃伦·贝蒂、达斯汀·霍夫曼、杰克·尼科尔森、安杰莉卡·休斯顿、阿尔伯特·芬尼、琳达·埃文斯、琼·柯林斯和杰基·柯林斯、瑞恩·奥尼尔，还有法拉·福西特，她是阿兰娜的好友。很长很长的名单。人们会问："他们私底下都是什么样子?"嗯，他们都很棒，不过我只见过他们喝醉酒玩得很开心的样子，我自己当时也醉醺醺的，我从来没有在早晨见过他们。

也是在这段时期，我接触到了正宗的可卡因——非常高质量的东西。那时吸食可卡因是很时髦的，尤其在娱乐圈里。不是没完没了的吸食，然后在早晨发现自己眼珠突出，气喘吁吁，而是轻轻嗅一下，给夜晚增一下色——只是从手背上轻嗅一下这种柔细的白色粉末，一会儿再嗅一下，再嗅一下……过后也不会头痛，很神奇，也不会流鼻血。我哄骗自己：这么高纯度的东西不会伤害我的嗓子，用一点只是让自己感觉良好，度过一个有魔力的夜晚。有一次宴会结束后，大家都回家了，托尼·柯蒂斯在起居室里教我怎么跟一把椅子一起跳摇摆

---

1 美国小说《了不起的盖茨比》里面的主人公盖茨比夜夜举办盛宴。

第一任斯图尔特夫人，可爱的阿兰娜·汉密尔顿，摄于1979年我们举行婚礼的那一天。

孩子们抢了我的风头。这是金、肖恩跟我一起在麦迪逊广场花园的舞台上，1982年。

第 13 章　成家生子

阿兰娜和一个被放出来玩的家伙。

拍摄《今夜我属于你》音乐录像。我妈看了这一幕会怎么想呢?

我和苏格兰的两个足球界大人物的合照：已故的伟大的凯尔特人队的汤米·伯恩斯、格拉斯哥流浪者队的沃尔特·史密斯爵士。这里没有大的分界线。

插图：在埃平的家里整理足球场。

1977年在温布利球场，苏格兰队2∶1击败宿敌英格兰队之后，我被兴高采烈的苏格兰球迷们举了起来。

第 13 章　成家生子

富兰姆队赢得联赛后，在比弗利山庄我的家里庆祝。

流浪汉球队在艾塞克斯我家的足球场上，这个球场荣幸地见识过凯尔特人队、利物浦队和纽卡斯尔队的训练。我的好友艾伦·休厄尔，也叫"诚实者"，是这个球队的领队，站在后排最右边。
插图：我的伙伴莱昂内尔·康韦，流放者球队的创立人。

斯图尔特家的男人们坐在一架私人飞机上，飞往格拉斯哥去看苏格兰对英格兰的球赛，这是20 世纪 70 年代的事。过去的好时光。

213

舞——把它拖到腿上，旋转。另一个夜晚，也是晚宴结束后，宾客都离开了，我看到我的好朋友，吉他手吉姆·克雷根弹着弗拉门戈，跟莉莎·明内利跳舞。这个故事本来可能更可信，如果吉姆真的会弹弗拉门戈的话。总而言之，那段时期的生活就像一个不可思议的梦。

1980年4月，为了庆祝我们结婚一周年，我俩在宴会厅里办了一个上百人规模的正式晚宴。食物是奇森饭店提供的——鱼子酱，伊甘酒庄葡萄酒，诸如此类。宴会厅精心布置，挂了许多美丽的帐幔。艾尔顿还特地坐飞机来参加，大卫·强生和丹尼·詹森夫妇也来了，还有格里高利·派克夫妇、大卫·尼文、杰奎琳·比塞特、强尼·卡森、比利·怀德、蒂塔·卡恩和萨米·卡恩夫妇。我们在画廊里设了一个摇摆乐队，底下的人都不知道。直到晚饭过后，他们演奏起格伦·米勒的一些歌曲，大家才知道有乐队，于是纷纷站起身跳舞。弗雷迪·德·科多瓦——《今夜秀》节目的制作人，站起来说，这是他在好莱坞参加过的最棒的晚宴。

顺便说一下，格里高利·派克夫妇是我们的邻居，你再也找不到比他们更好的邻居了。他们从来没有抱怨过我的乐队在车库里排练时发出的噪音。有一次，我特地过去跟他们表示歉意，他们回答："没关系。我们喜欢坐在露台上听你们排练。"他们在围栏上开了一个口子，这样我想用他们的网球场的时候就可以穿过去，随时可以用。

格里高利有一次还来听我的演唱会，那是1979年在洛杉矶会堂。他还把舞蹈家弗雷德·阿斯泰尔也带来了。当他们入座的时候，灯火通明，全场的人都站起来向他们致意。我为我的观众如此有礼感到自豪。演出结束后，他们一起来到后台，阿斯泰尔说："告诉我，谁给你做的舞蹈编排？"我不好意思地说："呃，我就是跟着音乐随便跳的。"这个他肯定知道。不过他能这么问，我很高兴。

所以，生活在很多方面都变得不可思议。很快，阿兰娜又怀孕了。那时，金伯莉才四个月大。阿兰娜不知道她在哺乳期也会怀孕。

第 13 章 成家生子

当婴儿出世的时候，我们正在马利布，不是很方便的一个地点。1978年初，我在巡演的时候，阿兰娜在一个人烟稀少的沙滩上找了一个美丽的海滨别墅，前面有 270 英尺长的海滩，周边只有少数几个房子。它看起来就像是悉尼歌剧院的迷你版——一组大贝壳。我一看到阿兰娜发过来的房屋照片，就很喜欢。我们在那里度过了许多愉快的时光。阿兰娜曾经说只有在那里，我才能真正放松下来。我平时比较焦躁不安，需要不断活动，做一些事情。但在那里，我觉得安静下来也挺舒服的，跟孩子们一起坐在沙滩上，在外面喝喝茶。这是个适合家庭生活的地方，而我人生的很多部分都充满了其他的人和各种活动。

1980 年 9 月，就是在这个海滨别墅里，阿兰娜第二次开始阵痛。我们在高速路上疾驰，从马利布直奔洛杉矶市中心。在我看来，阿兰娜很可能在车上生下小孩，并把车里的布置全部毁掉。想到这两点，我就猛踩油门。没过多久，后视镜里就看到警车的灯在闪烁。我把车停在路边，跳出驾驶座，怒气冲冲地向后面的警车走去，阿兰娜大叫着"别这样！"（被警车叫停的时候这样做当然是极不明智的，它会给警察一个错误的信号。）警车门打开了，一个警察钻出来，拿着他的手枪对着我。我冲着他大吼："我的妻子就要生了！"这个警察好像认出了我——至少他把枪放下了，走到车边，朝车里看了看阿兰娜，阿兰娜正在大叫："我要去医院！我要去医院！"

警察说："我们给你叫辆救护车，女士。"阿兰娜感到婴儿就要出来了，大吼："见鬼，没时间了！快点把我送到该死的医院，不然我就自己开车过去！"警察好像也意识到跟她讲理没有用，于是就开警车一路护送我们到了悉达斯·西奈医院。

当我们进入产房的时候，医院让阿兰娜填一些表格。她回答："开什么玩笑，你们疯了吗？我就要把孩子生在地板上了！"那个彪悍的得州女人又出现了。不到一刻钟，我们就多了一个儿子。和金伯莉的情形一样，我第一眼看到他就爱上他了——我们的肖恩。

现在我们有两个可爱的孩子，很棒的社交生活，拥有财富和幸福，值得感激的一切，不管从哪个角度看，生活都很完美……可是不知怎么的，一切都开始不对劲了。

题外话

> 很正经的话题，在此我们的主人公坦白了他的一个令人不安的嗜好。

你知道这些事情是怎么操作的，一切了然于心。你知道存在的危险，不过你觉得自己只是稍稍尝试一下，体会一下整件事的感觉。警告牌就在那里，不过你无视它们，因为你觉得自己是不一样的。你觉得自己是百万人之中才有一个的那种自控力很强的人。结果你所谓的"浅尝辄止"演变成了熊熊燃烧、消耗一切的爱好，你花上好几小时在电话里跟一个交易商聊天，好像他是你最好的朋友一样。

不过艺术收藏就是这样。它会抓住你的心，接管你的人生，特别是，占据你家的墙。我有足够多的体会这样说，因为我是一个19世纪后期油画的收藏者，收藏了许多许多19世纪后期的油画。

我从小就喜欢拉斐尔前派[1]的油画：它们的浪漫，它们的色彩，它们的经典的褶皱的服装，它们浓烈的故事和情感。它们满足了一个男孩子痴迷的所有幻想：穿着闪亮盔甲的骑士、忧郁的少女，还有乳房。当我十七八岁在伦敦街头卖艺的时候，我通常会待在特拉法尔加广场，国家美术馆的外面。下雨的时候，我就走进美术馆，在拉斐尔

---

[1] 19世纪中叶出现于英国的一个画派，提倡回到拉斐尔之前，重新审定和发扬中世纪艺术，他们认为真正（宗教）艺术存在于拉斐尔之前，并希望通过发扬拉斐尔以前的艺术来挽救英国绘画。

前派和维多利亚时期的油画前流连忘返。不过我最喜欢的那幅画在泰特美术馆——《夏洛特女郎》，约翰·威廉·沃特豪斯画的。船上的女孩子脸色苍白，披着长长的红色头发，朱唇微启，还有那些精致的刺绣、河流和芦苇。我太喜欢它了，所以经常带女孩子去泰特美术馆，只为了看那幅画。它是去咖啡厅或者去电影院之外的一个调剂。同时，它也使这些女孩子们意识到我的思想和敏感，我丰富的兴趣爱好，这一切对增加她们对我的好感都大有帮助。

布里特·埃克兰，我之前说过，带我第一次接触新艺术派的作品，不过我是在跟阿兰娜（她也很有眼力）一起的时候，才开始觉得有信心从买海报上升到买油画。我买的第一幅油画（用艺术圈里的说法，我的第一件"收藏品"）是一个不知名的维多利亚时期画家的作品，叫作"吻"，画的是一对情侣在一条乡村小路上亲吻的瞬间。这是我在70年代后期在伦敦兰仆林的一家小店里，花了12英镑从一个罗马尼亚人手里买来的。画不算很大，大约三英尺高、两英尺宽，装在一个镀金的框架里，也没有什么特别的地方，不过我就是喜欢画中的意境。这是收藏爱好的开端。

我的第一个花大钱的收藏品的购买是阿兰娜带的路，她认识比弗利山庄的一个人，那个人手里有一件约翰·威廉·沃特豪斯的作品。那是《伊莎贝拉与罗勒罐》，取材自济慈的诗歌。当时是1981年，我花了三万英镑买下它。花这么多钱买一幅油画，听起来有些不可思议。不过现在它值多少呢？——大约一百万英镑吧。不过我没有卖掉它的打算。当我还是一个被雨淋湿的街头卖艺的少年时，站在沃特豪斯的作品前，并没有想到将来我会买一幅真品挂在卧室里。这是一幅极美的油画，对我来说，它还是一种象征，象征了我一路走来的这一段人生旅程。

我只被骗过两次，在这一行里运气还不算太差。有一次我从一个室内设计师那里买了一幅吉娄梅·赛涅克的作品，结果它是一个仿制品。只能怪我自己太天真，又有点过于心急。不管怎么样，我蛮喜欢这幅画的，就算是赝品，它也值几个钱。我还看到《塔里的王子》，以为是威廉·阿道夫·布格罗的真品。我还想着："这真是捡到宝了。"结果却并不是布格罗画的。不过后来我还是设法买到了几幅布格罗的真品。有一幅很大的挂在走廊里。每一个收藏19世纪后期作品的人都知道，没有什么比走廊里挂一大幅画更美的了。

  我从70年代后期开始参加拍卖会。那里的场景真是让人上瘾。当你喜欢的油画出现的时候，真的会感觉很紧张，而且你要格外小心。因为在拍卖的场合，你的自我意识可能会给你带来各种各样的麻烦。我记得自己有一次想在出价上战胜詹尼·范思哲，于是出价高得不合理，还好我及时清醒过来，退出了竞争，并有一点受挫的感觉。名气在那种场合的作用有好有坏。有时候它对你有利，因为你会把别人吓跑。有时候适得其反，你会碰到一些想要向大家展示他比你更有钱的人，这个时候你就会陷入一场浩大又完全没有必要的战斗。总体来说，我还是不在场比较好，所以我一般都让我优秀的助手萨拉代替我去，或者自己在电话里竞投。你需要的是一个大拍卖行里的拍卖师，当他听出电话那头是你在竞标的时候，就快速一锤定音。当然这只是设想，并不是说我真的找到了这么一个存有私心的拍卖师，你们了解的。

  我在这方面的头号对手是音乐剧作曲家安德鲁·洛依·韦伯爵士。他在拉斐尔前派油画方面有极为壮观的收藏，别人很难与之竞争。我在拍卖会上曾跟他争过好几样东西，结果都是输给这个家伙。他的收藏范围比我广得多。他不仅收藏维多利亚时期的作品，也收藏一些当代艺术作品，而且能把它们很好地融合起来。我就没办法在墙上挂一幅当代作品，因为我不懂，所以挂在那里总显得别扭，但他就可以。有一次他邀请我们去看他的油画收藏，我的妻子彭妮在钢琴边唱歌，唱的是电影《窈窕淑女》里的那段《我想要的是一个房间》——这大概是所有醉醺醺的版本里最好的一个了，这在音乐剧历史上是一个精彩的时刻。

当我对墙上的画感到厌倦，或者过了很长时间后它们的价值已经上升了很多，我会把它们转手。这个时间可能是15年或者更久，这不像股票市场，你要有耐心，你也必须爱你自己买的东西。不然买下来有什么意思呢？我从来不是为买而买，我买油画通常是因为家里某面墙的某个位置需要挂些东西。我会从经销商那里拿来目录，浏览一下，寻找适合的东西。如果对哪样东西感兴趣，就告诉苏富比拍卖行，他们会送来一份检验报告，还有从各个角度拍的照片。

他们会在油画的后面放一盏紫外线灯，这样你就可以清楚地看到画布什么地方有破损，什么地方被后期修补润色过。如果破损和修补太多，我就不买了。我有几次没有看到实物就买了下来，结果拿回来一看，大跌眼镜。有时候商品目录里的颜色比实物要饱满。当你把它买回来，站在它面前仔细端详的时候，它就是没有那种你以为它应该拥有的活力。这个时候我就会把它放在一边，想办法转手卖掉。总的来说，当你环顾四周，你总是能认出哪些画是名贵的——它们色泽饱满，栩栩如生。

等我死后，我的孩子们肯定会说："这些东西我们怎么处置好呢？"然后他们会拿到易趣网上卖掉。不过，他们所有人，都曾在生活中的某些时刻满屋子转悠，数着油画中的少女胸脯，或者数着骑士手中的剑，所以这些画还是有一定的影响力的。不久前，我的儿子阿拉斯泰尔看着《圣塞巴斯蒂安》这幅画（它挂在洛杉矶住所厨房外面的墙上，画中人身上插着箭），问我画中描述的是什么故事，为什么那个人赤身裸体地被箭射穿胸膛。我很高兴能跟这个小家伙讲述一下整个故事——因为他没有罚中点球。

有时候，如果我睡不着，我就会起来数数自己有多少幅画。我从一个房子走到另一个房子，从一个房间走到另一个房间，"一，二，三……走廊有八幅，哦，别忘了洗手间里那幅。"必须是油画，还必须是加框的，不然就不算在内，素描之类的都不算。通常，数到130左右的时候，我就萌生睡意，可以回去睡觉了。

第 14 章

首次离婚

> 主人公家里来了不速之客，主人公在伦敦的红色双层巴士上跟他的妻子闹翻。他试图骗过鲁珀特·默多克，没有完全成功。

1982年10月底的一个下午，有人按响了我在卡洛伍德路住宅的门铃。我当时并不在家，正在工作室里录制《肉体愿望》（*Body Wishes*）这张专辑。阿兰娜正在家里带孩子，当时金伯莉三岁，肖恩两岁。她拿起对讲机。

一个男人说："罗德在家么？这里有人想见他。"

门外站着一个脖子上挂着相机的男人、一个中年妇女和一个18岁的女孩子。这个男人是伦敦《周日人物》的摄影记者，中年女子叫"伊夫琳·休布伦"，而这个18岁的女孩子就是我在1963年送人领养的女儿——萨拉。

我对她的出现已经有了些心理准备。在这之前的几个月，我们就已经接到过英国媒体的几个电话，显然，有人在跟进这个故事。我也跟阿兰娜说过这些电话，她也知道很多年前发生的那些事。我跟布里特在一起的时候，也曾告诉她当年的这段经历。我在18岁的时候曾经有过一个孩子，并把她送人领养这件事，我没有瞒着任何一个跟我认真交往的伴侣。

不过，当萨拉真的出现，还带着媒体的时候，阿兰娜还是大吃一惊。1981年底,当萨拉刚满18岁的时候,她的养父母,布里格迪尔·休布伦准将和伊夫琳(他们在东萨塞克斯郡把她抚养长大)就告诉她我才是她的亲生父亲。现在,一年之后,伊夫琳和萨拉就在门口,还带着一个记者。阿兰娜感觉像中了埋伏一般,她告诉他们我不在家,然后马上打电话给我。

"罗德,记者现在家门外,跟你女儿一起。"

我当时有点混乱的感觉。很难描述那种复杂的心情,不过恐惧是最主要的,同时也感到被冒犯了。她为什么要跟媒体一起来呢?我跟阿兰娜一样,担心其中有陷阱,于是联系了我那个镇定的头脑清醒的律师巴里·泰尔曼。巴里接手了整件事,他给记者打电话,告诉那个养母伊夫琳,跟她解释我准备见萨拉,但是绝不可以有记者在场。大家约好第二天下午在"唱片工场"录音室见面。

第二天,我在一间空屋子里焦急不安地等待着。她长什么样呢?我看到她会是什么感觉呢?她看到我又是什么感觉呢?她会怎么对待我呢?这些问题在我的脑海里盘旋。萨拉终于走进来,动作有些迟疑,衣着朴素得体,她一看就是我的女儿,我看着她就像看一面镜子。可是,我却不认识她。是我的,又不是我的。我很想过去抱抱她,希望可以这样开始我们的亲情。可是,当时的情形如此刻意和古怪,屋子里又有其他人(她的养母和巴里都在),想要表现得自然,几乎是不可能的。

她一开始侧面朝我站着,有点小心翼翼的感觉。我们在沙发上坐下来之后,我尽量靠她近一点,表现得像父亲一些。我给她几张专辑,这可能让她觉得我对她像对待粉丝一样,不过我也不知道还能做什么。我自己也在出汗发抖。我说:"我希望你能理解这件事。"我还问她有没有见过她的生母苏珊娜,她说没有。我说:"你知道,我现在有一个家庭。我可能很难使你成为这个家庭的一部分,如果这是你想要的。"她摇摇头,说她并不是为这个来的。她有自己的家:甜蜜、可爱、关心她的父母。她只是想要看一下我。

在这样的情形下，建立联系也很困难。会面很快就结束了。我感到心力交瘁，心情沉重。我同时也觉得很生气：气萨拉和她的养母让媒体操纵她们，气媒体利用她们。这本来应该是一个温馨的私下团聚，结果却变成一个冰冷的、公开的会面。虽然《周日人物》被拒绝在会面场合之外，但他们还是借题发挥了一番，发表了一篇题为"罗德的爱女"的报道，洋洋洒洒两大页，全是胡扯。伊夫琳和萨拉后来都给我写了长长的道歉信。我想，她们是真的不了解这件事对我的影响，并且对小报的看法过于天真。不过这真的是个很糟糕的开始，萨拉和我需要在别的场合重新建立联系。

* * *

阿兰娜在萨拉出现的事件里给了我忠实的支持，不过到1982年的时候，我们的婚姻已经出现一些无法弥补的裂痕。冲突的焦点是我花在工作、足球和朋友上的时间太多。

我喜欢阿兰娜的朋友，也很快将她们当作我自己的朋友。阿兰娜的社交圈，她给我展示的洛杉矶上流社会，对我来说很有吸引力，我也积极投身进去，过得很开心。不过我在内心深处依然是一个来自伦敦北部的家伙，喜欢跟自己的足球队友和乐队成员一起到处晃荡。这些家伙跟阿兰娜平常社交圈里的名人比起来，当然没有那么光彩夺目，她不喜欢请他们来家里做客。如果他们过来，或者我带他们回来，她通常会用冷冰冰的态度把他们逼走。她好像把他们看作一种不良影响，认为就是他们鼓励我在外面待到很晚，而且一直喝酒——她当然不是毫无道理。当我跟她争论，说我们的生活都围着她的朋友转，她就说她觉得我的朋友远远不及她的朋友有趣，我就说她势利。这样说她可能不公平，不过她真的很挑剔。在别人邀请我们参加宴会的时候，她居然会直接问："还有哪些人会参加呢？"

1981年12月在洛杉矶会堂演出后的一件事清楚地显示了这种社会阶层差异。那一年我在那儿连演四晚，最后一晚，我雇了一辆伦敦的红色双层巴士，把我的朋友和家人载过去。那不是辆普通的双层巴士：它的下层有一个吧台，让每一个人到会场的时候，都喝得醉醺醺的。我决定在演出结束后跟大家一起坐巴士回家。但是，阿兰娜觉得跟我的伙伴们一起坐在摇摇晃晃的老巴士上一点也不好玩，她希望我们两个坐豪华轿车回去。而我觉得她应该跟我一起。我们在巴士上继续争吵，最后我跟她说，她不想坐，可以下车。她马上就下车了。当时是半夜，我们正在英格尔伍德附近，离家还有几英里。她在一个电话亭打电话给警察，警察开车把她接走了。我哥哥唐再开车去警局把她接回来，她伤心地哭了一路。

在我们婚姻的这段时期里，外出玩乐和派对都减少了——这是冲突的另一个原因。在金伯莉出生六个星期之后，阿兰娜患上了单核细胞增多症，而且在照顾金伯莉的忙碌的一年里，她一直没有完全康复。然后，在肖恩出生之后，她又感染了疱疹病毒，这种病毒会让人感觉疲倦，无精打采。我对她不仅没有表现出应有的同情和理解，而且因为自己活力四射，也希望她跟我一样。她现在精力不足，而且喜欢留在家里陪孩子。

我星期天会出去跟我的流放者球队一起踢球，然后大家会一起喝点酒。这样，我回到家里的时候，通常是下午两三点，午饭已经在烤炉里干掉了，阿兰娜就会怒气冲冲。然后接下来的两天，我们就冷战。她不懂我为什么非要出去，我则在想，我之前认识的那个爱玩爱熬夜爱派对的女孩子哪里去了。当然，那是因为她现在是三个孩子的母亲，其中两个还是我的孩子。不过我当时不够成熟，不能理解这一点。

我开始把阿兰娜称作"陆军部"。我们每次在"无稽之谈"酒吧聚会，都是我先站起来说："好了，差不多喝完这一杯就回家吧。"乐队成员们都知道阿兰娜是那种"然后那个妻子出现了"的类型。每当她走进来的时候，他们就会有种寒意。故事通常是我们正玩得开心……然后那个妻子出现了。

当时我们两个人都固执任性，一点也不知道如何妥协或者商量事情。我们只会生气，然后沉默。当然我们从不动手，只有一次，在戛纳的一个酒店房间里，阿兰娜气坏了，拿起电话听筒朝我扔过来。可惜听筒是连在一个有弹性的绳子上的，它像回旋镖一样飞了回去，打在她的前额上。

一天早晨，我们醒来的时候，发现房子的外墙上有人用黑漆刷了几个字"阿兰娜食人鱼"——我俩都吓了一跳。我们一直没有查出是谁干的，或是为什么要这么做。有些人觉得是阿兰娜唆使我解雇了的两个工作人员。但是，事情并不是这样子。确实，两个跟了我很长时间、跟我关系密切的工作人员在这期间被炒，不过我有充分的理由这样做，而且跟阿兰娜没有什么关系。

首先是解雇了托尼·图恩，我的私人助理和自封的公关，倒不是因为阿兰娜讨厌他（她确实也讨厌他）。托尼被解雇是因为他自己判断失误，不够审慎。有一次我们去夏威夷，酒店住满了，我跟阿兰娜带着肖恩和金伯莉住一间，我们让托尼和当时七岁的阿什利一起住在隔壁的一个双人间。托尼那晚在酒吧里找了一个人，然后把他带回了房间。第二天早上我就解雇了托尼。

托尼对我的报复由此开始。他跟媒体说，我在圣迭戈的一个同性恋酒吧跟一帮水手鬼混，然后不得不到医院的急诊室去洗胃。这个故事从此载入了我的历史，各种版本稍有不同（提取液的数量略有波动：七品脱，三盎司，半夸脱，这是一个相对开放的领域。）不管你怎么讨厌托尼·图恩（愿上帝让他的灵魂安息），他很擅长他的工作。

郑重声明：这个故事所说的那一晚，我住在威尼斯的西普里亚尼

225

酒店。我从未跟一个水手鬼混，更不用说一帮水手了。我也从未洗过胃。在此澄清，以便消除误会，一劳永逸。

离开我的团队的还有比利·加夫，我的经纪人，我们合作已经13年了，从我加入脸孔乐队开始。我们的争吵是在1982年爆发的，当时我的私人飞机正载着乐队穿过美国的中西部，我们当时在做《今夜我属于你》这张专辑的巡演。途中，我让加夫（他正裹着他心爱的白色裘皮大衣）给吉他手罗宾加一点薪，加夫拒绝了，说没有足够的钱。这让我很吃惊，因为我们已经巡演挣钱三个月了。我开始关心钱去哪儿了，到底是怎么回事。加夫有个习惯，只要别人质疑他，他就会暴跳如雷——当时他就是这个样子。于是，接下来的航程里，我跟他就一直互相吼叫。一下飞机，我的经纪人就飞往巴黎，不再接我的电话。我觉得这样不是很好。于是在1982年3月3日，我给他发了一封电报："你在回避我。我对目前状况很不满意，合作关系就此结束。罗德。"

为了正式跟加夫解除合作关系，需要出席劳工委员会的听证会。这件事发生的时候，阿兰娜表现得很好。尽管我俩关系有些问题，她还是坚决站在我这边。听证会那天早上，她穿着一条黑色的裙子，戴着一顶有面纱的黑色帽子，就好像一个寡妇为她刚被谋杀的丈夫寻求公道——非常戏剧化。加夫则到得比较晚，衣着凌乱。劳工委员会的委员听取了双方的证词。我方指出加夫违反了加州法律，因为他同时负责经纪人、唱片公司和音乐出版事务——这三者之间是有利益冲突的。（我居然让这样的事情发生，真的是太疏忽大意了。我恨自己犯了这样的错误。）委员建议我和加夫商议解决。于是我们很快协商出一个解决方案。加夫必须选择和解，不然他有可能需要交出他这些年来挣得的所有佣金，那可不是一笔小数目。他放弃了他在我的唱片录制和出版方面，以及演唱会录制和电视节目方面的权益；我放弃了我在丽娃唱片公司30%的股权。这家唱片公司是加夫在1975年开的，负责我在英国的唱片录制。跟他解除了关系，我如释重负。

现在我需要一个新的经纪人，这时候，阿兰娜又帮了我一个大忙，她让我跟阿诺德·施蒂费尔谈一谈。他并不是音乐圈的，他是一个年轻的精力充沛的制片代理人，在威廉·莫里斯经纪公司工作。当时他代理着阿兰娜的几个著名的影星朋友。阿诺德来到我家里，跟我谈了谈。他说虽然他对音乐界完全不了解，不过他相信自己可以用他目前的那些策略帮助发展我的事业，他已经成功地代理了不少演员、导演和剧作者。这对我来说很有吸引力。我想不想再找一个传统的摇滚乐经纪人呢？答案是否定的，在我看来他们大多数都是缺乏幽默感的恶霸或者奸诈之徒。于是我和阿诺德决定尝试一下，他去跟威廉·莫里斯经纪公司解约，与此同时，学习音乐圈常识，了解一些音乐圈术语像"音乐企划"、"巡演工作人员大巴"、"全权通行证"之类的意思。这个选择证明是非常正确的。我们合作了很棒的30年，现在依然在一起。

我婚姻中的裂痕在继续扩大。1982年夏天我们全家去西班牙度假，看苏格兰队在世界杯中的比赛。我父亲、我的哥哥们、我的姐夫和我都去看比赛，然后喝得醉醺醺的，很晚才回到住处。阿兰娜和我当着我父亲的面就大吵了起来，父亲很心烦，他站在我这边："她就不能理解么？这是世界杯。男人们就这一天做点自己想做的事情都不行么？"

当然，确切地说，比赛不止一天，是三天——每场小组赛一天。不过，我赞同他的观点。在这届世界杯里，有15分钟苏格兰队领先强大的巴西队，最后以4：1的比分负于巴西队。即便如此，1982年的夏天对于斯图尔特一家来说还是充满节日气氛的。不过，这种感受阿兰娜始终未能理解。

另一个对我们关系不利的因素是阿兰娜对超自然方面日益增长的兴趣。她一直就对这方面比较感兴趣，不过80年代初期，这类事物在加州尤其盛行，她的兴趣也愈发明显。她喜欢在洛杉矶的一家叫"炼金术之屋"的店里买些许愿蜡烛。据说你把你的愿望写在纸上，放在蜡烛的下面，你的愿望就会实现。我不确定里面有没有什么科学原理。如果她用这个许愿蜡烛帮助苏格兰队赢几场比赛，我可能会跟着相信。既然她没有，那我就保留自己的态度。

她还参加各种各样自我发现的集会。这种集会里，你可能会一边用扫帚把重击一个皮袋子，一边大喊你多么恨你的父亲之类。她还开始关心数字命理学。阿兰娜有一个叫"琳达"的密友，她自称是某种灵媒，阿兰娜喜欢就我们要坐的飞机航班数字和旅馆房间数字向琳达咨询，以确保它们对我们没有什么不利，比如我们应该住343房间，而不是342之类。我个人觉得她迷信这类东西跟疯子没啥区别，不过各人观点不同，见仁见智。这些事情只是又一次证明我跟阿兰娜之间缺少共同点。

* * *

1983年夏末，我去看一个叫作"组合"的电影试映。这是一个讲述"精英模特经纪公司"旗下模特生活的纪录剧情片。这部电影没有《公民凯恩》那么经典，不过银幕上的一张面孔深深地吸引了我。我很想见到她。为了得到见面的机会，我的经纪人跟她的经纪人说我为她写了一首歌，这当然是彻底的谎言。不过它使我得到了跟凯莉·恩伯格共进晚餐的机会。

不过在这次会面之前，9月初的时候，我应邀去艾尔顿在英国温莎的豪宅过了一星期的派对与球赛的生活。我喜欢待在艾尔顿家。床上总是摆着好多贵重的维多利亚布偶，你要先把它们移开才能睡觉。那儿的生活总是让你觉得很舒服，那里很热闹，不过（不说你也明白）有一点同性恋的味道。于是我自己找了卡拉·迈耶斯过来跟我做

第 14 章 首次离婚

可爱的凯莉·恩伯格，让我这么搂着她。多么棒的女孩！

伴，她是一个我认识的漂亮可爱的美国模特。

我是在 1983 年 6 月的巡演中认识卡拉的，有些很巧合的事情发生。我们当时在柏林演出，演出那天我去了一家咖啡馆，对面正在进行时装拍摄。我看到她，觉得她长得很可爱。她正忙着，完全没有看到我。我也没有多想。后来，我在台上演出的时候，去观众席里拉一个人跟我合唱《美腿》（*Hot Legs*），结果在前面的人群里就有卡拉——我之前看到的那个模特。于是，她就上台来，一开始有些拘谨，后来就又唱又跳，对着麦克风很合拍地唱了几句"我爱你，宝贝！"

这首歌结束之后，我让工作人员带她到舞台一边，等演出结束后请她吃晚饭。晚饭时跟她聊了聊，我了解到她是摩纳哥的艾伯特亲王的前女友。我们度过了一个甜蜜纯洁的夜晚。两周之后，当巡演到巴黎的时候，她当时刚好住在那里，我们又见了次面。后来，她搬回到纽约后，我偶尔会见她一下。

我们在艾尔顿家度过愉快的一星期，在回程的航班上发生了一些滑稽的事情，那段时期我好像总是碰到这样的事。

我们订好乘协和飞机飞回纽约。卡拉本来订的航班要早几个小时，不过我把它更改了，这样我可以跟她在温莎多待几个小时。如果运气好的话，还可以跟她在纽约共度一晚。当时，我的经纪人阿诺德跟我在一起，他耐心地指出，我如果跟一个高挑的金发模特一起走进希思罗机场的话，很难不引起媒体关注，继而流言传到我妻子的耳朵里。于是我们安排好行程，分头到机场，在飞机上，我们的座位也会隔开。

一切都很顺利。卡拉和我先后进入机场，彼此毫不认识的样子。飞机里坐着的都是西装笔挺的商人，而卡拉穿着一件黑色的皮夹克、一条红色的皮短裙和一双红色的漆皮高跟鞋。不管怎样，我们各自就座，之间还隔了三排座位。我觉得我可以松一口气了，我们应该不会引起任何关注。

可是，当我们在跑道上等飞机起飞的时候，我发现阿诺德突然面如死灰。他说："现在不要四处张望，你看到卡拉坐在谁的旁边吗？"

我回头一看。卡拉正坐在传媒大亨鲁珀特·默多克旁边。

妙极了。我的秘密情人正欢快地和一个差不多拥有西方世界所有报业的人聊天。我想立刻拔腿开溜，不过阿诺德倒是冷静下来。"没事，"他说，"机舱的门就要关上了。就算默多克察觉了什么，他也不能在我们降落之前打电话。"（那个时候飞机上还没有手机和电话之类。）

就在那时，机长宣布："飞机有点小问题，请大家先回到候机大厅……"

回到候机大厅后，因为担心鲁珀特·默多克正在往机场电话里塞硬币，阿诺德也打了些电话，做好应战的准备。最好的策略是安排一个可信的"罗德·斯图尔特的女友"身份的人在肯尼迪机场接我，糊弄一下媒体，然后让卡拉乘机溜走。不过，这个时间纽约那边是半夜。阿诺德尽力能找到的只有桑迪·哈蒙，她刚好是一个美女，不过个子不高，深色头发，中年，而且是犹太人。

我说："桑迪？桑迪·哈蒙？"

阿诺德说："投入一点。演好这个角色就没事了。"

到了肯尼迪机场，那里满是摄影记者，警察甚至都拉了警戒线来维持秩序。阿诺德安排好的人很尽责地来接机，不过记者们已经看到了他们预定的目标卡拉，于是他们都跟着她出了机场。

在机场有一辆豪华轿车等着我。卡拉上了一辆出租车，我们在梅菲尔丽晶酒店会合。她确信自己没有被跟踪，但是过了一会儿，我从房间窗口往下看时，在酒店对面的63号大街上停着一辆平板货车，上面挤满了狗仔队。

由于我还有一个约会要去，于是我无耻地告诉卡拉我要去开一个商业会议，让她自己玩得开心。然后我就从酒店后门溜了出去，去赴我和凯莉·恩伯格的约会。我到得很晚，我们一起吃了顿晚饭。我对她一见钟情。

第二天下午，我回到卡洛伍德，钻出汽车的时候，看到阿兰娜一脸怒容地站在车道上，她已经看到报纸上登载的"罗德在肯尼迪机场的神秘金发女友"的照片。

* * *

分手的过程是缓慢而折磨人的，并且穿插着试图和好的种种尝试，我们时好时坏。又是这样，我在结束一段感情方面总是不够干脆。我们决定分开一段时间，看对彼此是不是有帮助。但是，那个时候我已经开始在见凯莉·恩伯格，而阿兰娜对此毫不知情，所以这个和好尝试注定是徒劳的。我搬出了卡洛伍德，在比弗利山庄租了一栋房子。当我一个人在房子里晃荡的时候，总是觉得很悲哀。于是我就搬到吉姆·克雷根那里，他住在好莱坞山庄的一栋小房子里，在日落大道对面。他最近刚好也跟妻子分居。有人跟你早上一起喝杯茶还是不错的，不过，当我把杯子放在床边的时候，我总是抱怨："我敢说猫王绝不会过这样的日子。"我在那住了五个月。每天下午，我会去学校接孩子，把他们送回卡洛伍德，跟他们一起在泳池里玩耍，然后再离开，感觉糟透了——分居后的父亲做的常规工作。

卡洛伍德继续开着各种宴会，但是我都不被邀请。我的助理马尔科姆总说："他们在那里，喝着你的酒。"我有时开车经过，看到各式各样的车停在外面，心里想着："这些人在我家里玩得很开心。"不过，内心深处我并不介意。毕竟，如果阿兰娜能找到另一个人，也许一切问题都解决了。杰克·尼科尔森好像有点可能，我希望他和阿兰娜能够在一起——他们后来也确实有一段时间在一起，不过是后来的事了。有一天下午，我看完孩子们后从房子里走出来，看到约翰·麦肯罗正要开进车道。他看到我，于是又开走了。我很想一路追在他后面喊："别走，回来。没关系的。我真的不介意。"

然后，有一天阿兰娜跟朋友吃完晚饭后，从纽约给我打电话："凯莉·恩伯格是谁？"

我说她是我偶尔遇见过几次的人。阿兰娜说："你要跟我说实话。"我们约好在卡洛伍德吃晚饭，然后我告诉她我对凯莉有感觉，不过我不想结束我们的婚姻，失去她和我们的孩子。阿兰娜跟我说，我需要想清楚，做个选择。

就这样又过了几星期，我知道自己想要离开，可是回去看到孩子们，又觉得内心十分纠结痛苦，举棋不定，也让阿兰娜感到很灰心。1983年12月，我们最后一次努力修复关系。我们在切尔西的老教堂街之前住过的地方租了一栋房子，打算共度一个美好的伦敦圣诞，后来证明这不是一个好主意。我先从洛杉矶跟孩子们一起飞到伦敦。阿兰娜，因为在电视剧《乔装》里面饰演一个角色，所以直到圣诞节早晨才到。可是我们都情绪低落，高兴不起来。我去拜访父母的时候，甚至没有带她一起去。后来，谈话又涉及到凯莉，我承认我还在想念她。阿兰娜收拾了自己的行李和孩子们的东西，离开了。

伦敦那次圣诞是压倒骆驼的倒数第二根稻草。最后一根稻草是不久之后，1984年初，阿兰娜得知我带去夏威夷度假并制作歌曲的团队里有凯莉后，当天就申请了离婚。

直到1987年3月，整个离婚手续才办完。依照离婚协议的要求，我给阿兰娜和孩子们在布伦特伍德买了栋房子，卡洛伍德还是归我。我父亲之前怎么说的来着，我34岁就结婚太早了，结果证明他说的有一定道理。阿兰娜指责我不成熟，也不无道理。我还需要一段时间才能更成熟些。

题外话

> 我们的主人公把英式足球带到了他的新国度，几个足球掉到了大洋里，还研究了在运动健康领域把"泥石流"和维生素注射结合起来的可能性。

我从童年开始就把足球和家联系在一起，我父亲所在球队的那些队员常来我家，足球一直是我们生活的一部分。就像歌里唱的那样：我在哪里脱下衣服洗涤，哪里就是我的家。所以，到了洛杉矶，只有找到一支球队一起踢球，我才能找到一种家的感觉。我跟一帮英国来的移民一起，每周四晚上在比弗利山庄原来的消防站那里踢一场临时组队的球赛。这些人里有电工、木匠、销售员（他们都想在美国挣口

233

饭吃），没有什么明星——除了我，不过我在球队里没有享受任何特殊待遇。我们会在一起踢两小时球，然后去日落大道的"无稽之谈"酒吧喝酒。就是我们这群人，后来在1978年组成了传说中的洛杉矶"流放者"球队。球队在传奇的莱昂内尔·康韦管理之下，经历了最辉煌的一段时期。他可能是世界上最好胜的人了。

我们曾半开玩笑地考虑过把队名取作"汉密尔顿学院全明星队"，来纪念鲜为人知的苏格兰队，也考虑过"可卡因全明星队"，不过，我们最后明智地选择了"流放者"这个名字。我们转到马利布的一个场地踢球，不过球老是掉到悬崖下面。我们又在曼哈顿海滩上找到另一个场地。因为没有统一的球服，很难算一支正规的球队。我说服彪马公司给我们提供一些免费的球衣。我们很快在太平洋海岸足球联赛中占有一席之地。每周四晚训练，每周日早晨比赛：生活回到原来的模式，要多快乐有多快乐。

在1985—1986年赛季初，有人礼貌地跟莱昂内尔建议，他的球员时代已经过去了，他应该专注乐队管理。莱昂内尔是一个音乐发行商。他受到这话刺激，从此专注得不得了。他办公室的助理都被严肃告知，所有跟球队有关的电话要优先处理，甚至排在音乐发行前面。同时，他还采用了一个全新的征募球员的方法。因为莱昂内尔注意到来自英国的移民不是一个很稳定的球员来源：这个星期他们在，下个星期就不一定了，因为可能被移民局带走了。

于是，莱昂内尔开始在一个更稳定的人才库里为球队物色球员——加州大学洛杉矶分校的当地大学生。其中有些是校足球队的，参加过全美大学生足球赛，还有些是毕业后加入美国职业足球大联盟的。莱昂内尔用酬金来吸引他们，而且是用他自己的钱，出场费，赢得比赛的奖金，进球的奖金——各种名目。有一个赛季，莱昂内尔在流放者队的薪酬上花了大约三万美元。

球队开始蓬勃发展，甚至进入了美国国家杯在纽约进行的半决赛。那场比赛前一晚，我因为要在亚特兰大演出，所以不能参赛，不过第二天早上我就坐飞机赶过来，到的时候已经中场了。当时的比分是1∶1，球队必须全力以赴，对手是异常专注的希腊移民队。不幸的是，我还带来两个亚特兰大黄金俱乐部的脱衣舞女，跟我一起坐在替补席上分享观战的激动。我和乐队成员在演出结束后常去那个俱乐部玩。虽然她们现在并不在工作，但两个人都穿得很少——裙子极短。结果流放者队严重分心，4∶1输掉了比赛，还有两个人被罚下场，对全国冠军的角逐到此结束。我到现在依然责备自己。

神啊，我们能不能认真对待自己呢？我之前听说过维生素注射液。据说这可以神奇地提升能量水平。所以我让一个医生在赛前过来，给全队注射维生素。于是，出现了难忘的一幕：球队队员排成一排，短裤都褪到脚踝上，医生拿着注射器，从一个人的臀部移到下一个人的臀部。注射维生素与否有没有区别呢？一点也没有。不过你需要不断尝试各种新方法，只要它们有可能提升那关键的百分之一的能量。

话是这么说，健康在比赛之后就总是处于次要地位了。不管球赛是输是赢，我们都会饮酒庆祝。好几个球员因为比赛后的痛饮，都有酒驾记录。球队最喜欢的赛后鸡尾酒是"泥石流"——混合了伏特加、咖啡甜酒和百利甜酒。我们会把酒排成一行放在吧台上，不过谁也不许碰，直到我们先唱完"泥石流"赞美诗："泥石流，泥石流……"用《奇异恩典》的曲调来唱。而且只要稍有借口，我们就开个颁奖晚宴，尤其是穿晚礼服的那种正式宴会，而且场地基本都设在我在卡洛伍德的家里，有奖杯、致辞等。

流放者球队是极端的、稚气的、轻信的，对足球着迷到疯狂的地步。对我来说，他们就跟加州的阳光一样，是洛杉矶生活最美好的一部分。

另一个同样要归功于莱昂内尔的是（这件事对我最终完全融入美国功不可没）在电视上看英国足球赛。莱昂内尔最早安装了卫星电视系统，在他的花园里放置了一个直径九英尺的圆盘。这个巨大的金属盘看上去好像是用来跟火星联系的，不过实际上它只是播送英国的足球赛。这种卫星电视本来是放在酒吧里用的，不过莱昂内尔设法弄到一个放在家里，我让他帮我也弄了一个。我觉得电视信号是从伦敦发送到爱尔兰，从爱尔兰到加拿大，再从加拿大到洛杉矶，每三场比赛里就会有一场的传送信号在什么地方出了问题，然后画面就没了，这种时候我和莱昂内尔就沮丧地相互打电话。"你那里有信号么？""没有。你呢？"

现在，美国电视上的英式足球赛比英国电视上的还多。但是当我刚到这个国家的时候，什么都没有。每当有大赛事发生的时候，就给在伦敦的父亲打电话。他会仔细地把听筒对准正在进行实况报道的收音机。当然，这样会产生高额的电话费用。有时候费用如此之高，我会打电话给电话公司，跟他们说："我觉得这里肯定有点问题。有一条记录说我的国际长途打了一个半小时……"电话公司也觉得这个不太可能，于是会减去一部分话费。

离开足球的日子，在 1975 年的头几个月是最痛苦的。当时为了出国逃税，我必须在英国之外的地方待上 12 个月，哪怕短暂回国看看也不行。有一次，我特地从洛杉矶飞了 5 000 英里到爱尔兰，就为了在那里的电视上看到苏格兰队。世界上会这么做的人可能为数不多。这是一年一度的英国国内锦标赛：英格兰队在温布利球场对阵苏格兰队。我绝不能错过。我把在英国的家人都邀到都柏林的一个酒店里，借此团聚。最后比分 5∶1，负于英格兰队，真是惨败。英格兰队的每一个进球耗了我 1 000 英里。算了，能见到家人就好。

幸运的是，1977 年的夏天，我能够自由返回英国的时候，苏格兰队在温布利 2∶1 击败英格兰队，一雪前耻。在宿敌的地盘上得到的这个珍贵的胜利，使得成千上万的苏格兰球迷在比赛结束后越过了那些广告板做成的围墙，跑到了球场上。一个叫"亚历克斯·托兰斯"的球迷还被拍到爬上了球门的横木，跨坐了上去，然后横木就折断了。这件事引发了严肃的争论，这样的行为究竟是在可接受范围内的兴高采烈，还是纯粹的足球流氓行径。我个人感觉这是过于开心，不过我也许没有什么说服力，因为我自己当时也跑到了球场上。

终场哨音一响，大家都往球场上奔，我跟父亲说："我也要去。"他说："不好，你不要去。"太晚了。我跑到球场边缘的时候，一个警察拦住了我。我把戴的帽子往上提了提，把脸再多露出一点。警察仔细看了看我，然后说："哦，是你啊。那你去吧。"于是我就跑过去了。

脚下踩着这块具有传奇色彩的草地，感觉真好。不过，老实说，你在球场上也做不了什么，就是跟一些有醉意的人一起蹦跶几下。我正跳着，突然被人抓住举了起来。一个人把我扛在他的肩膀上，兴高采烈地往前走。真是令人感动。

回到看台上后，我想看看几点钟了，结果发现手腕上的卡地亚手表不见了。被抢走了！不过，没几天，一位爱丁堡的好心的先生跟我联系，说我的手表好像在他那里。结果，确实在他那里，手表完好无损地回到我手里，这件事也就此打住。这是苏格兰球迷好的地方——全世界最好的，公认的。就算他们有不诚实的时候，也只是暂时的。

那天的其他球迷就没有这么轻轻松松脱身了。一些球迷把温布利球场的草皮扯了几块，想带回家当纪念品，为此他们受到了指控。法庭上，这些盗草者中的一个为自己辩护的时候，是这么说的："你们没有一个好的球队，你们不需要球场。"

我一直在流放者队里踢球，一直踢到 90 年代初期。后来上了年纪，我不得不换一个年龄层稍大的球队。在这些年的比赛里，我并没有因为歌星身份受到特别对待，也没有因此被对手刻意碰撞过。唯一的一次还是在英国的时候，大约 1971 年，在海盖特森林的球场上，我当时正开始有些名气。一个家伙在边界处猛撞过来，他的肘部重重地撞在我的鼻梁上，把我撞得脸部朝下扑在泥地上，还说："你干吗不好好做你的歌手？"在足球界，这就是所谓的"让对手知道你的厉害"。我父亲对此一点也不同情我，而且他可能也不了解医学上的突破，建议用牛皮纸和醋来处理伤口。就是因为这个，我的鼻子变成了现在这个样子。

足足过了40年，在2011年的时候，一个外科医生说他可以帮我把鼻子弄直。他觉得可以用两根手指伸到鼻孔里，然后把它复位。"不过这样做有可能改变你的嗓音。"他说。

我听到自己内心有个声音在说："谢谢，不用了。"

第15章

游戏花间

  主人公爱上了一个超模，又买了一栋房子，思考了大蓬头的效果与好处，回顾了各种各样令人烦恼的琐事。

  1983年9月，在经历了忙碌的一天之后（中间牵扯到一个穿皮衣的模特、鲁珀特·默多克和稍微有些耽搁的协和航班），我终于赶到纽约和凯莉·恩伯格共进晚餐。

  我们约定的时间是晚上8点半。时间一点点过去，凯莉躺在格林尼治村公寓的床上，穿着晚礼服，心里想着是要等下去，还是直接睡觉。

  最后大约10点钟左右，我到了，从大堂给她打电话。当她走出电梯的时候，我跑过去跪在她脚下。她说："你以为你是谁啊——罗德·斯图尔特吗？"那一刻我意识到自己已经对凯莉·恩伯格着迷了。

  我们去了49号大街的克里斯托牛排馆，那是一家传统古老的饭店，以前黑手党常去的地方，大红的真皮座位，墙上挂着拉娜·特纳的照片。凯莉当时是一个24岁的超模，我是一个38岁的歌手，她只从她姐姐买的专辑里大致知道我长什么样——大致印象是有竖起的头发和一个大鼻子。她是众多大杂志的封面女郎，像《时尚杂志》、《大都会》，更是《体育画报》泳装版的资深模特。她虽然以摆造型为生，却是一个非常甜美自然的女孩，是我遇到过的最不做作的人。很巧，她跟阿兰娜一样，也是得克萨斯人。我好像跟得克萨斯人有种莫名的缘分。

当我开始谈到创作障碍这个话题时，谈话一度有些陷入僵局。通常这个话题会让对方肃然起敬，也可能不会。我能说什么呢？那个阶段我确实开始感受到创作力枯竭，所以经常思考这个问题。我会不断问自己：为什么还没有写出新歌呢？素材在哪里？我上次写出一点很棒的东西是什么时候的事了？我总是不断用这些问题责问自己。

不过，凯莉并没有听得完全失去兴趣。她并没有漫不经心地看四周，也没有打哈欠、哼歌，或是用餐巾折出小动物的形状。

吃完饭，我们开车回到她的公寓，我送她到电梯口。我说："我不能上去吗？"她说："是的，你不能。"然后我说："我还以为也许我可以。"她回答："不，你不可以。"于是我恳求她明天再让我见她一面，但是她说她很忙。她要去宾夕法尼亚装修一栋房子，还有人要过来给她某项工作的报价。我说："请你不要去。取消吧。我会给你打电话。"她笑了笑，进了电梯。

然后我开车回到梅菲尔丽晶酒店的套间里，那里卡拉·迈耶斯还在熟睡。

亲爱的主啊，我以为我是谁？罗德·斯图尔特吗？

* * *

第二天早上，凯莉等到 11 点钟，还是没有等到我的电话，于是放弃了等待，坐车去宾夕法尼亚了。我直到下午 1 点钟才给她打了个电话。毕竟，我在洛杉矶还有个妻子要回去看一下，还有《纽约邮报》上登出的一张照片需要解释。（照片只拍到卡拉·迈耶斯正要坐进出租车时的长腿，但是证据依然是充分的。）

不管怎么样，我对她是专注的。第二天我又给凯莉打电话。她告

第 15 章 游戏花间

诉我她要去达拉斯做个平面画册拍摄。我告诉她我会去那里。她笑了，说："我并不期待。"我专程飞到达拉斯，住进了龟溪酒店。她住在最佳西方酒店。我给她打电话说："过来住在这边吧，这里更舒服。"她说："我不住在你的房间。"然后我说："我给你订一间你自己的房间。"

我给她订了一个房间，在里面放了有一丛树篱那么大的一捧花，附着一张纸条："给一个极美的女孩。"当我知道她已经把行李从最佳西方酒店搬过来之后，我去她的房间敲门，做好准备，让她一开门就能看到我双膝跪在地上，伸开的双手里拿着一卷卫生纸，说："为你。"

在达拉斯，我们只是共进晚餐，聊天说笑，别无其他。我需要追求她。她有一个男朋友，要劝说很久，她才会离开他。接下来的几个星期里，我不断给她打电话。我会查出她在哪里工作，然后在那里出现，给她一个惊喜。我会去摄影师的工作室，编个理由混进去。我不请自来地跑到她参加的一个美宝莲广告的拍摄地，坐在后面试图让她分心。然后我会说服她出来吃个午餐或者晚餐，又或者只是跟她一起四处走走，说一些很蠢的话。"你看到人行道上的这条裂缝了吗？我们不可能再拥有跟它在一起的此刻了。"

我爱得神魂颠倒，她却如此平静。她很独立，一个人坐飞机。我从来没这么试过。我身边一直跟着一个助理。我从来没有带过保镖，因为我觉得自己不需要这个，不过身边始终是有人的。有时候，凯莉还会一个人去电影院看电影。我完全无法想象自己能这么做。她会迷人地一边笑着一边聊天，总是精神很好，洋溢着热情；她是那种没有一点坏念头的纯良的人。有一次共进晚餐的时候，那时候我们还没有进一步的关系，我就跟她说："我想我会跟你结婚。"她说："你疯了吗？真是一派胡言。"不过我当时确实是这么想的。

后来，我们终于成了恋人。有两年，我们都是分隔两地的，一个在纽约，一个在洛杉矶。凯莉有她自己的事业，在曼哈顿也有自己的公寓要打理。她聪明有条理，不可能把这些放在一边。不过即便如此，我们分开的最长时间也不超过十天。在纽约，我们会去剧院，跟她的模特朋友金·亚历克西丝和克里斯蒂·布林克利一起。对我来说，这并不难。然后周末的时候，她会来洛杉矶看我踢球，跟大家一起出去玩，我们会一起喝"泥石流"，喝成对眼。她跟我的朋友相处毫无问题，对那些喧哗吵闹和愚蠢举止都毫不介意。乐队的男孩子们很喜欢她，很欢迎她来"桌子底下的晚餐俱乐部"（一个正式的餐饮团体，晚餐的某个时候，大家都会钻到桌子底下，躲开服务生）。乐队成员有时候吃饭的时候会不穿裤子（个别时候，甚至连内裤也不穿）只用桌布遮着，不让服务生和其他客人看见。凯莉好像对这些也不以为意，没有什么能使她慌乱。

这段时期是 80 年代，正在流行大蓬头——你发型的圆周长度在 1982 年比以往会多出至少四英寸，而且这种情况持续了三四年，不管你想不想这样。可能跟当时的经济发展有关。我的发型从没有像 1983 年那么硕大过。凯莉的也一样，当我第一次在电影《组合》的银幕上看到她时，她的发型也是很蓬的。不过她不是一直弄成那个样子。当她不这么弄的时候，我会花很多时间梳它、吹它，使它蓬蓬的。对我来说，生活在 80 年代，头发不弄到最蓬的状态，是不对的。

我们开始在英国共度一些美好时光。自从我卖掉了克兰本庄园之后，我在英国就没有房子了。那是一幢巨大的乡村别墅，我曾经和迪伊·哈林顿在那里同住，直到 70 年代中期。我搬到美国之后，还把这房子保留了一段时间，我的家人搬过去照看一下房子。不过它实在是太大了，大得有点危险。有一天我姐姐玛丽爬上阁楼，不小心把梯子踢倒了。我父母那时候都已经耳背，房子又这么大，玛丽怎么叫都没人听到，被困在那里几个小时。如果不是后来有人发现，也许我们就再也找不到她了。

第 15 章 游戏花间

这段时期，我父亲常坐我的那辆六门的用染色隔热车窗玻璃的劳斯莱斯，我之前的司机大西里尔给他开车。这辆车曾经是安德鲁·龙格·奥德汉姆的，他是滚石乐队的前经纪人和制作人。父亲会穿着西装打着领带，趿着绒毡拖鞋，从克兰本庄园出发，大西里尔开车送他到阿斯科特赛马场的投注站。有一天他手气极佳，用一点赌注就赢了几千英镑，于是就被管理人员悄悄告知（他们怀疑他有内部情报）他们不再欢迎他来下注。如果父亲不能去阿斯科特赌马的话，住在克兰本庄园对他来说也就没什么意思了。

1986年，我在《乡村生活》杂志上看到伍德庄园，这是位于伦敦北部乡村的一个19世纪末的庄园主宅邸。它所在的位置曾是科普特会堂的一部分，那是个巨大的宅子，战时被用作伤兵医院，现在已经废弃。当温斯顿·丘吉尔还是国会议员的时候，埃塞克斯郡的这部分地区是他的选民阵营地。据说他曾在伍德庄园住过一段时间，在二战的时候，他曾站在楼上的窗口前，看着德军对伦敦的轰炸。那时我才刚出生，阿道夫·希特勒已经山穷水尽，他试图用轰炸杀死我，但未能成功。

这个地方有平整的草坪、湖水、养马的围场，还有足够多的私人空间。更重要的是，它旁边有一大块平坦的地方，我敏锐的眼睛立刻告诉我它可以变成一个我梦寐以求的私人项目——一个真正的足球场。我买下了它，我们很快搬了进去，我现在还记得我和凯莉在新房子里吃的第一顿饭。在一个宽敞的镶木板的房间里，靠着凸窗坐着，周围是几件还没有从箱子里取出来的家具，还有前屋主留下来的台球桌，等待我们的是令人兴奋的浪漫的（稍微有点昂贵的）一起装饰这栋房子的美好愿景。

既然一切都如此完美，为什么我最终还是死性不改，跟另一个女人鬼混上了呢？这另一个女人是电影演员凯莉·莱布鲁克。跟她并不是认真的恋爱，只是一段短暂的风流。她邀请我参加一个电影首映式，我也就回请她跟我一起坐船去卡塔利娜岛。我们喝了一些酒，然后就进一步发展了。我们后来都觉得这样的外出游玩还是挺有意思的，于是决定多聚几次。她是个可爱的女人，英国长大的玫瑰，对个人卫生很讲究。只要事情一往那个方向发展，就要冲到卫生间里洗澡，比我以前在学校里踢完球还要快。不过秉承着及时行乐的理念——我一贯的方式，这一切都很轻松愉快。对于美丽的女人，我是一个不知疲倦的寻求者。"过渡女孩"是我用的术语。我的过渡女孩会很多，因为机会来得很容易，一切看起来蛮有意思的，那些时候我根本不知道该如何抵挡，也因为我以为自己可以全身而退。

我不打算给自己找各种各样的借口，你想想，这个人是凯莉·莱布鲁克。她是电影《红衣女郎》的主演。这部电影说的不就是凯莉·莱布鲁克令人难以抵挡的魅力么？在80年代中期，如果你能找出一个正常的异性恋的男人，已婚的、订婚的或者单身的，在明知可以不被发现的情况下，能够拒绝跟凯莉·莱布鲁克在船上共度时光的机会，我就……好吧，我就会直视这个人的双眼，坚定地跟他握手致敬，因为他显然是一个比我更好的男人，

结果我未能不被发现，全身而退。凯莉发现了我和另一个"凯莉"的事。有一天，凯莉·恩伯格和我在洛杉矶的常春藤餐厅吃饭。凯莉·莱布鲁克就坐在另一桌，我有一段时间没见她了。凯莉·莱布鲁克大胆地，甚至有些挑衅地，让服务生送了张条子过来。（当时还没有发明短信这种沟通方式。）在那张小条子上，她写着："我想你。"凯莉·恩伯格读了这张条子。

除了比被人捉奸在床稍好之外（奇怪的是，这样的事我从未遇上，我在想这样的几率有多大），我当时的处境就是被抓个现行的感觉。如果你没有经历过这样的事，我来告诉你，当一张暴露了你的奸情的纸条放在了你女友的面前，你很难找到一些合适的使她平静的话来说。你不能坐在那里说："相信我，过几年后我们回头看这件事，

第15章 游戏花间

会一笑置之。"你也不能把纸条叠好,扔在自己的空盘子上,然后说:"呃,随便吧。要喝咖啡吗?"我只能做些苍白无力的辩解,坚持说自己是清白的,离开餐厅后还在继续否认。

这件事最糟糕的地方是,就在一年之前,凯莉·恩伯格曾经得到约翰·休斯电影里的一个角色,她接受了,也通过了试镜,但是就在要开拍的时候,因为另外一个女演员的档期空出来,她就被替换了下来。那部电影叫"摩登保姆",替换掉她的女演员叫……凯莉·莱布鲁克。凯莉·恩伯格不是一个心胸狭窄的人,实际上,她很大度。但是,我觉得这两件事放在一起,她想不介意都难。

凯莉回了纽约,因为我的背叛而伤心烦恼。我意识到自己居然冒着失去她的风险做那些事,真是个白痴。于是开始给她打电话,恳求她原谅,想哄她回心转意。她不肯接我的电话,使我更加失去理智。我打电话给她的助理,好几次在电话里流泪。后来,她终于肯接电话了,我告诉她我之前是个蠢蛋,我对她是认真的,这样的事绝不会再发生,我们应该这个周末去西班牙度个假,好好修补一下感情。她本来要为汤姆·福特品牌拍摄宣传照,不过我劝她放下工作,先跟我一起去西班牙。在那儿,我们和好如初。我们决定生一个孩子,这样能够更紧密地把我们两个联系在一起。

也许孩子就是在那个时候怀上的,在阳光灿烂的西班牙。反正,在1986年底,凯莉确定怀孕了,而且是一个女儿。虽然我们不确定,但是我们都这么觉得。凯莉想叫她"露比"(红宝石的意思)。我有点小意见。在我家乡的方言,伦敦的同韵俚语里,"露比"是一种咖喱的名字:露比·默里——咖喱。通常你会说:"今晚我们是在家里吃,还是出去吃个露比?"当我把这个解释给凯莉听时,从她脸上的茫然表情来看,在美国完全没有这样的说法,在世界上其他许多地方也没有。而且,我也承认,这确实是个很美的名字。于是我收回反对意见,她就叫"露比"了。

我们去告知凯莉的父母。我要去得克萨斯州告诉几个我从来没见过的得克萨斯人，我和他们的女儿将要未婚生子。我觉得我能够不被枪打死，或者被私刑绞死，或者两样同时，就是走大运了。不过实际上，他们很友善，能够理解。凯莉的父亲块头很大，幸运的是，性情温和。她的母亲倒更令人敬畏一些，后来我发现她有一副惊人的好嗓子。几年以后，我们在纽约的丽兹酒店共度新年的时候，她站起来唱了一首歌，酒店当场就要跟她签约，邀她做驻唱歌手。她婉拒了。反正第一次跟凯莉的家人会面的时候，我使出浑身解数让他们接纳我，也跟他们讨论到结婚的事，让他们安心。我确实是真心实意的。

在1987年6月17日，清晨6点，凯莉开始阵痛，我们急急忙忙赶到西奈医院，却被告知婴儿至少还要再过12个小时才会出生。我当时正在拍摄一个录像，于是我们商量好，我先趁这段时间去工作，然后傍晚再赶回医院迎接宝宝的出生。在拍摄录像的时候，大家也为宝宝的即将到来畅饮了几杯，所以我傍晚回到医院的时候很兴奋。我之前跟凯莉一起尽职尽责地参加了好多次分娩课程——做呼吸练习，看分娩录像，买产前T恤，各种东西，所以我觉得自己已经做好充分准备，可以为宝宝接生了。可惜，正当我信心满满地走向产床的时候，一位医护人员坚定地把手放在我的肩膀上说："往后站，斯图尔特先生。接下来交给我们。"这些课程可是花了我几百美金呢。

可爱的露比终于出生了——有一根锁骨破碎，可怜的小东西。她还有一个你从未见过的圆锥形头部。也说不定你可能已经看到过了，因为我们敬业的英国媒体摄影师中的一位设法潜入了医院，拍到了我们的新生儿躺在小床里的照片。欢迎来到这个世界，露比。

第二天清早，在一种狂喜、睡眠不足，还有点酒意未消的状态下，我给吉姆·克雷根打电话。他是露比未来的教父，我给他的第一个神圣的任务是：送一些培根三明治到医院，因为我们都快饿死了。

吉姆到现在还不能完全原谅我，因为我让他带着一身烤猪肉的味道穿过洛杉矶最有名的犹太人医院的长长走廊。[1]

* * *

80年代开始的时候，我在各方面都面临着音乐上的挑战。对于那些乐评人来说，我就像降落伞上的一个洞那样不受欢迎。《你觉得我性感吗？》这首歌的喧闹，让这些音乐创作者们认为我已经完全被迪斯科球的炫目闪光和好莱坞的生活方式引入歧途，无药可救了。这只是一首流行歌曲而已，可是如果你拿起一张当时有音乐评论的报纸看的话，那些猛烈的抨击会让你以为我开了一家化学工厂，污染了水资源紧缺地方的水源。

我承认，那段时间我有一些注意力不集中——大约是1979年到1981年。我不是很确定真正的原因是什么，不过我怀疑可能是熬夜太多、派对太多、喝了太多酒、吸食了过多的可卡因引起的。事情走势不对的一个不能忽视的迹象就是，我从来在工作场合都很守时（现在依然如此），可是在那几年，录音定在下午2点开始，而我如果5点能到那边，乐队就谢天谢地了。

我当时是怎样为这样的行为为自己辩护的呢？我可能觉得，作为一个摇滚歌星，我需要喝很多酒、有很多的人际交往，还要适当地有一些花边新闻，而每天只有这么几个小时，只有把摇滚明星这个角色的一些其他方面——像创作歌曲或者排练——搁置一旁一小段时间。考虑到我的时间的不足，这样做是不可避免的。

而且，那段时期我完全没有想过"像一个摇滚明星那样生活"其实是无关紧要的，甚至可能是我需要为之道歉的。相反，那个时候，

---

[1] 西奈医院是犹太人开设的，犹太人禁止吃猪肉。

这样的生活在我看来：有很多乐趣，而且就是我们想要成为摇滚明星的理由啊。如果我没有把酗酒、交往、绯闻视为我职业的一部分，没有尽我的力量在各方面坚持到最后的话，我就会觉得我让整个摇滚圈子失望了。

那我这样对待歌手和录音工作有些懒散的作风有没有体现在我那个阶段推出的专辑里呢？请你们自己下结论吧。（相关的专辑都在大厅里可以买到，演出结束后大家可以自己买回去听听再做判断。）我唯一能说的就是我的那张《愚蠢行为》（*Foolish Behaviour*）专辑里的《激情》，是我母亲在所有我创作的歌曲里最不喜欢的一首。也就是说，这首歌糟得连自己的母亲都无法接受，而我的母亲对我的歌曲一贯是非常忠实的。

在她晚年的时候，我带她去温布尔登剧院看她喜欢的马克斯·拜格雷夫斯的演出。马克斯在演出前特地来包厢看她，跟她说："埃尔西，你今晚有没有特别想听的歌曲？"我母亲说："你能唱《航行》么？"

马克斯·拜格雷夫斯有些挫败地离开了。

《愚蠢行为》是在洛杉矶的唱片工场录制的，我们进入了一个封闭录制阶段，还有唱片公司提供的看似没有限制的资金预算。这对创作其实没什么好处。因为你会想："急什么呢？反正这里花的又不是我的钱。"不过，最终花的依然是你的钱，因为唱片公司会从你的版税里扣掉这部分钱。不管怎样，你当时不会考虑得这么仔细，你只会觉得："真不错，有个我们想用多久就用多久的录音室。要不我们先花14天设定下电子鼓的程序吧。"回想起来，我们在那里录制《愚蠢行为》真的录了好久。我还记得从唱片工场后门可以把一些设备运进录音室，然后我就一直在想能不能把我的兰博基尼运进来。真好，原来真的可以。这辆车在录音室里停了一星期，直到我需要用它时才把它开回家。我们就是一直围着这辆车录音的。

第 15 章 游戏花间

因为一些说不清的原因,我把我的兰博基尼停在录音室里九天,我们围着它录制专辑。不要问我为什么。

事实上,我差不多是一年出一张个人专辑,已经有十年了。《愚蠢行为》是我的第十张录音室专辑,还不算我跟脸孔乐队一起录制的那四张。这样的产量是现在大多数年轻歌手无法企及的。在每年都需要推出新专辑,而其中六个月又在各地巡演的情况下,有时候是会渐显疲态的。

我前面就提到过我对空座位的恐惧。在 1981 年和 1982 年间的巡演里,我有看到一些。在美国,我在沿海城市总是能吸引到大批观众。在 70 时年代,我在美国中部城市体育馆的演出也是座无虚席。而现在,这部分观众好像开始减少。这是个亟须解决的问题。如果你就这样失去中部城市的观众,就有大麻烦了,因为那样你就没办法做大规模的全国性巡演,只好回归剧院——没有大制作,没有宏大的舞台背景,没有巨大的照明设备。再往后退,可能就回到旅行车上的表演了。我现在能接受自己爬到旅行车上演出吗?好吧,如果非要如此,我相信我可以做到。不过只要还有别的选择,最好不要这样。

最重要的是,我热爱体育馆里的演出。我喜欢那里的规模、那里的剧场感、那里的氛围、那种纯粹的演艺界风格。那个时候，我的同龄人大多对在体育馆里开摇滚演唱会的做法不以为然，说那里缺少亲切感，缺乏感情，没有灵魂之类。我的观点则刚好相反。我认为，如果你们觉得那里冷冰冰，没有灵魂，那是因为你们自己没有做好——没有利用好那里的剧场感，没有努力地跟观众交流，没有点燃那里的热情。而我如果不能去体育馆里演出，才会觉得很伤心。

1983年9月，我有了新的经纪人，也做好准备卷起袖子大干一场。纯粹从字面意义来理解也可以：在当时，卷起上衣的袖子是很流行的穿法。我的新经纪人阿诺德，想出了一个策略来使我的唱片事业往正确的方向前进；同时，为了让巡演重上轨道，他又引入了兰迪·菲利普斯，他之前是斯坦福大学的音乐推广人，后来是全球知名的巡回演唱推广公司 AEG 的首席执行官。

阿诺德的第一步举措之一是跟杰夫·贝克的经纪人进行了旷日持久的外交沟通，最终使杰夫出现在我的演唱会上（在之前的章节里有提到过），先是合作了1984年《伪装》专辑里的《迷恋》（Infatuation），后来他也参加了巡演。阿诺德跟他们进行的诸多谈判，复杂棘手程度不亚于中东和平计划。之前已经提过，杰夫并没有参加全部巡演，他只坚持了三场。但是这首《迷恋》使我有了一首真正的摇滚热

轻信的阿诺德·施蒂费尔正在签署经纪人合约，1983年。你不知道你把自己签给了怎样的未来，伙计。

门单曲，同时也向世界宣告，我的所谓的"迪斯科时代"已经结束。《伪装》专辑里还翻唱了一首杰夫·福尔特冈的《有些人拥有所有的运气》（Some Guys Have All the Luck），我曾听罗伯特·帕玛唱过，

第 15 章　游戏花间

所以也想自己尝试一下，还加进了一点克拉伦斯·弗罗格曼·亨利那首《无家可归》(Ain't Got No Home)的那种特别的唱法，希望能吸引一下节奏蓝调的乐迷。而且就算这首歌不是很好，我可能还是会翻唱一下，那样，以后别人写我的故事的时候，就会拿它来做文章标题。

现在我出专辑的节奏变成了两年出一张，不再是之前的一年一张，这样准备更充分些，唱片整体感觉就更经得起考验。所以《伪装》之后过了两年，在1986年，我才推出新专辑《我的每一次心跳》（在美国它就叫"斯图尔特专辑"）。巡演也开始复苏。《我的每一次心跳》引发了我在欧洲规模最大的一次巡演。然后是1988年的《发生故障》。我有一段时间放手让其他人去完成唱片的制作部分——说实话，主要是因为我懒。再说，这些家伙也拿到很高的报酬，为什么不让他们出点力呢？不过制作《发生故障》的时候，我感觉自己又恢复了活力，于是又加入了制作过程。我跟安迪·泰勒和伯纳德·爱德华一起制作了这张专辑。伯纳德一直是我的偶像，他是格调乐队的成员。安迪曾是"杜兰杜兰"乐队的吉他手，现在是发电站乐队的成员。他和我一起给这张专辑写了几首好歌。也不完全是一起。我记得有一个周三的晚上，我离开工作室去参加每周一次的足球训练，当我几个小时之后回来，他已经作了一首曲子，就是后来的《为你迷失》(Lost in You)。我给曲子配上了歌词。

虽然换了制作人，不过其他方面还是老规矩。乐队和我到达录音室的时候，依然没有任何既定的曲子，大家需要在工作室里相互启发，才能创作出歌曲。我们开工之前照例要去隔壁的酒吧喝上几杯。唱片工场在西三街上，它隔壁的那家"随从"酒吧被我们称为第二工作室，我们在那里待那么久，以至于唱片工场的主人克里斯·斯通在控制室和酒吧之间接了一条电话线。克里斯后来干脆在工作室里面为我们建了一个酒吧，里面有酒吧的高脚凳、酒吧钢琴，还有一个掷飞

251

镖的圆靶。我们喝上一两杯，然后就会去控制室工作。

这种做法，在外界看来，也许会显得有些不负责任、不够专业。不过我告诉你吧，我们有几首最好的歌曲就是在酒吧里创作出来的。有时候，我们能够通过激烈的讨论就创作出几首完整的歌曲。"你这样做……然后我就……然后我们在它下面再加上……"《青春永驻》（*Forever Young*）是这个阶段我录制的最成功的歌曲之一，它就是完全在这个酒吧里完成的。这个歌名取自迪伦的歌，我想把它再加工一下，吉姆·克雷根、凯文·萨维加和我一起反复讨论，然后我们走进录音室，完成了录制。

不过我当时差点把这首歌从专辑里去掉了。我们正一首首听下来，讨论着混音的问题，当我们听到《青春永驻》的时候，我说："我不太喜欢这首歌。我们把它去掉吧。"有点像当年《麦琪·梅》的情形，我不确定它是否有足够强的吸引力。突然，一个叫史蒂夫·麦克米伦的技术人员开口了，他在整个制作过程中都一直默默工作，从不发表任何意见。他大声说："我要是你，我绝不会把这首歌去掉。这是你整张专辑里最好的一首。"

我们都愣在那里，目瞪口呆，因为史蒂夫居然开口说话了。然后我们把整首歌再听了一遍，意识到他是对的。后来，我因为这首歌而获得格莱美提名，这首歌在美国人人传唱，享受着国歌一般的待遇。人生里，有些事情你可以计划，但有些事情真是天意。

《发生故障》专辑里有四首歌在美国成了热门金曲，也标志着我在美国某种转型的完成。另外，专辑里的那首《我的心不能对你说不》（*My Heart Can't Tell You No*）在英国也跻身十大金曲。这消息让我很欣慰，因为我在自己出生的国度好像总是处于一种尴尬的状态。美国听众喜欢的那种重摇滚风格的歌曲在英国就不太受欢迎，而英国听众喜欢的那种偏流行音乐风格的歌曲，像《航行》、《宝贝珍》、《我不想多谈此事》，在美国反响就没有这么热烈。为此，我和阿诺德还在伦敦跟罗布·迪金斯认真开会讨论，他是华纳兄弟公司在英国分部的主管。

我认识罗布很多年了。他刚进唱片公司工作的时候，有一次来"流行之巅"节目的后台看脸孔乐队。据说我当时转身问罗尼·伍德："这傻瓜是谁？"这里给年轻的音乐人士一个忠告：对你周围处于上升期的人要有礼貌。说不定哪天他们就变成你所在的英国唱片公司的头儿。

罗布性子很直，怎么想就怎么说，可能过后才会去想他是不是得罪了人。这当然有很多坏处，不过在唱片界，满是那种挑你爱听的话说给你听的人，有人能跟你说点实话也是有帮助的。这次会面，罗布第一句话就是："你为什么让保罗·扬偷走了你的听众？"

这话把我气死了。保罗·扬？他本来就是个很不错的人，声音又好，样子也帅……

罗布的观点是，当我80年代忙着在美国制作那些摇滚唱片的时候，我忽视了我最适合的角色：翻唱一首好歌，诠释歌曲，把它变成自己的风格。而扬在这段时期，却凭借翻唱老歌像《无论我把帽子放在哪里》和《每当你离去》占据了英国的市场。罗布说："人们想听你唱一些很棒的歌曲。"

话说到这个地步，我已经被激怒了，我只回答："好啊，那你给我找一首好歌来。"

然后我回到家里，生了好几个星期的闷气。保罗·扬！该死的家伙！

这次对话产生的一个好的结果是，1989年年中罗布到埃平来看我，手里拿着一盒磁带和一个录音机。他说："我希望你听听这个。"然后他放了一首歌给我听。歌曲结束的时候，他说："什么也不要说。"然后他又放了一遍。歌曲第二次结束的时候，他依然说："什么也不要说。"他又放了第三遍。放最后一遍的时候，我真希望这首歌是自己写的，我已经迫不及待想要翻唱它了。

这首歌就是汤姆·威茨的《市区列车》(*Downtown Train*)。这首歌的旋律里蕴含着一种内在的情感，歌词里透着一种渴望和痛苦。我的儿子肖恩，当时才八岁，他在这首歌放第三遍的时候走进屋里听到了，然后他说："为什么那个人唱得这么难听？"他的话使得一切很明了：这是一首很棒很有感觉的歌，可是唱的人的嗓音是一种后天刻意培养的声音，使这首歌没法成为热门单曲。（我喜欢汤姆·威茨的声音，不过他不是很适合大众的口味。）我和极有才华的制作人特雷弗·霍恩一起录制了这首《市区列车》，然后把它放入了最新的专辑里。当时的专辑制作已经结束，阿诺德对美国的华纳兄弟公司进行了专业的游说，使他们同意把这首歌作为一首新歌收录在《讲故事的人》作品集里——这是一个收录了我历年来经典歌曲的套装（现在所有正规商店里依然有售）。结果不出所料，这首歌又大热——在英国排名前十，在美国排行榜荣登季军，还使我再次登上《滚石》杂志的封面。不过，更重要的是，它使一些人想起我是怎样的人以及我能做什么。一些人，他们曾经知道这一点，但是已经遗忘，或者故意选择遗忘、走开。它也使我自己重新想起这一点。

* * *

我工作的那些方方面面，总有让我感到厌倦的时候。在这样或那样的阶段，写歌、录音、制作、拍录像、做宣传——这些事情每一件看起来都有点烦琐无趣，让我没精打采。每个工作都是如此：有时喜欢，有时不那么喜欢；有时热衷，有时冷淡。

而演出，我从未厌倦。

自从我告别了60年代摇滚乐队学徒时期的忸怩不安，从扩音器后面大胆走出来，每次只要一想到要在观众面前演唱，身后有乐队声势浩大的演奏，心里就洋溢着纯粹的、饱满的热情。因此，80年代初，虽然我在某些方面的投入和专注有所减少，但是我对巡演的态度始终如一。1985年我已经45岁了，可能潜意识里很抗拒这个事实，所以我演出的时候表现更加狂热，在舞台上肆意舞动像个疯子一样。我总觉得是因为长期踢足球损伤了我的膝盖，使我的大腿骨和胫骨间有些错开。可是现在回头看看80年代的一些演出录像，才意识到很多损伤是因为我当时总是屈膝滑步在世界各个巨大演出场所的舞台上。

这种对演出的热情从不需要人为刺激。在演出结束和返场加演之间，工作人员会让我在后台吸一点提神的东西，加上演出成功结束时那种兴奋放松的感觉，我会以一种狂喜的状态重新返回舞台。这更像是一种奖励："干得不错。来一小撮粉吧。"但是在演出之前，我从不需要药物让我兴奋起来。单单想到要在许多观众面前表演，就已经让我很兴奋了。

这段时期，在演出中场用点可卡因来提神，在我的乐队里是比较普遍的做法，而"锅炉"帕特里克·洛格会尽他所能把这件事复杂化。这里需要补充一点背景：洛格最初是以吉他技师的身份成为乐队工作人员的，后来他很快让大家认识到，他不仅是一个吉他修理方面的能手，还很能吸引人注意，经常在公众场合出人意料地裸体。吉他手们走到舞台两侧换乐器的时候，会看到一个赤身裸体的洛格把吉他递给他们。更令人难忘的一幕发生在东京一家酒廊里，洛格去了男厕，乐队经理彼得·麦凯去把赤条条的他背了出来，博大家一笑。他进去的时候，酒廊里只有乐队成员，结果他背着洛格出来的时候，才发现酒廊里已经多了一大群日本商人。

当洛格做到舞台经理的时候，他的活动领域也随之扩大。他可以在更广阔的后台区域裸体行走，还可以做一些经典的恶作剧，像在口琴里放花生啊，在手风琴里装满滑石粉，把风琴键的下端用胶带绑在一起，这样你按下一个键，所有键都会响。

不过洛格真正擅长的是想出办法在乐队成员和他们的药粉之间设置障碍。他不止一次在后台摆好的那些可卡因上面罩上保鲜膜，于是中场大家冲过来想要吸一口的时候，发现不管怎么吸，那些粉末就是纹丝不动。他最经典的一次恶作剧是测试乐队某个成员对这药粉不顾一切的程度。我们不要说出他的名字了吧，不过这个倒霉鬼是贝司手卡迈恩·罗哈斯。当时洛格把可卡因均匀地撒在自己身上最隐秘的部位，然后赤条条站在舞台一侧等着，用拇指和食指夹着那个部位。贝司手犹豫了，在短暂的休息时间里，快速地权衡着利弊。不过后来，只能说，卡迈恩是真的为这药粉不顾一切。

80年代的演出越来越喧闹、狂野、声势浩大。1985年1月为专辑《伪装》进行巡演的时候，我们参加了里约热内卢的里约摇滚音乐节，在20万观众面前演出，成为开幕式的焦点。你平时可见不到这么多人。里约摇滚音乐节是我参加过的组织最完美、最挥霍狂野的音乐节之一。我们刚去的时候有些担心场面混乱，结果完全不是这样，演出组织得井井有条。海滨的几幢高楼上挂着巨大的横幅："欢迎罗德·斯图尔特"、"欢迎皇后乐队"。音乐节被安排在一块巨大的空地上，这里原先是热带雨林。他们在不同的火车轨道上设置了三个舞台，还有一个转换系统（考虑到我对铁路的兴趣，这样的设置很吸引我），这些舞台可以分路、整理、再调回，就像带发条装置的火车玩具一样。当你走出去面对20多万的观众，听到他们的欢呼声——声浪好像一阵风似的传来，这是极其令人兴奋的事。它让我脑后的头发也飘了起来，还有胳膊上的鸡皮疙瘩，可能还有其他部位的，我来不及去注意。

酒店里那一星期都住满了音乐圈的人，各种疯狂景象随处可见。皇后乐队是周五晚上的主打乐队（我是周六晚上的主力），他们的主唱弗雷迪·默丘里就被人看到戴着一个胸罩走来走去。那时可卡因非常便宜。整个音乐节唯一的黑暗部分就是，在我们第二次演出后，回到宾馆，我们乐队和"加油合唱团"，贝琳达·卡莱儿带领的全女声摇滚组合，比赛吸食可卡因。这真是一个失误决定，有人应该事先提醒我们一下的。那些女孩子连把桌上的漆也可以吸下来。我们惨败。

当黎明到来的时候，我们觉得在海滩上把剩余的少量可卡因用掉是个不错的主意。在吸食以前，我建议大家先来个游泳接力比赛，目标是不远处漂浮着的一堆木头。我的经纪人阿诺德快速跳下水，最先到达目标处。不过他游回来的速度更快，因为那不是一堆木头。这时我们才发现，在里约他们会在清晨5点45分左右把下水道的污物排放到水中。于是，远处不断传来乐队成员的尖叫声。

不管怎样，我们还有那最后一小袋可卡因可以期待。我们之前把它放在鼓手托尼·布罗克那里。"把它拿出来分了吧，托尼。"我们说。然后，托尼伸手到自己短裤的口袋里——由于他刚刚游泳完，短裤湿漉漉的，从里面掏出一小袋水淋淋的东西，我们的下巴都要掉到地上了。

这段时期另一场有里程碑意义的演出是在1986年7月，我第一次在温布利球场演出。球迷都理解它对于我的意义。我一直梦想着能以一个职业球员的身份在那里比赛，还曾经在喝醉和狂喜的状态下，入侵过它的草地。现在我站在它的一端，看着66 000人在瓢泼大雨中挥舞着双手，想起1977年苏格兰队在这里大败英格兰队，对我来说，那是在这个球场发生过的最好的事。即便不是最好，也是接近最好了。

关于温布利球场的演出还有一件很好的事是：那天在后台作为我的嘉宾，后来参加晚宴的，是萨拉——我那个被收养的女儿。她在1985年跟我恢复了联系，我们在伦敦私下见面，喝茶聊天。第一次在洛杉矶的录音室里见面时的那种尴尬已被放在一边，我们重新开始。我们两人都知道我们不可能像别的父亲和女儿那样。毕竟我没有带大她，我没有给她换过尿布，送她上学，教她做家庭作业，陪她运动。当她第一次带男朋友回家的时候，我也不在场。这些父爱的点滴没法凭空产生，不管你后来如何努力。不过我们有我们的情感联系，这种联系在2007年她的养母伊夫琳过世后，变得更加深厚。1986年的那晚在后台的时候，我向周围的人介绍她："这是我的长女。"感觉很特别。

* * *

我对巡演充满热情，一切都很好，但是在80年代的后期，我主要担忧的是我的嗓子是不是也能分享我的热情。每年至少有六个月在各地巡演，让我的人生很充实，只是明显地它对我的声带造成了损害——本来就是很敏感的小东西。声带如果造反，我就完蛋了。不过我能怎么办呢？乐队的伴奏声音很大，我们一直以此为荣。我们演奏的音量是我们的荣誉勋章。这可能也是《你觉得我性感吗？》遗留的问题。我们演奏得很响亮，就像是在说："我们会让他们看到，我们不是什么迪斯科猫咪，我们是一支摇滚乐队，一支响亮、强大的摇滚乐队。"夜复一夜，我让自己的嗓音跟那种震耳欲聋的伴奏声竞争，每次演出结束，我都快喊破我的喉咙了。第二天喝水的时候，我感到好像在用铁丝网漱口一样。然后到傍晚6点钟，离下一场演出只有两小时的时候，我会意识到自己的嗓子没法唱歌。

解决方法不是很健康的那种：我开始吃类固醇，确切地说，是泼尼松。一开始是偶尔吃，不过到80年代末的时候，我已经很依赖它了。

类固醇使你感到饥饿，它们会让你睡不着，会使你的脸颊肿起来。虽然有种种副作用，不过它们能使你像一只鸟儿那样放声歌唱。好用的类固醇。不过长期使用，也有很多严重后果。

第 15 章 游戏花间

我的老乐队。所有人都很快乐。

我的新乐队。如果一个人说"我从来没有在公众场合脱过裤子",不要相信他。

259

我的美丽的露比，4岁。

　　与此同时，我跟凯莉的关系也慢慢走到了尽头。我在西班牙时找到的坚定信念以及我对她有过的承诺很快都烟消云散。凯莉怀孕的时候，我开始见另外一个模特。这当然是一个人渣的才干的事。虽然跟那个人的关系只是露水情缘，不过我总是忍不住跑去找她。有一天那个女人打电话到我家里，凯莉接了电话，她当时怀着八个月的身孕。我听到她说："你能不能至少等到我生下这个小孩？"显然对方跟她说："我能给他你不能给的东西。"我在一旁感觉真是糟透了，这电话证明了我在那些日子里是怎样地寻欢作乐。想到自己那时对凯莉的伤害，直到现在强烈的羞愧感依然缠绕着我，即便这一刻也很不愿提起。

　　凯莉本来以为她可以生下小孩，然后马上离开我。但是1987年露比的出生又把我们拉在了一起，我们确实也过了许多快乐满足的日子。我跟阿兰娜离婚后，又可以重新回到卡洛伍德路的住宅，我和凯莉有时住在那里，有时住在埃平。我的家人都喜欢凯莉，凯莉也喜欢英国，我们有一个美丽的女儿，还有想要的一切物质。

第15章 游戏花间

可是，即便如此，我心中的小恶魔依然在说："不要定下来，不要被绑住。"对被束缚的焦虑，我之前不合时机的失败婚姻，内心深处的那种"结婚不适合我，我坚持不下去的"感觉，……这种种因素都让我回避着结婚，也使凯莉越来越不快乐、不确定。

奇怪的是，我的老朋友艾尔顿·约翰却做了截然不同的决定。1984年，艾尔顿给我打电话说："我要结婚了，亲爱的。跟一个女人。"我唯一的反应是："怎么可能？"艾尔顿在70年代接受《滚石》杂志采访的时候曾经说他可能是双性恋，但是他身边的人都知道他是同性恋。

他说："我只是觉得这样做是对的，亲爱的。"

我说："那你们的夫妻生活怎么办？"

他说："哦，我会绑几根棒棒糖在上面。"

对我来说，我不愿意妥协。我好像铁了心要成为历史上臭名昭著的花心大萝卜。凯莉在我的包里发现了一张纸条，是巡演中某一次一夜情留下的，上面写着："我永远不会忘记我们度过的那一晚。"在这样的事情一再发生的情况下，即使最贤惠的女人的耐心也会消耗殆尽，凯莉的喜怒一向都很分明。我一开始遇见的那个聪明、快乐的女孩现在总是抑郁、困惑、流泪。在电梯里流泪，在酒店的大堂里流泪，在车里流泪，在飞机上流泪，我从来没有看到一个人流这么多眼泪。最后，在1990年的初夏，凯莉明白她已经哭够了，就带着露比离开了我。

又是很糟糕的分手。如果跟凯莉这么真诚的人在一起，结果都可以这么糟，那么事实已经很明了：我不可能跟任何人永久在一起。我是一个单身汉，而且会一直是个单身汉。这样对每个人都好。

* * *

凯莉离开几个星期之后，阿诺德接到百事公司的一个电话，他们想知道我愿不愿意给他们拍个广告。虽然这些年一直有很多拍广告的机会，但这并不是我感兴趣的工作。比方说，荷兰的一家公司很热切地想找我代言他们的避孕套产品，而在那个年代，连"避孕套"这三个字都是令人难以启齿的。我真不明白，他们怎么会觉得我跟他们的产品有什么关联。算了，反正别人看得起你，总是好的，不过我拒绝了那个代言。

我还拒绝了吉百利公司，他们希望我在英国做他们的巧克力广告。在美国，帮宝适愿意出 200 万美元，在他们的纸尿裤广告中使用《青春永驻》这首歌——这个我倒是接受了。他们也没要求我出现在广告里，只用了一些可爱的小动物的图片，这样很明智。你能想象我穿着纸尿裤吗？

不过百事公司这个的广告倒是很吸引人。我不需要唱广告曲，也不用饱含深情地念"百事"这个词，或者诸如此类尴尬的事情。我甚至不需要喝上一口百事可乐，然后表现得很开心的样子。他们的构想是让我和蒂娜·特纳一起合唱一首不错的歌《需要两个人》（It Takes Two），这是马文·盖伊和塔米·特雷尔一起合唱的摩城歌曲。然后百事会拍摄一个我们唱歌的视频，剪辑下来的部分会用作广告。而且说不定，这首歌会变成热门单曲，我们还可以使用未经编辑的视频部分来做宣传。

一切看起来都很有吸引力，而最有吸引力的部分是，百事愿意让我们自己选择拍摄地点。他们以为我会选伯班克，或者阿纳海姆——对他们来说比较方便的地方。实际上，我和经纪人的讨论如下：

我："我们去哪里好呢？"

阿诺德："要不要去海边？"

我："去欧洲应该不错。"

阿诺德："每年这个时候，还有什么地方比戛纳更迷人呢？"

于是，就这么定了。在 1990 年 8 月初，我跟助理唐·阿彻尔一

第 15 章　游戏花间

起到了戛纳的卡尔顿酒店跟阿诺德会合，同行的还有我的好朋友里基·辛普森，他是一个很成功的酒店经营者，同时也是凯尔特人队的支持者。我住的是顶楼套房，真的是极为豪华。浴室里有一个拱形天花板，很像圣保罗大教堂——只不过这里的淋浴设备当然比教堂要好得多。而且，如果你把裤子或者袜子留在地板上，它们会神奇地消失，然后再装在纸板箱和包装袋里干干净净地送回来，像是空中有个神奇的干洗店。里基和我在房间里快活得像个小孩子。我们显然住进了一个最棒的单身汉乐园。于是，我觉得，如果我们不用这些奢华的设备做些单身汉该做的事，简直是暴殄天物，太对不起这房间的一切了。

接下来就是十天的快乐生活，史上称为"漫长夏日"。（好吧，这是里基和我取的名字。）

电话打了，航班预订了，接送的车也订好了，她们来了：新情人，旧相好，愿意在戛纳住一晚再坐头等舱回去的女人们蜂拥而至。我翻看着黑皮书（它刚好是黑色的），任意选择。阿诺德一听说我们的这些计划，马上收拾好行李，逃到另一个酒店避难。他对女孩引发混乱的预想也许是明智的，不过我们设计得很紧凑，也很专业，所有安排都像军事行动那么严密准确。唐·阿彻尔会送离开的女孩子到尼斯机场的候机大厅，再转到抵达口去接新人。我觉得这次"漫长夏日"后勤管理的复杂程度堪与 2012 伦敦奥运会的后勤媲美。

我们偶尔也会离开套房。毕竟，我还有个视频要拍摄——其实就是我和蒂娜在一个全是帅哥美女的俱乐部的舞台上嬉笑打闹，所以不算是很费劲的一个角色。蒂娜还邀请我们去蒙特卡洛的体育俱乐部看她演出。我很喜欢蒂娜。我们之前就认识了，在 1981 年 12 月的时候，她作为嘉宾跟我一起在洛杉矶会堂的演出中亮相。那次演出被录制下来，在世界各地的闭路电视里播放，大约有六千万的观众看过。这对重新点燃她的事业较有帮助，使她后来再度成为一个巨星。她有那种非同一般的气势，还有极浑厚有力的嗓音，不过她在录音室里倒显得有些局促不安。我们录制《需要两个人》的时候，唱到尾声时，我想在结尾加点两人呼应的东西，结果很难做到。你会以为她应该很在行，而实际上她对即兴穿插的演唱很不适应。

在去看蒂娜演出之前的那个下午，我和里基逛了逛街，给自己买了新衬衫、新西装、新领带、新鞋子，着装完毕走出酒店的时候，我们两个都觉得自己看起来真不错。坐着豪华轿车到了蒙特卡洛，我们进门的时候很自豪地自报家门，结果门房却说："对不起，先生，您的着装不符合要求。"我说："不会吧。我们觉得很不错啊。"门房说："上面写着要穿晚礼服。"我们灰溜溜地离开，去了一家饭店。

总的来说，"漫长夏日"之旅就是花花公子行径中丰富多样的享乐主义的一种，如此的丰富，以至于后来我自己都觉得厌恶。伍迪·艾伦怎么说来着？"有性无爱是很空虚的经历，但是在所有的空虚经历里，这是最好的一种。"真是见解精辟。不过在某个安静的时刻，在情人来去交替的间隙里，我会自问："你已经45岁了，还过着这样的生活。这就是你能达到的程度吗？你就是这样一个人吗？"

我回到洛杉矶的时候情绪低落，尤其是当我听说凯莉已经在见别人的时候。嫉妒在啃噬着我的心，我感到恐慌。之前我一直不知珍惜，但现在突然发现她再也不属于我的时候，我突然觉得她如此重要。我心里想着："我这是放弃了多好的一个姑娘啊！"

我决定向她求婚。这显然是唯一的办法，这个办法一直在那里，我却如此愚蠢，一直没有看到。不过我必须先赢回她的心。我需要做一件很浪漫的事——一件让她觉得迷人并无法抵挡的事，这样她才会想起她当时爱上我的理由，然后回心转意。

有人告诉我，在劳动节期间的那个周日，凯莉会和她的新男友一起泛舟，沿着加州海岸，去卡塔利娜岛。我想出了一个好主意。我自己以前也去过卡塔利娜岛，那里上空经常飞着一些螺旋桨飞机，拖着

第 15 章　游戏花间

一些广告条幅。如果凯莉在甲板上抬头看到我的求婚条幅，会怎样想呢？还有比这更浪漫更甜蜜的办法吗？

于是我找到一家张罗飞机和条幅的公司的电话，定在周日下午两三点的时候，我觉得那个时候最能吸引凯莉的注意力。我告诉他们条幅上要写着："凯莉——你愿意嫁给我吗？罗德"。这样肯定可以，对吧？

准备好这个计划，我觉得开心多了，就继续工作。当天晚上我和西尔维斯特·史泰龙有约，我曾经差点跟他一起拍电影。（当时收到邀约，让我在1981年的足球电影《胜利大逃亡》里亮个相，不过我那时正在巡演，所以未能参加，失去了改写电影史的一个机会。）星期六那晚，我和史泰龙一起吃完晚饭，然后去了洛杉矶的一家叫"罗克斯伯里"的俱乐部。

在那个俱乐部里，我看到了一张很熟悉的面孔。我不敢相信她会在那里，因为自从我在一个电视广告上看到她，我就一直在朝思暮想。而现在这个人从屏幕上走下来，出现在眼前。我必须过去自我介绍。我还要在家里办一个小型派对，那样我就可以邀请她和她的朋友一起过去，然后就有机会和她攀谈。

她确实来了，我们也确实聊了聊。当派对结束，她和朋友一起离开的时候，我心里已经明白，这就是我想要共度此生的人。

一见钟情？我不知道。第一晚就陷入爱情？千真万确。

第二天早晨，我醒来的时候精神抖擞。我一直处在这狂喜的情绪里，足足过了十分钟，才想起来自己在午休时间安排了一个飞机求婚，顿时一身冷汗。

没问题的，我可以取消它。我给广告公司打电话。电话铃响了又响，没有人接。我挂了，重试，还是这样子。没有人上班，这是星期天，是劳动节长假的星期天。每个人都已经回家休息去了。

这真糟糕。我雇了一架飞机拖着一个条幅，上面写着"嫁给我吧"。我总不能再雇一架飞机写着"抱歉，那句作废。罗德"。我该怎么做呢？祈祷刮飓风？自己坐个船出去，拿杆枪把条幅打下来？

不。我能做的就是整个周日惴惴不安，双手交叉祈祷好运。

结果怎么样呢？我的宏大的荒唐的注定无效的求婚条幅在空中飘过，根本没有被凯莉看到。冥冥之中，自有天意。

这样的结局对凯莉更好，因为她值得遇到一个比我好得多的人。

题外话

> 我们的主人公偷了一辆车，和一个艺人有染，在酒吧里打了一架，不过这一切都是后来才得知的。

还记得凯莉·恩伯格说过的那句话吗，"你以为你是谁啊，罗德·斯图尔特吗？"

是的，我是这么想的，还会继续这样想。不过，我不是唯一一个这么想的人。好像还有很多人也认为他们是我。或者，虽然他们不这么想，但是他们觉得能装成我也不错。你如果听说我在一些地方出现，会觉得吃惊。如果再听到我在那些地方做的事情，会更吃惊。我自己就很吃惊。

比如说，2012年的夏天，阿诺德接到《查塔努加市自由新闻时报》一个记者的电话，向他确认我是否在查塔努加市（美国田纳西州东南部城市）待了12小时左右，并且给粉丝签名，在酒店电梯里跟她们聊天、合影。阿诺德不得不指出这确实是独家新闻，因为我当时正在伦敦城外的郊区。

该报于是登出了一篇文章，标题是"貌似罗德·斯图尔特的人欺骗查塔努加"。措辞很对。"罗德·斯图尔特在查塔努加签名"：不算什么新闻。"有人冒充罗德·斯图尔特在查塔努加签名"：这才是新

第 15 章　游戏花间

闻。显然，人们被那个人穿的那双"白色卡培娇鞋"欺骗了。这种鞋子，我 25 年前是常穿。"我跟他握了握手，还给他买了一杯啤酒。"一个小餐馆的老板说。他也许是这么做了。不过，不是跟我。

好像要使人们相信你是罗德·斯图尔特并不难。只要发型和鼻子像，就差不多了。早在 60 年代中期的蒸汽包乐队时期，就发生过类似的事情。当时布赖恩·奥格在酒吧里绕一圈，把乐队成员找齐，他会走到我身后，拍拍我的肩膀说"来吧，罗德，我们要开始演出了"，结果发现，他拍的那个人不是我，只是一个发型相似的家伙。

所以很多年后，当一个路易斯安那州某个地方的警长给阿诺德打电话时，我也不用感觉太惊讶了。他说："先生，很遗憾地告诉您，您的当事人因为在一家酒吧里醉酒闹事，被拘留在我们这里的监狱里。"阿诺德很同情地说："这真是太可怕了，也很令人震惊，因为他现在正坐在我的办公室里。"

然后是罗德·斯图尔特在曼哈顿，对詹恩·温纳使用障眼法的故事。詹恩·温纳是《滚石》杂志的创办者和发行商，也对我相当熟悉。1985 年，詹恩给阿诺德打电话说："我感到受了很大的侮辱。我和妻子从广场饭店出来的时候，看到罗德·斯图尔特先生就站在前面。我说'哈罗，罗德。'他居然对我不理不睬，扬长而去。我无法理解。我什么时候得罪了他吗？"

阿诺德跟他解释，在这件冷酷无情的侮辱事件发生的时候，我正在加利福尼亚，可是詹恩表示不相信。

"得了吧，阿诺德。我认得出罗德·斯图尔特，不可能看错。"

最后，为了使他明白我确实跟广场饭店远隔千里，阿诺德让詹恩给我在洛杉矶伯班克的工作室打电话。我正在那里录音，我接了电话，他才安下心来。

多半也是这同一个人，在纽约冒充我，差点给自己弄到了一辆法拉利。工作人员也不核实一下他的身份，就让他直接把车开出了样品

267

间。这个骗子是在交通违规之后被警察抓住的。显然，他的英式口音也很标准。为他的勇气向他致敬。利用自己跟一个知名歌手相似的外貌这一点来骗走一辆超豪华赛车，真的是把冒充行为提升到了一个全新的层次。

哦，还曾有一个夜总会歌手、表演艺人给阿诺德打电话，问他会不会来看她的演出，说她已经以我的名义给他寄了一张精美的请柬。阿诺德当然想了解一下怎么回事。这个艺人压低了嗓门，告诉阿诺德说她觉得他应该知道。这五个月来，她常在纽约的公寓里密会我。每次，我都是悄悄地坐飞机去看她。

阿诺德问她："他长什么样子呢？"

"当然是罗德·斯图尔特的样子啊。"这个艺人有点不耐烦地回答。

"那么，他多高呢？"阿诺德继续问。

她说："5英尺8英寸。"

阿诺德说："哦，他好像坐飞机过去看你的时候矮了3英寸，因为我上次见他，他还高5英尺11英寸。"

这个艺人还是非常坚定。"他还唱歌给我听呢。他在床上为我唱小夜曲。"

阿诺德说："他唱了什么？"

她回答："他哼了电影《罗密欧与朱丽叶》的主题曲。"

因为这个细节，这个家伙被识破了。因为我在床上哼歌的时候，一般哼的是贝多芬第五交响曲。

下次可别再认错了哦。

第 16 章

再婚情伤

  主人公爱了，又失去了，伤心欲绝。主人公还提及了咽喉痛，在罗尼·伍德的后备箱里拿酒喝，并在巴西的一个海滩上对着跟整个瑞士国家人口差不多的观众演唱。

  我第一次看到雷切尔·亨特是在她为一个健身视频"《体育画报》超级塑型"做的广告里。1990年的夏天，这个广告在美国的电视上反复播出。如果说，看一个以电子合成音为背景音乐的两分钟长的广告也能被迷住的话，那么我已经被迷住了。只要它一出现，生活就好像突然停顿下来。广告里还有埃拉·麦克弗森和谢里尔·蒂格斯，不过吸引我的是那个穿着金属色莱卡衣服，有着美丽卷发，说着塑身好处的女孩子。画外音说着："塑身是一个好办法，能够使身上松弛的肌肉都紧致起来"。我感觉自己正在注视着一个女神。

  有一天，我正第无数次地看着这个广告，心里洋溢着一种浪漫、动心的喜悦感，沉思着爱情的神奇和光辉。我的助理马尔科姆走进来，站在旁边一起看。广告结束的时候，雷切尔·亨特承诺"八星期塑造一个更美的形体"，这时马尔科姆说了一段精辟的话："比起参军，我更愿意去参加这个形体训练。"

  谁也想不到就从这些小小的萌芽里，产生了一段闪电式的恋情、一段八年的婚姻，并在结束时让我感受到从未有过的伤心欲绝。

那个星期六的夜晚，在罗克斯伯里俱乐部偶遇雷切尔是一件极其意想不到的事：我的电视里的梦中人突然出现在眼前。我真不敢相信："是她，她从电视里走了出来。"我绝不能让这个机会溜走。于是，我抚平自己的上衣，整理了下领带结，拿出所有的温文尔雅，走到她的面前，然后……做了最蹩脚的一件事，模仿了她在广告中形体锻炼的一个动作。

我到底在搞什么？我为什么不冷静下来，用一些正常情形下常用的办法呢？我很久之前就发现，你想在酒吧里跟一个女孩子搭讪的话，你就走过去，用最纯正的英式口音，带着一种真心好奇的语气，说："哈罗，亲爱的。你那个手袋里装了什么？"或者稍微变一下"哈罗，亲爱的。你那个篮子里装了什么？"这招我用起来百发百中——如果那个被你搭讪的女子手里既无手袋也无篮子，效果只会更好。

可是这次，理智抛弃了我，我居然模仿了一下她的动作。当我做完之后，雷切尔勉强露出一个同情的微笑，瞬间，我感觉就像有一阵冷风呼啸穿过俱乐部。还好她没有转身离开，她当时跟一个女友在一起。我告诉她们我家里有个小聚会，如果她们愿意来的话，我把卡洛伍德路的地址给了她们，希望能见到她们，但觉得可能性不大。

我差一点就没见到她们。她的朋友开车找来找去，都没找到我的房子。就在她们要放弃的时候，突然看到了。我的几个朋友从罗克斯伯里俱乐部出来，回到我这里打算再喝几杯。其中有我的好搭档里基·辛普森，还有泰里·科普利，她是电视剧演员和《花花公子》杂志的模特，那天傍晚我还一直很热络地跟她聊天，现在就像烫手山芋一样地把她抛下了，真是不好意思。进门的时候，雷切尔绊了一下，滑进了大厅——她的隆重登场。现在我俩都尴尬过，扯平了。

我一见她就很有感觉。不用说，她非常美丽，还有一种沉稳的气质。这种气质不仅体现在她的新西兰口音里，也体现在她的神情中，

第 16 章 再婚情伤

既开朗，又不容愚弄。她是聪明的，跟寻常的模特不同。她已经事业有成，不缺名利，所以不需要为了赢得这些东西而跟人交往。这让我松了一口气，因为在我的位置上，总有这样的疑虑：这个人究竟是真心爱我呢，还是只是为了我的名声和财富？

她身上还有种天真烂漫的气质——怎么会不天真呢？她还不到 21 岁。而我已经 45 岁了，我们差不多相差 25 岁。其实这无关紧要，可是外人看待我们两人，总是强调这一点。实际上，我们婚姻真正的问题并不是她对于我来说太小，问题在于她本身就是太年轻：对于结婚这件事来说太过年轻，要跟别人共度一生也太过年轻，这就是后来发生的事情。毕竟，她还没有怎么见识过人生呢。不过我当时看不到这一点，我只是坠入了爱河。

那一晚在卡洛伍德，我记得我喝了些酒，还跳了些可笑的舞。我记得我带雷切尔看了看房子，还给她看我养的三只边境牧羊犬。它们通常待在屋外面，雷切尔很喜欢它们。后来，我俩满屋子跑，被这些狗追。我从来不让狗进屋子，因为它们会破坏东西。不过那一晚，我完全不介意。我真的陷入爱情了。

第二天早上她就飞回了纽约。我送了两打红玫瑰到她的经纪人那里。然后，我毫无来由地也飞去了纽约，只为了能见到她。我给她打电话，邀请她共进晚餐。我们在洛杉矶的半岛酒店见面，我订了一个房间。那天，她穿着一条极美的白色裙子。我为她拉开门，陪着她走进餐厅，给她拉开椅子，让她就座，就像一个绅士应该做的那样。吃饭的时候，我们并没有正式的交谈，只是随意聊天，杂七杂八说了一堆。我们都有些情不自禁。

可能也没有那么快。那天晚上回到酒店后，雷切尔穿着一件长到她脚踝的 T 恤走到床边，效果就好像穿着深海潜水的整套装备一样——这件 T 恤的意思是"不是今夜，谢谢"。这有点让我羞愧。不过这是一个好的迹象，说明这可能是一段认真感情的开始。

我不知道八个星期能否使形体更好，不过我们认识五个星期后就订婚了，三个月后就举行了婚礼。这让我最好的一些朋友都感到吃惊，他们喜欢雷切尔，也看到我多么爱她，不过他们都觉得我们应该放慢进程，也直接跟我说了。但是恋爱中的人听不进反对意见。我觉得错的是他们，我是对的，就是这样。

就在我们第一次约会的第二天早晨，我说："我们认真交往吧。"她说："好的。"她那个周末在劳德尔堡有工作，于是我周四就飞过去跟她一起。接下来的那个周日是9月9日，雷切尔的生日。我们本来打算飞回纽约好好庆祝——她的生日和我们的交往。也许（如果我够幸运的话）还能有进一步的发展，倒不是我迫不及待。

不过庆祝活动并没有实现。因为就在雷切尔生日的那天下午，我在纽约接到了姐姐玛丽的电话。她说："罗迪，爸爸去世了。"

那天中午我还给他打过电话，我们聊了聊苏格兰队和英格兰队的足球比赛。显然，打完电话不久之后，他说累了，上楼去睡了，然后就过世了。他当时86岁。

父亲的去世对我的打击，不说你们也能理解。我痛哭着，雷切尔抱着我。这是一个特别的情形，因为我刚才还处在热恋的喜悦中，现在却承受着丧亲之痛。这就是人们通常说的"百感交集"吧。雷切尔很好，给了我很大的安慰和支撑。突然间，我们两个颠倒了位置，好像我不是那个年长的人，她才是。她接手各种事务，帮我度过这段伤痛时期。

我们飞回伦敦参加葬礼——我，雷切尔，还有里基·辛普森，他跟我的父亲也很熟。我去葬礼的时候，雷切尔留在埃平。她当然从来也没有见过我父亲——这一点让我更觉悲痛，父亲没能看到我跟自己想共度一生的人在一起，没能看到我终于想定下心来。雷切尔没有来参加葬礼，因为我们都知道，如果媒体看到她在场，会怎样忽略葬礼，大肆报道。

第 16 章 再婚情伤

20 世纪 80 年代中期,父亲和母亲在我的西班牙住处。母亲好像在地上看到了一枚先令而没有看镜头。如果没有他们的帮助,谁知道我后来会变成什么样子呢。

哥哥鲍勃和唐、姐姐玛丽和我一起庆祝父母的结婚纪念日。

浪人情歌：罗德·斯图尔特自传

从最上方按照顺时针的方向看：

1. 非常年轻、有些不安的雷切尔·亨特准备成为第二任斯图尔特夫人，粉丝们从车窗外探进头来，表达了许多美好的祝愿。摄于1990年12月。

2. 蕾妮、利亚姆和他们的父亲在一起，在棕榈滩的家里。

3. 雷切尔徒劳地想要矫正我的姿势。

4. 飞往澳大利亚的途中，我们打赌看谁能把奶嘴含在嘴里时间最长。让你的孩子保持安静的一个好办法。

5. "你的车跟我的比起来差远了，爸爸。"利亚姆，2岁。

第 16 章　再婚情伤

　　而这一天是属于父亲的。送葬队伍向着海盖特公墓行进。我的哥哥姐姐和我一起张罗了一个足球场形状的花圈。戈登·斯特罗恩、肯尼·达尔格利什，还有很多足球队员送来了鲜花和苏格兰足球队的问候。一个苏格兰风笛手走在灵车前面，人们静静地站在街道两旁，好像海盖特的一切都停止下来，看着鲍勃·斯图尔特最后一次经过麦斯威山大道。

　　我们最担心的是，不知道母亲如何承受这一切。她那时头脑已经有些糊涂，不过还好，她好像总觉得父亲只是出门去赌马了。

　　不知道天堂有没有下赌注的地方，如果有，我就知道去哪里找父亲了。

＊　＊　＊

　　父亲的去世可能加速了我和雷切尔的恋爱进程。葬礼之后，我们从伦敦飞回到纽约。我帮雷切尔一起收拾行李，然后飞回洛杉矶。她搬进了卡洛伍德，我们住在一起。

　　她很快有个摆造型的工作：在波多黎各跟埃拉·麦克弗森一起为《体育画报》拍摄海报。这工作意味着她要离开三个星期，而我要留在洛杉矶录音。一想到分离，我们两个都很难受。不过工作毕竟是工作，我们还可以打电话联系。那几星期我们一直不间断地打电话。可能就是在那段时间，我们更好地了解了彼此，每天都聊上几个小时——我们各自的人生、家庭、做过的一些蠢事和一些严肃的事情。好像什么都没说，又好像什么都说了。三星期结束的时候，雷切尔的电话费高达一万美元。

　　当她的拍摄工作完成后，我坐着一架里尔喷射机去波多黎各接她。接着我们飞往巴哈马群岛的拿骚，我在那里租了艘游艇过周末。飞机在途中遇上气流，不过我们当时是如此幸福，哪怕那个时候因空难而死，也死而无憾。

那一晚，在船上，我们真正在一起了。作为一个绅士，我必须坚持自己沉默的权利，为整件事罩上一层朦胧的轻纱。不过我可以告诉你，当黎明的曙光照进我们的爱巢的时候，我们两人都注意到一个令人不安的景象：床单中间有一条长长的棕色的污渍。我们都有点慌张地自检："我肯定没有……我们肯定没有……"

仔细检查后发现，这是一块巧克力留下来的痕迹，它原本放在枕头上，但是在我们激情的时候被无视了。

回到洛杉矶，在公园里野餐的时候，我向雷切尔求婚了。然后在1990年12月15日，从我在罗克斯伯里俱乐部那晚模仿她的动作算起，大概只过了三个月多一点，我们结婚了。婚礼是在比弗利山庄的基督教长老会教堂举行的。我哥哥唐是伴郎。引座员基本上都是我们"流放者"球队的队员。我让他们戴着太阳镜，手里拿着白色手杖，这样，当他们把客人带到各自的座位上时，就有种问道于盲的感觉。雷切尔走到圣坛前，做了一个浪漫的举动，她在我的屁股上狠狠地掐了一把。当我们离开教堂的时候，穿着苏格兰短裙的风笛手吹奏着《苏格兰勇士》。

接下来，宾客们被请到四季酒店参加婚宴，压花的请柬上直接写着"痛饮"。里面的桌子用的都是足球队的名字。主菜是新西兰羊排配薄荷酱，烤土豆和豆芽。蛋糕做成国会大厦的形状，上面有一个三英尺高的大本钟和一个猕猴桃。长约翰来了，还有伊恩·迈克拉甘。可惜罗尼·伍德没能来，因为他最近撞了车，正在康复中。到了新郎致辞的时候，我站起来对着全屋的人说："我无比幸福。"

我不知道的是，当时我的姐姐玛丽坐在那里，跟她旁边的人说："那个女孩子有一天会伤透他的心。"不幸被她说中，不过那是后来的事了。在1991年6月15日，温布利球场的那场演唱会上，我很骄傲地告诉观众，我跟雷切尔结婚已经半年了。"他说什么？"我的母亲坐在轮椅里问。别人把我的话又重复了一遍给她听。母亲想了想，然后问："雷切尔知道这件事吗？"

我想雷切尔是知道的。这段日子里雷切尔常说一句话："让过去的都过去，未来才是我们共有的时光。"

* * *

来参加我和雷切尔婚礼的还有罗布·迪金斯，华纳兄弟公司在英国的负责人，就是他给我找来那首《市区列车》。我让他这次再给我带些好歌来。我觉得既然他这么大老远跑来喝我的喜酒，吃我的烤羊羔和豆芽，我也应该从他那里捞点好处。

在婚礼前几天，罗布跟阿诺德一起坐在车上，他放了一首歌给阿诺德听，不过在那之前，他先说了长长的一段有些歉意的话，让人觉得这首歌可能没那么好。他说："我担心你可能会觉得我在拿你开玩笑。"他解释说，他要放的这首歌已经搁置了七年。歌曲的作者，马克·乔丹和约翰·卡佩克，想让他把这首歌推荐给我，可是他一直没有勇气。因为这首歌听起来太像我的风格，像到我会以为它是一种戏仿。

阿诺德听了一遍，就在车里给我打电话。

"我们最好马上聚一下。罗布刚给我听了一首歌，我觉得这首歌你唱了一定会风靡世界的。"

我当时正在排练婚礼，结束之后去了阿诺德家。

罗布还是有些惴惴不安。"听了别恨我。"他说。

阿诺德说："少来这套免责声明了，赶紧放歌。这歌真是超级棒。"

这首歌是《我心的韵律》(*Rhythm of My Heart*)，我非常喜欢。戏仿，才不是呢。它是一首古老的、充满苏格兰风情的歌曲，伴随着悠扬的风笛声，讲述着一个远离家乡的勇士的故事，而且它从《罗蒙湖的美丽湖岸》那首歌里借鉴了一些东西，改编得很巧妙。（对传统的苏格兰歌曲熟悉的内行们应该一下子能听出这首歌里面有相似的节奏，"在罗蒙湖那美丽的湖岸"变成了"我要驶向那海天交接之处"。）

我和特雷弗·霍恩一起录制了这首歌，并把它作为我下一张专辑《流浪者的心》（*Vagabond Heart*）的主打歌曲，这张专辑发行于1991年3月。（这张专辑的名字是我哥哥唐想出来的，里面有向父亲致敬的意思：父亲以前所在的一支足球队就叫"流浪汉"。）这个录制过程很特别，因为我旗下的所有和声歌手一起加入了和声部分，包括阿诺德，流放者球队的传奇领队莱昂内尔·康韦，还有加里·库克，他是流放者球队的前队员，后来的曼彻斯特城足球俱乐部的主管。即便被这些外行歌手拖了下后腿，这首歌依然冲到英国排行榜第三、美国排行榜第五。这首歌在德国也极受欢迎——是我所有歌曲里在德国最受欢迎的，雄踞排行榜长达40个星期。一切都很顺利，风头正劲的形势为后面长达一年的《流浪者的心》巡演做好了铺垫。可是，等待我们的是麻烦。

* * *

我清晰记得自己当时是在阿奇维路507号的厨房里，跟母亲聊天。而事实上，我当时正在谢菲尔德的舞台上演出，面对着数千的观众。这就是幻觉。当你出现幻觉的时候，你根本不知道自己到底在哪里。

那是在1991年6月5日，我的欧洲巡演已经进行了大半。我即将为自己不断服用类固醇来保持嗓子的做法，付出沉重的代价。

80年代末，我不断地跟自己的嗓子做斗争。我的嗓子每年在长达六七个月的巡演里持续受冲击，要在史上最响的乐队伴奏声里嘶吼

第 16 章　再婚情伤

着、挣扎着被听到，它开始出问题，开始折腾我。有几个晚上，我的嗓子无力而沙哑。有时候我要减掉几首歌，让自己的嗓子早点休息——我痛恨这么做，因为这样感觉对不起观众买的票。有些夜晚，我的嗓子完全没法唱歌，只好取消整场演出。这个是我最痛恨的。

不管用怎样的方式取消，都是很糟糕的，而最糟的莫过于观众已经坐在场馆里的那种情形，感觉自己就像浪费了人们的时间那样不可原谅。你想象一下别人已经坐在饭店里，然后你把晚饭取消了的那种尴尬，然后再想象一下把这种尴尬的感觉放大 12 000 倍，甚至更多。在多伦多的天虹体育馆的那次演出，观众已经入座，而我取消了演出，可以说是一举激怒 25 000 人的成功典范。这样的事情在柏林的一个容纳 18 000 人的户外场所再度发生，许多不满的观众朝舞台扔瓶子，最后连防暴警察都出动了。坐在观众席的调度台工作人员，都预先把他们佩戴的巡演标记摘下来，以免受到攻击。真是让人痛心的时刻。

不知道凑巧还是什么，德国是受害最重的国家。我们在科隆的奥林匹克自行车馆的演出，在这段时期里被取消了五次。其中一次，我们想再绕回来，在城外的一个体育馆重新安排一次演出。我们觉得这样可以表现出诚意，减少人们的一些失望。巡演当时已经按照预先安排，进行到了英国。我们特地从卢顿雇飞机把这些装备都运回德国，在第二个场馆全布置好——然后，我嗓子唱不出来，又一次取消了演出。科隆的观众一定会觉得我是故意针对他们。我要在这里重申，真的不是这样子。

事情发展到 1990 年初的时候，我已经没有办法购买保险。伦敦的劳埃德保险公司已经为那么多场取消的演唱会赔付，他们再也不肯冒这个风险了。如果他们不肯给我保险的话，取消演唱会的成本就要从我自己的口袋里出：卡车、工作人员、巴士、航班等方面的各种支出。在体育馆做一场摇滚演出耗资不菲。在这样的压力下，医生给我开的类固醇对我越来越有吸引力。

很快,我的嗓子问题不再单单是生理问题,还加上了心理因素。我们做歌手的人,即便是在嗓子最好的时期也会有各种担心——担心房间里的温度,担心空调,担心花粉和湿度。在实际问题发生之前,我就已经惴惴不安。只要下午有演出,我就会觉得嗓子里面有点痒,然后想:"见鬼,这是怎么了?"然后就会吃一颗类固醇以防万一。到后来,我在心理和生理上都很依赖类固醇。

到《流浪者的心》巡演开始展开,1991年3月在阿伯丁的时候,我已经从服用泼尼松片发展到演出之前注射一种药物混合剂——通常打在手背上。这种混合剂混合了抗生素、类固醇,还有维生素B。它可以把任何一种炎症压制下来,或者至少减弱炎症的影响。我的喉咙痛得就好像我把它的保护层取下来,然后用它来擦洗煎锅一样,可是这混合剂可以让我振作起来,站在那里演唱。

当然,这一切是以我情绪的变坏作为代价。类固醇会使你脾气变坏。我开始变得咄咄逼人和不耐烦——只要事情稍不顺利,就会冲人发脾气。有些人可能会觉得这就是典型的耍大牌。某种程度上说,他们也没说错。但是有一部分的坏情绪确实是类固醇引起的。

同时,我也开始发胖。这是类固醇的另一个坏处。不仅仅是因为它会让你时刻都感觉饥饿,还因为你的身体锁住了水分,然后你的腮帮子就会变得像仓鼠一样圆滚滚的。有一天当你照镜子的时候,你会发现自己下巴的轮廓已经不见了。媒体免不了会报道,说我正在发胖。一些专家认为这是中年发福引起的,另一些则归结为新婚带来的满足感。他们都错了,但是我又不能站出来解释究竟发生了什么。这等于自毁前程,总不能说"别担心,各位——继续放心买票吧。我应该能唱,因为这些类固醇效果很好"。

然后就是谢菲尔德那晚的幻觉事件。离演出还有五个小时的时候,我喉咙很痛,嗓音完全发不出来。我注射了类固醇混合剂。离演

第 16 章　再婚情伤

出还有三小时的时候，还是毫无改善。我感到绝望：现在连混合剂也不起作用了。于是我又吃了可的松片。这种药必须要在饭后吃，而当时我的胃是空的。我在台上的时候，胃黏膜破裂了，演出的时候，胃一直在悄悄出血。

我闭上眼睛唱歌。当我睁开眼睛的时候，看到的不是谢菲尔德，而是阿奇维路我的出生地那里的厨房，母亲正在水槽边忙碌。我又闭上眼睛，突然谢菲尔德的观众又重新出现。但是感觉好像透过一个金鱼缸看他们，周围的一切好像朝我压过来。我紧紧抓着麦克风架子，以免自己倒下去。我紧抓着，唱下去。

我不记得自己怎么下的舞台。醒来的时候就看见自己被绑在轿车里，远离了场上那些困惑的观众，保险公司派的医生正在照看我。这个医生的专业实际上是肛肠科——当日益担心我的雷切尔发现这一点时，她很恼火："为什么让一个看屁股的医生来照看我丈夫的该死的喉咙？"在赶回埃塞克斯的途中，这位"屁股医生"在汽车的后座上给我做了一次输血。

第二天早上我感觉好多了，不过被告知还需要一次输血。在诊所里，他们建议我在床上躺 12 小时，让血液进入我的系统。不过我觉得我可以在胳膊上插根管子，躺在家里。于是依旧在这位"屁股医生"的监护下，我被送回埃平，随身连着那个必要的血浆袋。

在家里的时候，我发现我可以用台球杆顶着这个血浆袋。我觉得很好玩，于是就兴致勃勃地在家里晃了一圈，直到玩得差不多了。不过，雷切尔一点儿也没有觉得好玩。只是我自己觉得还蛮有意思的。

到了午餐时间，我坐在厨房里，雷切尔在煮牛排（当在家输血的时候，这是最好的食物）。让雷切尔感到惊慌的是，"屁股医生"说他要出去一个小时，去酒吧里吃点东西。

"如果那里有气泡，我该怎么办？"雷切尔指着我胳膊上的管子问。

医生一边起身离开，一边说："相信我，不会有气泡的。"

雷切尔继续做牛排，不过更加心不在焉了，她心里担心着，任何一秒她都可能眼睁睁地看着我死去。医生的车刚开走，雷切尔头脑里就出现一些恐怖的景象：一个气泡从血浆袋里冒出来，移向她丈夫的胳膊。

并没有什么气泡，我百分百确定。不过雷切尔已经确信有。既然如此，她也就别无选择，只好采取一些极端的措施了。我现在可以告诉你，当管子用针和膏药固定在你的胳膊上，而一个人一边尖叫，一边抓住管子，毫不留情把它就这么扯出来的时候，真是痛死了。

肛肠科医生被快速召了回来，他看到了一派大屠杀后的景象：血浆袋里的血流得满地都是，一个女人吓得眼泪汪汪，最糟的是，锅里的牛排烧焦了。我呢？我正控制不住地大笑。胳膊不那么痛了之后，我觉得整件事太好笑了。当然这也可能是失血引起的头脑不清。

长期来看，单单靠输血，哪怕是成功的输血（在合适的地方，我乖乖地听话，没有惊慌的妻子把管子拔出来）也拯救不了我的歌唱事业。类固醇也不行。幸运的是，先进技术出现了。

在这次糟糕的谢菲尔德崩溃事件之前，拉斯·布罗加尔，我演唱会的音响师，曾建议我用一种放置在耳朵里的监听器。现在，全世界的歌手都会在舞台上使用这种耳机。而在1991年，把舞台上的声音通过耳机输到歌手耳朵里还是全新的概念。我们当时用的都是从罗马时期就传下来的老方法：一个扩音器放置在舞台前面，把混音传到你这里，如果运气好的话，你可以听清楚旋律，然后加入演唱。可是混音常常出问题，这种系统噪音很大，很多时候我要极大声地唱，才能让别人听见我，结果给自己的嗓音带来了很大的伤害。

拉斯告诉我，用了那个耳内装置会很不一样，我同意一试。在1991年4月底，拉斯和我在演出间隙飞回伦敦，去哈利街看一个专家，他照着我的耳朵轮廓做了些模子。几天后我们就拿到了一副量身订做的耳机，它可以连在我后面口袋里的接收器上。通过耳机，混音可以清晰地传到我耳朵里，它的好处明显：不至于大到把我的脑袋爆掉，并且可以节省我的音量。

问题是巡演正在进行中，所以没有时间戴上耳机排练。最后，我同意在慕尼黑演出快结束的时候，尝试性地把耳机塞到耳朵里。不过当时很不适应，感觉就好像掉到了游泳池底，所以我马上又取了下来。不过后来，我逐渐让自己适应了它。效果非常好，一切都顺利了，我不用再拼命提高嗓音了。下一轮巡演的时候，我们让整个乐队都用上了耳机。

这套系统还使我们挪掉了那些难看的音箱，把舞台边缘也空了出来，可以自在蹦跶，这是对舞台空间一个令人激动的拓展。把那些不必要的东西挪开后，舞台布置一下子看上去美多了。

这样我的嗓子逐渐康复了，取消演唱会这样的事也慢慢打住了。毫不夸张地说，监听耳机的发明挽救了我的演唱生涯。没有它，我的演唱生涯可能在 20 年前就结束了——也许在科隆一个四分之三的座位都空着的体育馆里，对着幻觉里的厨房里的母亲，语无伦次地唱着，做着最后一场悲剧性的演出。

* * *

在我跟雷切尔一起的八年里，我完全忠实于她。这对我来说是前所未有的，尤其是考虑到我之前的种种劣迹，可能没有多少人会预见到这样的结果吧。不过这并不难做到，甚至不用刻意去保持忠贞，我没有任何出轨的意愿。雷切尔就是我想要的一切，我一夜之间从一个花花公子变成一个全心全意的好丈夫。也许这就是关键之处：我需要找到对的人。那个人，我相信，就是雷切尔。就像我在这段感情刚开始时，就很自信地告诉媒体："我已经把我最后一根香蕉放进果盘里了。"

我过得如此幸福，我甚至去骑马。雷切尔爱骑马，而我对马术一窍不通，不过有一天我答应陪她一起。我当然不能只穿着牛仔和 T 恤去，我要穿得像那么回事。于是，在那个晴朗的早晨，我从家里走出来，穿着马裤、闪亮的靴子、帅气的马甲，还有一件无可挑剔的红色上衣。当我僵硬地骑着马经过埃平森林的一条小径时，一个摄影记者从灌木丛后冒出来，开始拍照。我很尴尬，恼羞成怒，于是开启了"滚出我的领土"模式，冲着他大吼："这是私人领地！"不过实际上，这里是公共领土。我骑马的照片当然上了报纸，让我后悔得就像当初看到《城里的一夜》封面上的那张戴着硬草帽的照片一样。雷切尔当然觉得这整件事很好笑。

我的幸福，随着女儿蕾妮的出生，更加满溢。蕾妮是在 1992 年 6 月出生在伦敦的波特兰医院。当然，我在孩子的出生过程中又一次发挥了自己的重要作用：穿着一件病号服东奔西跑，说着"一切都会好的"。雷切尔只有 22 岁，如此年轻就当了母亲。我拍了一张她抱着蕾妮离开医院时的照片，她的脸上有种恐惧感。出院后的三个星期，她因为产后抑郁一直在流泪。当我们绕着埃平的湖散步的时候，雷切尔就会说："如果我不知道怎么做母亲怎么办？如果我是个很糟糕的母亲呢？如果她长到 21 岁的时候去吸毒呢？"

我会跟她说："雷切尔，没事的。你会是个很棒的母亲。你肯定是。"我是对的。

两年后，我们又有了一个可爱的儿子利亚姆。现在我去巡演的时候，我们全家一起去，我抱着我们熟睡的孩子进出场馆，上飞机，还要抱着他们轻柔地穿过酒店的大堂。

同样让我开心的是一起在家吃饭。我最爱大家一起在晚上 8 点钟，着正装，出席晚宴。我喜欢这样的生活，因为我在巡演的时候，生活都是一团乱，而这样的生活代表着我渴求的秩序。雷切尔和我会

第 16 章 再婚情伤

上楼去各自的试衣间,然后盛装出现在楼梯口,再一起走下楼梯。

我从来不知道,直到最后分开的时候,说起分开的理由,雷切尔说她觉得这一切让人很压抑,有种把她吞没的感觉,她多么希望自己能够穿着牛仔服,吃着面包夹水波蛋,就像每一个 20 来岁的女孩子那样。

* * *

音乐电视(MTV)的出现对于我的事业来说,一直是件好事。1981 年 8 月 1 日,这个全世界第一个 24 小时循环播出的音乐电视频道诞生后,我的那首《她不肯与我跳舞》排在第三播放。(第一首是巴格斯乐队的《录像带杀死广播歌星》,第二首是佩特·班纳塔的《你最好快跑》。)这意味着电视频道开始播放后的 15 分钟内,观众就会看到我朝着吉姆·克雷根的方向扭臀,还绕着一个令人头晕目眩的黑白圆点装置又蹦又跳,像个疯子一样。

播完 11 首歌曲之后,他们会播《航行》,使我成为第一个两次出现的歌手。再播完 9 首,播放《你觉得我性感吗?》;再播完 10 首,是《激情》;隔了 12 首,《不爱一个泼妇》……这样依次下去。一天里有我的 16 首歌的视频,就像 MTV 主持人马克·古德曼说的那样,"我们大量播放罗德·斯图尔特的歌曲。"

而且,当 1984 年 MTV 音乐电视台颁发音乐录影带大奖时,罗尼·伍德和我受邀在曼哈顿的无线电城音乐厅做开场表演,还得到给昆西·琼斯颁发终身成就奖的殊荣。在开场表演结束后,离颁奖还有段时间,我俩就在休息室里开怀喝了几杯,然后回到舞台上颁奖时,一个头上戴着灯罩(我),一个手里拿着烫衣板(伍迪)。我不确定这样子有没有毁掉观众期待的庄严氛围。

我很感激 MTV 音乐电视台的慷慨,他们在 1993 年邀请我做一个不插电演出[1]。这个节目邀请歌手们在一个简单朴素的工作室里，对着一小拨观众，做简化的、只使用原声乐器的表演。埃里克·克拉普顿和保罗·麦卡特尼已经做过这样的表演，还发行了现场的专辑。现在该我了。

这件事蛮伤脑筋的。且不说紧跟在克拉普顿和麦卡特尼之后演出的压力，这个演出形式本身就具有很大的挑战性：你在那种环境里如果犯一点错误，大家都能听出来。而且，这类演出的传统要求所有人员都要一直坐着，这个规矩对我来说比较有难度。什么？不能四处跑动？不能挥舞麦克风杆？不能做屈膝滑步？通常在两个小时的舞台演出里，我通过运动和出汗可以减掉四磅的体重。一个固定的座位，对于我来说，就像身上穿了一件紧身衣那样受拘束。

于是1993年1月，我组织了一支乐队在洛杉矶的工作室里做为期三周的排练。有点像同学聚会，又有点像军队会师：罗尼·伍德来了；凯文·萨维加和吉姆·克雷根都来了，他们是我早期的伴奏乐队成员，还有查克·肯蒂斯、杰夫·戈勒布和卡迈恩·罗哈斯，这几个是后来加入的。大家碰面后注意到的第一件事情是，随着时间的流逝，我们几个人都开始需要戴眼镜了：我、伍迪、吉姆、卡迈恩……舞台上到处是眼镜。

伍迪开着一辆四轮驱动汽车来了，他的第一个举动就是邀请每个人到停车场看看他车后的行李箱。他把盖子打开，里面简直就是一个移动酒吧：冷却箱里装着从世界各地搜罗来的啤酒、烈酒和上好的葡萄酒。伍迪告诉我们，想喝的时候，随时可以跑出来开怀畅饮。这样，接下来的排练基调就被定下来了。

当然，从电声乐器到原声乐器的回归，对于我的几首老歌（《每幅图画讲一个故事》、《曼陀林风》、《麦琪·梅》）来说，是比较简单

---

[1] 指不使用电声乐器，不经过电子设备修饰加工的现场化的流行音乐表演形式。

的，就是回归它们本来的样子。这几首歌组合在一起，以这样的形式，在这些乐手的演绎下，肯定会产生特别的效果。

我们是2月5日在环球音乐工作室录制这次演出的。观众离我们很近——近得有点让人不习惯，像是在酒吧里演出的那种距离，而且我们坐在中间，无处可逃。这次演出的时候，即便被固定在一个座位上，我依然在可能的范围里踢腿，转来转去，有时会倒向一边让伍迪分心。不过除了这些胡闹和曲目转换间的戏谑之外，这场演出好像有一种真正的力量。我发现自己沉浸在这些歌曲里，与它们在情感上真的起了共鸣，这种深刻的感觉好些年没有体会了。

这场演出彻底地震撼了我自己。在排练的最后一天，也就是演出的前一天，我临时决定加一首歌《最近我有没有告诉你》（*Have I Told You Lately*），这是范·莫里森的歌，我曾经在1991年录制过，收在《流浪者的心》这张专辑里。演出那晚当这首歌唱到尾声的时候，想到雷切尔，还有当时不到八个月大的蕾妮，我忍不住做了一个抱着孩子的动作，动情地落泪。

后来当我回顾这场演出的时候，我意识到这可能是我的演唱生涯里最好的一次。它带给我最大的鼓舞是它证明了，当你把所有花哨的东西都去掉，把那些喧哗、表演和嬉闹都去掉，我还有真正有价值的东西：能唱好一首歌的嗓子。作为一个歌手，这就是我一直以来想要证明的东西。

这场演出录制结束后，这张演出专辑发行时取名叫"不插电……而且坐着"，阿诺德巧妙地穿过了围绕MTV的"不插电"品牌的外交雷区，确保用了小写字母，还加了一句，指出跟我一贯性格不符的困在椅子里的演出特色。自从1978年那张《金发的人有更多乐趣》以来，我还没有哪张专辑可以像这张一样，在美国卖得这么好。我们接下来的巡演从1993年一直持续到1994年，甚至在新年前夜，我们还要回到里约热内卢做一次演出。

这次没有"加油合唱团",也没有在被排放污物的水里游泳,也没有20万观众。但是这次,有350万观众!

这一晚创下了演唱会参加人数最多的吉尼斯世界纪录,规模大到难以想象。当工作人员去查看音响系统(沿着海岸线每100码就要放置一个大的扬声器)的时候,他们需要乘出租车一路查看。

演出之前我怎么样呢?我肚子疼。不是因为害怕,而是因为吃了什么东西。我们那晚预计要在12点左右演出,而在10点半的时候,我还躺在床上起不来。医生给我打了一针,然后我就开始拉肚子。排泄之后,就感觉好多了,可以坚持着演出了。站在那么多人面前,成为关注的焦点,感觉如何,我几乎没什么可说的,因为我当时感觉很虚弱。不过,我至少没有取消演出。当着350万人取消演出,是想都不敢想的事。而且最重要的是,这次我的嗓子没出问题。

第二天早上,我坐在飞机上俯视昨晚演出的场所。海岸线延绵不断,一望无际,那些脚手架正在被拆卸,有些地方,当地人好像已经把不少木料偷偷运走了。我很庆幸自己是在演出之后而非演出之前看到全景,不然估计会腿肚子哆嗦,上不了台。

接下来的一天,我陷入麻烦,因为狗仔队拍到我在喝可口可乐。其实,这不算什么坏事,只不过这整场演出是百事可乐公司赞助的。

顺便说一下,滚石乐队也曾在科帕卡瓦纳海滩面对很多观众演出(虽然人数远远不及我这次),罗尼·伍德在他的书里是这么写的:"罗德·斯图尔特因为科帕卡瓦纳海滩的演出而成为史上拥有演出观众最多的歌星,但是他演出那天是新年前夜,每个当地人本来就会到海滩上庆祝新年到来,所以恕我直言,人们并不是专程去看他的演出。我们(滚石乐队)才是拥有演出观众最多的,因为我们的观众是专程赶来看演出的。"

对于他这番长篇大论,我只有一句评价:

一派胡言。

第 16 章　再婚情伤

* * *

　　我已经想好了我和雷切尔的未来生活。我卖掉了卡洛伍德的房子，正让人在比弗利公园建造一幢全新的豪宅。现在我还打算换一下在英国的住处。虽然埃平的伍德庄园有许多美好的记忆，但它是一个文物保护建筑，这意味着你不能对它进行改造，而我一直喜欢那些能够改造的大房子。1998 年，我准备出价买下"星树林"，这是一幢在英国汉普郡的乡村别墅。滚石乐队主唱米克·贾格尔曾经住在这里，现在它属于弗兰克·威廉斯，一级方程式赛车威廉斯车队的管理者。威廉斯想要把房子转手，我们已经谈好了价格。然后，我开始着手卖掉伍德庄园。戴维·贝克汉姆和维多利亚正在伦敦郊区找一个住处，他们好像对我的这个房子很有兴趣。同时，我还联系了室内设计师和园林设计师来讨论对"星树林"的改造。我热情满满，干劲十足。很少有什么能比建筑项目更让我兴奋的了。

　　然而，结局毫无预兆地来了。一天，我正给雷切尔看一些我订购的家具的照片。我发现她没有在看照片，她在看我，然后她静静地说："我想我不会留在这里了。"

　　我不懂她在说什么。她又重复了一遍："我想我不会留在这里了。"

　　然后，她开始哭诉：她感到不开心，她不开心已经有好一阵子了——可能差不多有一年；她一直在尽力隐藏她的痛苦，可是现在她再也做不到了，她要离开我。

　　听到这些话，我感觉就像被人拿板球棒在后脑勺重重打了一棒。我完全没有料到这样的事会发生，一点蛛丝马迹也没有。我仔细回想前几个星期的事，想起我在洛杉矶跟乐队一起排练时，雷切尔的电话好像是比以往要少。可是这只是个小细节，我以为她是忙着带孩子。

除此之外，我实在想不出还有别的什么事情会导致如今的结局。

我问她有没有爱上别人。她说没有。她说源头在心里，她对生活感到不开心。实际上，她觉得这样的生活不是她的人生。她刚21岁，未经世事时，就进入我的生活，被淹没在我的生活里，现在她只是无精打采地跟着我的步伐。她担心自己失去自我。她现在已经29岁了，30岁即将到来，而她都不知道自己是谁。她必须离开。

这段对话需要几天的时间来消化。我处在极度震惊、难以置信的状态之中。当我意识到这些年自己一直快乐地往前走，制定着未来的计划，却完全没有意识到身边最亲近的人的想法，这种醒悟给我毁灭性的打击。我觉得自己很愚蠢。我一会儿因为尴尬自责而缩在自己的世界里，一会儿又伸出手去挽留她，希望她改变心意。

当我终于明白一切无法挽回的时候，我开始让自己从买房计划中抽身出来。我放弃了对"星树林"的购买。我取消了订购的家具以及跟设计师的会面。他们都表示很理解，但是这是一个痛苦的而且让我倍感羞辱的过程。

雷切尔离开的决定是在1998年底做出的，但是在圣诞节的时候分手，对孩子们来说太糟糕了，所以我们决定一起待到圣诞节后。在此期间，我在英国有几场演出，其中五晚在伯爵宫，这是我感觉最艰难的几次演出。我唱歌的时候，好像胸口压着块巨石。在伦敦演出的时候，我期望雷切尔会突然出现，然后我们和好如初。我不断朝舞台两侧望去，心里想着："她今晚会来的。"可是，一直等到最后，她都没有来，我感觉自己像被撕成了碎片。

为了共度圣诞，我们飞到棕榈滩的住处。那时，我们分手的决定已经上了报纸。在飞去的途中，我坐在杰弗里·阿彻旁边，他是小说家和前保守党政客。"罗德，"他说，"现在正是你开始写书的时机。"我确实写了。我写了几行字，但是很快就搁置一边，因为压根儿没法集中注意力。

第16章 再婚情伤

我们安静而痛苦地道别。雷切尔带着孩子飞到新西兰去看她的父母。我回到洛杉矶，一个人待在我们曾经一起住过的房子里，这时才意识到我们的关系真的结束了。悲伤彻底压垮了我，感觉就好像得了19世纪的热病一样。足足有四个月，我都处在错乱的精神状态中。体重骤减了12磅。我时时刻刻都觉得寒冷。白天我就躺在沙发上，裹着一条毯子，胸口抱着一个热的水瓶。我终于明白为什么人们用"心碎"这个词：你的心脏确实有种破碎的感觉。

我心烦意乱到了发疯的程度。有一个星期，我跟蕾妮、利亚姆还有露比在一起，我突然想带她们去哪里玩。一家人去度个假，我觉得这样能够使我回到正常生活的状态。于是我走进房间，拍了拍手，然后说："来，我们去夏威夷。"我让她们给自己收拾好行李，然后就快快出了门。等我们到了那里，才发现蕾妮和露比只带了一些贝壳和芭比娃娃，没有一个孩子带睡衣。我坐在海滩上看着她们玩，想让自己有种有家的感觉。但是过了两天，我坐不住了，就把她们带了回来。

朋友们都过来看我，我的女儿金伯莉也搬回家来跟我一起住，这对我来说是一个很大的安慰。我去了一家书店，从"自我帮助"那个书架上买了满满一袋书回来。其中一本给了我一些帮助。斯科特·佩克写的那本《少有人走的路》，讲述了痛苦和磨难的重要性，只有经历痛苦，才能变得更强大。这本书在我痛苦的时候给了我一定的鼓舞。

不过，我其他一些拯救自己出深渊的举措都变成了闹剧。我试着学习瑜伽。一个男人来家里教我一些基本动作。当我尝试着做一个初学者阶段的平衡动作时，我一头栽进了壁炉里。（如果上帝真的希望我们做瑜伽的话，他会让我们生下来时，头就在膝盖后面。）

我还尝试了心理治疗，虽然我从来不相信这个。之前我和阿兰娜感情出现问题的时候，她曾经说服我跟她一起去做过几次心理治疗，不过没什么持久的效果。在我看来，它有点像吃中国菜：当时觉得很饱，过了一小时就饿了。我是英国人，我们英国人不做心理治疗。我们喝浓茶，吃几块姜汁饼干，绝口不谈自己的痛苦。

但是我当时处于绝境，所以我去了。我见过三个治疗师。一号治疗师是一位中年女子，怎么说好呢？她对我有意思。我相信这一行的行规是禁止这样不专业的事情发生的。你们要知道结果么，结果是：我没有回应。我马上离开了，继续找下一个治疗师……

二号治疗师建议我养一只猫。这个主意其实还不坏。虽然我更喜欢养狗，不过养一只猫，也许能让我分心去照顾它，并且，如果它够温顺的话，还可以当作暖手炉。不过，"养一只猫"并不是我在这个阶段希望听到的抚慰心灵、振奋精神的建议。我做一小时 150 美元的心理治疗并不是为了听这个。

然后是三号治疗师。他说："别担心了。你见识过了一个烂人，再碰到也不怕了。"

主啊。我还是回去烧开水泡浓茶喝，再吃几块姜汁饼干吧。

真正帮到我的那个人是谁呢？大阿尔。一天中午，我正无精打采地躺在沙发上对着电视，以前我从来不这样。门开了，艾伦·休厄尔，我的老朋友，伊尔福德的废品经销商，像清晨照进来的一缕阳光般走了进来。他一个人坐了 11 个小时的飞机，专程从埃塞克斯过来，就为了给我一个惊喜——他是非常讨厌旅行的人。我永远不会忘记他特地为我做的这一切。从这个时候开始，我的情况有所好转。

现在想起来，我跟自己深爱的人在一起度过了很棒的八年，虽然最后结束的时候我有点难以接受。那个女孩子太年轻，还没有长大。当她需要展翅飞翔的时候，却发现自己被周围的东西困住了。尽管她离开的时候，我有一段时间一蹶不振，但我还是欣赏她的勇敢。

我还认识到另一件事：很显然，我永远都不可能有幸福的婚姻。

第17章

癌愈反思

主人公被残酷的情形所迫，思考事业是不是走到了尽头，继而广泛地思考了人生、死亡、命运和一切事物的意义等命题。

2000年5月，我去洛杉矶的悉达斯·西奈医院做一个常规的体检。我本来指望进去就出来的，跟以前一样。我身体显然很健壮——每天都在锻炼，进行演出，55岁了周末还在踢球。做完各项测试后，我坐在候诊室里，等着医生说"没事了，你可以走了"。

结果等了好一会儿，然后一个医生把我叫到他的诊室，跟我说，身体扫描检查时发现了一些情况，他们需要再进一步察看——我的甲状腺上有些东西。第二天，我又回到医院，做了一个活体切片检查。在局部麻醉的情况下，感染的部分被用针取了一些出来，拿去化验。最终第二天我在家里接到电话，我站在那里听完，手心冰凉。化验结果表明，我的甲状腺上的东西是恶性肿瘤：癌。

这消息真是晴天霹雳。最初的惊愕过去后，我感到从来没有过的害怕和脆弱。好在解决办法很快就有了，我也就没被这些情绪主宰多久。切片检查两天之后，我就回到西奈医院做手术。清晨5点办的入住手续，免得被人看见。我住院用的名字是比利·波茨（这是我养的两条狗的名字），以防引来媒体的关注，他们可不会轻易放过"摇滚明星罗德住院进行癌症治疗"这样的故事。

手术之前，我躺在手术室前厅的担架车上，身体因为之前的一系列准备工作而有些虚弱，我戴着耳机，跟着随身听里的一张CD唱歌——山姆·库克，我在艰难时期常听他的歌，总能给我带来安慰。门外，一个护士经过候诊室，朝着我歌声的方向点了点头。

"他唱得挺不错的，是吧？"她说。

安妮·查利斯（我的经理助理，她来医院照顾我），回答说："我们希望他有一天能够以此为职业。"

手术进行了四个小时，外科医生的手术刀离我的声带只有一点点距离。稍有不慎，我的歌唱事业就终结了。不过手术很成功。当我醒过来，我得知医生已经把所有需要清除的部分都清除了，而且不需要做化疗——这意味着我不会掉头发。说实在的，要是把对我演唱事业的威胁排个顺序，失去头发的严重性仅次于失去嗓音。

那一晚，我的前妻雷切尔带着我们的孩子蕾妮和利亚姆来病房看我。安妮出去，给我们从圆顶饭店带回了炖羊肉，虽然我只能吃一点点，不过整个气氛是庆祝性的。一个可怕的生活插曲好像已经结束了。

事实上，从我的角度来说，真正的危机才刚开始。医生当时为了切除肿瘤，必须先切入我喉咙内部的肌肉。手术结束后，肌肉会修复。不过，这些年的演唱培养出来的肌肉记忆都会消失。这些肌肉接下来有阵子会不知道自己该如何运作，它们需要重新学习。

我急切地想知道：它们能学会吗？

"让嗓子休息三个月，"医生说，"嗓子就可以部分恢复了。"

哦。

"当然，声音也许不完全一样。"

呃。

那，如果我的声音听起来不一样怎么办？如果我失而复得的嗓音是——比方说——一个不那么好的歌手的嗓音怎么办？我不要别人的

第 17 章　癌愈反思

声音，我只要自己的嗓音。

医生能说的只有先休息三个月，然后再看。

不要说唱歌了；过了好几个星期，我都只能悄声说话。我的嗓音本来就一直有点沙哑，而现在，只剩下沙哑。

至于唱歌，三个月过去了，我还是唱不出来，哪怕一个音也不行。四个月，五个月……没有好转。我张开口，只能发出沙哑微弱的声音——苍白无力，不成曲调。这段时期是我生命里最漫长难熬的日子。我每天早晨醒来，想着："说不定今天会有改善。"然后，难过地发现，毫无变化。他们不是说三个月吗？但就快过去六个月了，我还是不能唱歌。

是不是到了该让自己明白一切都结束了的时候？我要怎么对自己说呢？"你已经做得很不错了，兄弟。卖了几张专辑，赚了一些钱，过得很开心。已经比你应得的多很多了。看看积极的一面吧，如果你刚开始唱歌，他们就告诉你这一切，你会把他们的手咬下来。"

是的，不就是不能再唱歌，不能再录专辑，不能再演出……放手这一切还不容易吗？当这一切都失去的时候，我还剩下什么呢？"你不是那个罗德·斯图尔特吗？"一切都这样结束，能做到吗？

最令人崩溃的是，不是在我自己选择的时间结束，是突如其来的，因为某个随机的细胞故障，一切就悲惨地结束了。不是在某个舞台的聚光灯下隆重地告别；只是耸耸肩，沉默地挥手道别。

我曾经读过斯廷说的一段话：如果明天一切都结束了，如果音乐都已枯竭，钱也用尽，盛名也消失，那么他会快乐地住回单人公寓，就像他未成名之前那样。我赌他绝不可能做到，因为我知道我绝对做不到。

如果不能唱歌了，我接下来该做什么呢？我肯定需要找一个工作。我之前有提到父亲说的一个人想要快乐的秘诀：一份工作、一项体育运动和一个业余爱好。我的快乐不能少掉任何一样。一天，我悲伤地看向窗外想着："如果我不能再做歌手，我可以做一个园林设计

上面和左边：一个人应该有一个爱好，才能人格完满。不要窃笑。建造铁路模型是我人生的一大爱好。

插图：努力工作中。

师。"设计，想象，计划，站在平台上指点：这里弄一个意大利风格的喷泉，那里放一个赫拉克勒斯的雕像，下面种一排橘树……这个我能做。罗德·斯图尔特，园林设计师。

不过即便我在做着这个白日梦，还有一部分自己清醒地认识到下面这个事实：如果你曾经做过摇滚乐队的歌手，那么这世界上很难再找到能带给你同等满足感的工作了。摇滚乐队的歌手，在我看来，就是全世界最棒的工作。在那之后不管做什么，都是走下坡路，即便我真的成为一个非常棒的园林设计师。

当第六个月过去，我心里突然冒出个想法，我改变了策略。这些天我一直在等待我的嗓子回来，然而它一直不出现。要不要尝试一下把它逼回来呢？就算我在这个过程中把它永远毁掉了，跟现在的情形又有什么区别呢？

我联系了一个叫"内特·兰姆"的人。他是附近一个犹太教会唱诗班的指挥，我听说他对用嗓极有研究，能够增强人们的嗓音。内特过来，教了我一些发音练习：他坐在钢琴前，我坐在他旁边，惴惴不安。这些练习就好像每天给嗓子做锻炼——直到现在我还使用这些方法。他让我唱音阶、急唱、琶音。他让我发出嘘嘘和嗡嗡的声音。他很坚定、耐心又自信。他就是上天派来帮助我的人。每天内特都来，我们都做这些练习。我的事业能继续，真是多亏了他。

接下来，我开始尝试我的第二步计划。第二步计划就是打电话给乐队，把他们都叫到家里，大家一起到车库里唱歌。如果嗓子能有些声音，就每天这样做，每天练习，直到它最终康复，或者彻底消失。

于是，乐队成员都来了——查克·肯蒂斯，键盘手；卡迈恩·罗哈斯，贝司手；保罗·沃伦，吉他手；戴夫·帕尔默，鼓手。我们觉得可以先从《麦琪·梅》开始。我唱了第一句，然后嗓音就消失了。不过没关系。第二天我们继续尝试。我可以唱几句，然后嗓子又没声音了。

又过了一天，我能唱出半段。不久之后，能唱两段。

过了一个星期左右，我能唱一首完整的歌了。接下来是几首歌，然后是一半的曲目，最终，过了好几个星期，我可以唱完整场演出的歌曲了。这段时期，乐队成员和我的好朋友们表现出不同寻常的耐心和信念。我的喉咙也不再痛得那么厉害，我的嗓子能够有力地坚持到演出结束，我终于松了口气，知道自己可以继续唱下去，而且就像安妮跟那个护士说的那样，把唱歌当作一个职业做下去。

我们对外放出的说法是切除了一个良性的声带小结，这对歌手来说是很平常的一个小手术。但是真相最终还是传了出去，有些报纸就大肆宣扬这件事，用些骇人听闻的标题"罗德跟癌症的搏斗"。

实际上，没有什么搏斗，没有战斗，没有奋力的挣扎。我倒希望自己有过这些英勇的时刻，不过这样夸大的标题是对那些真正生病、真正跟病魔搏斗过的人们的侮辱。在我这里，癌症来过，不过没几天，它就被解决了。

因此，我不想从所谓的"跟死神擦肩而过"的经历里得出太大的结论，或者把自己看成一个"癌症幸存者"，或者声称自己已经永久地被这段遭遇改变了。这些说法对我来说，有些言过其实了。

当然，你只有在失去某样东西时，才会意识到它对你的重要性，才会意识到你最初是多么幸运。很多摇滚歌手很幸运，却把一切归结为自己的努力。努力当然是免不了的，不过你真正依靠的是运气——命运的不可思议的安排，当你开口的时候，发出的是独特的嗓音，而非其他，而这个独特的嗓音能卖出超过两亿张唱片，给你带来世界范围的声誉，还给你一个别人想也不敢想的美妙人生。

另一件幸运的事就是，当你得了甲状腺癌，你能在几天之内把它消除，继续活下去……我真是一个幸运的家伙，不可思议的幸运！

第 18 章

命中注定

彭妮。

雷切尔离开的时候，我觉得我绝对不会再死心塌地地爱上一个20来岁的高挑金发女郎。我知道，对我这个年纪的人来说，这没有什么好处。

然而不到八个月，我就爱上了另一个20来岁的高挑金发女郎。

不过这一次我需要确定她是否是适合我的那个人。上一次，我以为自己是对的，结果却是自己完全错了，我真的不想再重蹈覆辙。我需要慢慢来（假设我可以做到的话，在我过去轻率的罗曼史里，很难看出我可以做到这一点），我开始做一件我以前在恋爱里很讨厌做的事情：一段漫长的追求。

1999年春天，在雷切尔离开四个月之后，尽管心理治疗失败，瑜伽运动也很快泡汤，但是分离带来的痛苦慢慢缓解了，我也走出了沮丧，开始新的约会。我见了特雷斯·特威德几次，这个加拿大的模特和演员，是我见过的最有趣的女人。另外，我跟金伯莉·康拉德有过几次很愉快的约会，她当时刚跟休·赫夫纳分手。我还跟美国模特卡普里切·布雷来往过一阵子。可怜的卡普里切遭遇了类似电影《音乐之声》里孩子们对那位新来的女家庭教师的驱逐运动。我的孩子好像不太喜欢她，在她的腿上放宠物鼠。她们一得知她要来，就在家里到处摆放我前妻的照片。这段关系也就没有进展下去。

这些交往都很棒,她们都是我很欣赏的美丽女子,但是都不是我那个时期所寻求的另一半。我想找个爱人,跟她共度余生。

在这几个月里,我发现自己时不时地会想起一个去年12月我在伦敦邂逅的美丽特别的女孩子。当时我被失败的婚姻重创,正和几个朋友一起在都切斯特饭店喝酒,突然,一个二十来岁的高挑的金发女郎走过来,向我索要签名。她被她的朋友们怂恿着来完成这项挑战,那几个女孩子正在房间的另一头偷笑。

她叫彭妮·兰开斯特,27岁。是的,她个子高挑,金发,魔鬼身材(我后来才知道她是内衣模特),同样吸引我的还有她身上散发出来的真诚和温暖,还有脸上流露出来的善良。我问她是做什么的,她告诉我她是模特,同时还是埃塞克斯巴金学院的摄影系学生。我问她要不要试试拍摄一下我的一场演出,她看上去很感兴趣。我告诉她,如果她周六那晚来伯爵宫的门口,我会安排好一张通行证给她,她可以随心所欲地拍照。

她那晚来看了演出,也拍了照,不过我没有见她,自始至终都没有。贝司手卡迈恩·罗哈斯去门口确保她能进来,我也知道她已经把联系方式留给了卡迈恩。接下来的几个月里,我偶尔会向卡迈恩要她的电话。不过,他总是笑着说:"不给你——她太好了,不适合你,兄弟。"不过他最终发了慈悲,于是在1999年8月初,离初次见面已经过去八个月,当我回到伦敦的时候,我给她打了个电话。

我说:"我在伦敦。我们要不要一起吃个饭,见见我的几个朋友?"

"顺便再把那些照片带上。"我补充了一句。

我们在离伍德庄园不远的劳顿的一家小饭店"尼尔家"见面了。彭妮,如今28岁了,穿着仿皮革裤子(很新潮,但不是我以为的短裙),上衣领口很高,还有一件外套把她胳膊和肩膀都遮了起来。我

第 18 章 命中注定

瞬间被她朝气蓬勃的面孔和少女般的举止所打动。我邀请了我的老友"大阿尔"艾伦·休厄尔和他的妻子黛比。彭妮可能一开始以为她要见到的是音乐圈的人，有些紧张，但现在看到的是这么随和、实在、快乐的一对夫妇，大大地松了一口气，也变得轻松自在起来。

一开始，我问彭妮我能不能看一下去年12月她拍的那些照片，她递给我一叠。它们并不是我所见过的拍得最好的演唱会照片。彭妮原以为她会待在摄影师的位置，正对着舞台。可是管理人员把她带到了会场中央的调度台那里，她没有带长焦距镜头，所以只能远远地拍到一些模糊的身影。她在暗室里做了很多放大和裁剪的工作。

我们把照片放在一边，然后点菜、交谈。整个夜晚过得非常顺利愉快，直到她站起身去洗手间的时候，把邻桌的两杯酒碰翻了。她确信自己把这次约会搞砸了，不过事实上，这点小插曲只使得整个夜晚更加有趣和温馨。

当我们一起出来坐车时，我问彭妮第二天能不能再见面。让我兴奋的是，她说她很愿意来，只是明天是她爷爷的生日，她要带他去塞东橡木酒吧。

我说："那是我的酒吧。"

彭妮说："什么，是你开的？"

我说："不是，这是我常去的地方。我可以去那里见你。"

她说："我相信我爷爷会很高兴见到你。"

我说："那就明天见。"

第二天，下午两点多钟，前门的对讲机响了。

一个犹豫的女子的声音说："我找罗德。"

"我就是。"

"呃，我是彭妮。你说过，你会见我和我的爷爷。"

我有点困惑，我以为我们约好了晚上见。我按了按钮，让他们进来，然后自己走到车道上。彭妮解释说，她请她爷爷沃利吃的是午

301

餐，不是晚餐。所以当午饭吃完还没看到我的身影时，沃利站起来坚决地说："我们要去找他。我们要去罗德·斯图尔特的家里。"

彭妮说："我们不能就……这么过去。"

沃利说："他说过他会来。既然他说了他会来，我们就应该让他信守诺言。"

我跟沃利握了握手，为这个误会一再跟他道歉，然后我们聊了很久。后来，当彭妮和我终于在一起之后，沃利和我还时不时会溜出去喝一杯。他在二战时是一个消防队员，而我一听到人们说那个时期的故事，耳朵就会竖起来。他有一次告诉我："我要跟你说实话，我不是特别喜欢你的歌，不过我喜欢你在艺术方面的品位。"

他有一张坐在我的兰博基尼驾驶座里的照片，他经常拿出来给英国退伍军人协会的人看。这个可怜的老人在95岁时，当他在路上弯腰去捡他的养老金的时候，被巴士撞到而过世。那天，他的口袋里还装着那张照片，后来它陪着他下葬。

在那场错过的午餐之后，我和彭妮也见过几次，不过进展非常缓慢，夹杂着犹豫。当时，彭妮已经跟一个人订婚，他们已经交往了十年。她对我很坦白。她说，最近两个人关系不是特别好，但她想到要跟他分开，就觉得很痛苦。我告诉她，如果她要找人倾诉的话，我愿意倾听，因为我自己也刚经历了类似的痛苦。我们聊得越多，我就越意识到自己已经爱上了彭妮，不过我还是非常小心，希望每一步都没有走错。我们过了好久才第一次亲吻，那是一天下午在伍德庄园喝完茶之后发生的。当时我们聊着拉斐尔前派艺术，这也是彭妮在学校学习的课程之一。我带她看我收藏的油画，先是起居室里的油画，然后看挂在外面走廊里的，然后是楼梯旁边墙上的，后来走到了我的卧室。两人都沉默了。然后，我问彭妮她能不能横躺在床上。她有点犹豫地躺下了。然后我走到床的另一边，在她的身后，手放在她的肩膀上，低下头亲吻了她。她捧着我的脸，也回吻我。然后我站起来，拉着她的手，扶着她站起来，说："走吧。"接着继续我们的油画之旅。

亲爱的读者，这就是那个传奇的"反方向的吻"。直到今天，彭妮依然说那是"最浪漫和最诱惑的亲吻"。你们也可以试试。

刚开始，彭妮很安静，可能是因为有一点害怕。但后来我很快认识到她其实并不内向。在2008年底的时候，我应邀去为查尔斯王子在海格洛夫庄园的六十大寿宴会演唱。我从舞台上看去，彭妮正和王子一起随着《你觉得我性感吗？》的音乐跳舞。王子邀请她跳舞，希望借此带动其他人到舞池里，这招确实很有效。后来，他问她："你在哪里学来的舞步？"彭妮说："从我父亲那里。"过了一会儿，我再从舞台上看去（当时唱的是《你今晚的容颜》）彭妮正和威廉王子共舞，他得到她的允许，在最后的舞步里把她"甩"了出去。

在几年之前的逸事之后，彭妮还能被王室邀请，这让她放下心来。我当时在温莎城堡为王子的慈善信托基金会的赞助人演出，我和彭妮都是这个基金会的大使。晚宴时彭妮坐在查尔斯王子旁边。当侍者举着大盘子里的主菜站在彭妮身侧时，王子正在讲故事。彭妮一边夹肉，一边看着王子那边，因为她觉得这是礼节，结果没夹到自己的盘子里，把一大块肉落在了他俩中间的桌布上。王子说："哦，不要紧，我经常这样。"然后，随意地用他的餐巾把肉遮盖住，真是极有风度的人。

这是我可爱的妻子很有趣的特质之一——你永远不知道她下一步会做什么，什么时候她的眼里会冒出一丝调皮的神情，那种顽皮和可爱交织在一起的神情。八年前我们在澳大利亚游玩，有一天，很热，在看了一些葡萄园之后，我们开车回酒店。突然，道路两旁出现了无尽的稻田，稻田里堆着好多高高的干草堆。这个景象让彭妮兴奋得从车里跳出来，越过栅栏，开始奔跑，一边跑一边把衣服脱下来，只剩下内衣，然后爬到远处一个高高的干草堆上，转过身来朝我挥手。于是，我也从车里跳出来，开始奔跑，一边跑一边大叫，然后爬到干草堆上，两个人拥抱在一起。这个时候，有两三辆车停在我们的车后面，司机不耐烦地摁着喇叭叫我们回去。我们边跑，边捡起彭妮的衣服，然后跳到了汽车后座，笑得像个傻瓜。

而在那些初期的约会里，我需要不断告诉她，她可以放心说话，不要紧的。有一晚，我们待在温布尔登罗尼·伍德的住处。伍德跟吉米·怀特关系很好，他是那个时代风头很健的一个台球明星，行为有点儿放荡不羁。那天晚上，怀特说："我需要一个助手配合我完成一个台球的花式表演。"彭妮觉得这是个跟大家热乎起来的机会，同时也可以显示她的勇敢，于是说："我来当你的助手。"

要完成这个花式表演，她需要躺在伍德的台球桌上，头靠在台面上，用牙咬着一个高尔夫球座。怀特在球座上放了一个红色球，然后声称他会在桌子另一头打一个跳球，用白球将红球从球座上打下来，落入彭妮头左侧的球袋里。

我在一旁看着，心想："你可不要出错啊，伙计。"

啪！白色球从怀特的球杆上跃起，结果没有打中红色球，却打到了彭妮的下巴。听到这清脆的声音，我在想是不是牙齿都被敲碎了，还好她只是有些淤青。怀特连声道歉，不过我很生气。我说："我们走了。"然后，我们就起身离开了。

我俩的感情在一系列浪漫的海外之旅中逐渐升温。蛮早的时候，我就带彭妮到巴哈马群岛度假，跟我的八个老朋友一起——这对她来说可能有点拘束和隔阂，不过她还是很好地融入了。为了给她一个惊喜，我在客房给她准备好了一衣橱的杜嘉班纳的衣服和鞋子。给她买合适尺码的鞋子这事对我来说有一些难度，不过我很聪明地解决了这个难题：自己穿一下。如果我穿起来感觉很紧，那么对彭妮来说，就刚刚好。结果证明：我猜对了。

我们还一起开着我的敞篷兰博基尼穿越法国南部的普罗旺斯，只有我们两个人——接下来的几年里，我们还去过几次，后来我们就决心在那里买栋房子，以便可以常去那里住。彭妮后来有几次飞到法国寻找合适的房子，过了四年才在尼斯的一座小山上找到一个很合心意的住所，我们买下了，直到今天还是很喜欢。

不久我回了美国，继续时不时邀请彭妮过来小聚一下。分隔两地的时候，我们就长时间地打国际长途，分享我们的心事，天南海北地聊。她在巴金学院的摄影课程快要修完时，我跟周围的朋友说："我的女朋友学校放假了，她要过来了。"我喜欢这段话说完后周围一片震惊的反应。不过对彭妮来说，也会觉得有些不可思议吧。前一分钟她还在巴金学院，接下来她就飞到迈阿密，坐车穿过机场跑道，来到里尔喷气机前，她的摆着造型的男朋友正等着她一起坐飞机，15分钟后飞到他在棕榈滩的别墅。

我们的交往对双方家庭来说都有些难以接受。我的哥哥姐姐们一开始都有些担心这是我和雷切尔故事的重演。而彭妮的哥哥奥利弗也很担心他的妹妹跟一个摇滚明星来往。他后来当然会了解到我是一个品行良好、正直的绅士。不过与此同时，我们觉得解决这些家庭疑虑的最好办法是安排我跟她的父亲格雷厄姆见一面。格雷厄姆跟我同岁，他是个律师。我们两个都不知道晚宴时怎么穿才合适。结果，格雷厄姆穿得像个摇滚明星——牛仔裤加皮衣，而我穿得像个律师，一身深色西服，配上熨烫平整的衬衫和一条打得很精致的领带。我们一见如故，吃完饭后意犹未尽，又去了我在埃平的住处，一起喝威士忌，听山姆·库克的唱片。

我知道彭妮一直想要个孩子。她跟我坦白说过，她有多么喜欢小孩子，她多么想要生个孩子。我也坦白跟她说过，在我这个阶段，我觉得我真的不能再要孩子，或是结婚，或是跟任何人认真地进展。我俩都说现在这样子很好，其他不要紧，让这段感情顺其自然。不过，我知道她心里总是有缺憾。

同时，彭妮还要下决心离开她已经交往很久的那个人——一个有可能和她组建家庭的人。有一次，她因为想到要做这个决定，而在我怀里痛哭。我建议她出去走走，在湖边坐一会儿，理清思绪。当她坐在那里的时候，一只天鹅从水里钻了出来，飞走了，然后一根洁白的羽毛漂过来，停在了她的身旁。把这个看作上天的一个启示会不会过于异想天开？不过，它确实是一个幸福的巧合和鼓舞人心的一幕。彭妮回来的时候，手里拿着那根羽毛，下定了决心。她到现在还保留着它。

彭妮跟她的男朋友分手后，我可以开口说"搬过来跟我一起住吧"。不过，我们还是克制着自己，尽量缓慢发展。于是彭妮搬回家跟她的父亲一起住，离我在埃塞克斯的房子不远。她现在睡的那张床还是她八岁时家人给她买的，对她来说太小了，她的脚都伸到床外了，床上的弹簧也都没弹力了。于是我给她买了一张新床，当哈罗德百货公司的车把床送过来时，还在街坊邻里间引起一阵骚动。回想起来，这可能是我送给女人的最不浪漫的礼物了：一张新的单人床，好让她继续住在父亲的房子里。

后来，我建议她搬到埃平，我的庄园车道尽头的一个小屋子里。这样可以让她住得近一些，但是又没有完全搬进来。不过中间有很棒的三个星期，因为蕾妮和利亚姆要过来住，而伍德庄园又重新装修，于是彭妮、孩子们和我一起在小屋子里住了一段时间，温馨地分享两个卧室。早上蕾妮和利亚姆会到我们的房间来，在床上蹦蹦跳跳。然后彭妮会带他们到埃塞克斯海岸的南端，把他们哄得开开心心的，带他们看埃塞克斯的海边：海滩、帆布躺椅、小飞侠乐园。这一切让她很开心，不过一想到她不能带着自己的孩子这么玩的时候，我就很心痛。为什么这段恋情不能早一点出现呢？

对我俩来说，还有一件非做不可的事。我们出去旅游的时候，手拉手在城镇里漫步，我们总是忍不住走进教堂。那里并没有在举行婚礼，不过总有种东西牵引着我们，我们都有种迫切的感觉，要去里面

第 18 章 命中注定

静坐祷告一会儿。我们谁也没有提出来这么做，就是一种内在的渴求，一种神秘的力量把我们吸引过去。我们可能正在纽约，在忙什么事或者去某个地方，然后当我们经过一个教堂的时候，总会忍不住说："进去待一会儿吧。"于是我们就会坐在后排，低头祷告一会儿。直到结婚之后，我们谈起这件事时，才发现，当我们并肩坐在那里的时候，两人都在祈祷未来能够在一起。不过在当时，我们并没有说。我们会默默祈祷，然后牵着手离开。

2003 年，我们一起去坦桑尼亚过新年。之前我们在电视上看到一个广告，里面一对夫妇在非洲灌木丛中祝福彼此新年快乐，我们觉得："这真是最浪漫的事情了。"在那次旅行里，我捡起一块石头，在一个树干上刻了"RS 爱 PL"。我从未对她这么表白过，就算在那个时刻，她也不知道我这么写究竟是闹着玩的，还是认真的，我也没有跟她解释。

然后是 2004 年 9 月 11 日，世贸大楼被袭击事件三周年的日子。那是一个晴朗的秋高气爽的下午，我们在伍德庄园，坐在湖边，谈着几年前发生的事，那一天被摧毁的家庭和留下的孩子们。然后过了一会儿，我突然说："我们要个小孩吧。"

她有点愣住了，因为她不敢奢望我会这么说。但是我很早就意识到这是我们两个都想要的，我说这话是认真的。我们马上就尝试了，实际上，那个圣诞节，彭妮就怀孕了，但是她很快又小产了。不过，我们没有放弃。

同时，我还有了个主意。2005 年 3 月，彭妮快过 33 岁生日了。我告诉她："我要给你——你，你的母亲和父亲一个惊喜之旅。旅程就一天，不过你要带上护照，穿得好看一点。"

那天早上，我和彭妮跟她的父母在斯坦斯特德机场碰头。彼得·麦凯，我的巡演经理，随行照顾我们，我还把一个重要的小盒子交给他保管，不过他也不知道这一天的目的是什么。彭妮穿着黑色的铅笔裙和白色的衬衫，这身又像老师又像秘书的打扮，我很喜欢。我不相信连她也没有读懂我的心思，也许她已经有点意识到了。因为她显然有些紧张，感觉到有大事要发生。

当我们穿过跑道，走向飞机时，我拉着彭妮的父亲故意走慢一点，在引擎的轰鸣声里，我凑近他的耳朵，跟他说："你愿意把女儿嫁给我吗？"

格雷厄姆是一个硬汉，不过这一刻他的腿一软，几乎站不住。我不得不扶住他。"好的！"他说，"你向她求婚吧！"

好极了，如果他说不行的话，这一天接下来的事情就不好办了。

格雷厄姆在飞往我们的目的地巴黎的全程都没有泄露秘密。他和彭妮的母亲萨莉都没有去过巴黎。我们在香榭丽舍大道的富格餐厅喝咖啡，不过我一点儿也没法放松。我不停地在看手表。"12点半了。快喝完吧，我们要走了。"大家被我催促着离开了富格餐厅，奔往埃菲尔铁塔。我们坐电梯到了铁塔第二层平台的凡尔纳餐厅，彼得把我们送到里面的吧台，然后就离开了。

我正忙着点一轮伏特加鸡尾酒时，突然想起一件事，出了一身冷汗。那个小盒子还在彼得的口袋里！我冲出去找他，还好在电梯口截住了他，不然他要是消失在巴黎茫茫人海里一个小时，我的计划就泡汤了。我把小盒子塞进我上衣的内口袋，然后回到餐厅吧台。我喝了一杯又一杯伏特加鸡尾酒，想让自己紧绷的神经舒缓一下。

然后，就在吧台旁，我单膝着地，打开装着戒指的小盒子，向彭妮求婚。

彭妮有好一会儿不敢相信这是真的。她用手捂住脸，眼泪汪汪，旁边是萨莉抽泣的声音，感觉像是过了很久。我的右膝不太好——踢足球留下的旧伤，我不知道自己还能坚持多久。于是我说："说句话吧，彭妮，因为我的膝盖快要撑不住了。"

她呜咽地说了一句"我愿意"。终于，我可以站起来，解除膝盖

第 18 章　命中注定

我的美丽的女儿们：露比（25岁）、金伯莉（33岁）和蕾妮（20岁），摄于 2007 年我和彭妮在意大利举行婚礼的那一天。如此幸福。

插图：萨拉·斯特里特，我的第一个女儿。

在包下的游艇上，跟家人和朋友在加勒比海一起庆祝我的 60 岁生日。跟我的哥哥们、姐姐，还有苏格兰好友里基·辛普森一起开怀大笑。

的压力,并且成为彭妮的终身伴侣。

午餐之后,我们就开车回到机场,然后飞回了家。自那天起,巴黎对我俩就有了特殊的意义,我们一有机会就会去那里,回顾那难忘的一天。我不敢相信我们多么地相爱,不敢相信这个老摇滚歌星是多么地幸运。那一晚彭妮怀上了阿拉斯泰尔,我们漂亮的儿子。

* * *

孩子是 2005 年 11 月 27 日出生的。彭妮很享受怀孕的感觉,我也很喜欢。我们在进入伦敦圣约翰树林的圣约翰和圣伊丽莎白医院之前,在产房旁边的小教堂伫立了一会儿,做了些祷告。然后经过了一段漫长而又令人激动的分娩过程,期间彭妮一会儿在分娩池里,一会儿又出来(我们选择了水中分娩),阿拉斯泰尔终于出生了——躺在油毡地板上。我在那一刻的狂喜中,依然注意到,这块油毡的图案很像阿奇维路 507 号地板上的图案。彭妮在一旁恢复体力,我则抱着阿拉斯泰尔,给他唱《苏格兰之花》。当我们第二天离开的时候,我跟护士们说:"明年见。"

2007 年 6 月,彭妮和我在意属里维埃拉的圣玛格丽塔特小镇,一个装饰着白色玫瑰的教堂里,在一百位宾客的面前,举行了婚礼。婚礼前还是一段小插曲,我们需要用一些烟幕弹,以防止媒体不请自来。于是,我们从法国南海岸坐船到意大利,在两个不同的海湾下船,有点像二战时盟国在诺曼底登陆。这点小诡计增加了行程的乐趣。

我们度过了一个极美妙的周末。婚礼前一晚,我们在酒店里开了一个白色主题派对,然后就像许多其他重要场合一样,它演变成了一个演唱会。我们开始唱些老歌:《告诉我回家的路》、《欢乐聚会吧,母亲布朗》、《在母亲凯莉的家门口》,当然还有《准时送我到教堂》。

我的姐姐玛丽也在，还有我的哥哥鲍勃和唐，我们从小就一起听着这些歌。大家跳着康加舞，跳出了酒店大门，跳到了大街上——就像许多年前大家跳着康加舞跳出了阿奇维路507号的房门一样。有些东西一直从未改变。

婚礼的时候，我不知道的是，彭妮事先安排好了一个意大利男孩合唱团，在她步入教堂的时候，唱起了《阿萨瑞原野》。这首爱尔兰的民谣，是凯尔特人队球迷常唱的。我的眼泪夺眶而出，情绪差点失控。为了纪念当年那只在埃平湖畔飞起的天鹅，我们在一系列的布置——请柬、宴会厅悬挂下来的装饰等等里都加入了天鹅羽毛。进入舞池翩翩起舞的时候，我们选的歌是埃塔·詹姆斯的《终于》。

是的，作为一个现在已经67岁的人，我对这段爱情有点遗憾：这段婚姻，这个家庭，来得有点晚。不过，我知道这样想太贪心了。事实上，这一切终于到来对我来说就是很大的幸运，很大的欣慰，它展现了人生的不可思议。我很幸运，我现在比以前更加幸福，旅途终于到达这里，在我都已经放弃希望，觉得它不会来，不可能来了的时候。

有一张在婚礼那天拍的照片，是在婚礼结束之后拍的。码头上正放着烟火，将要切蛋糕，我们站在海边的小山上。彭妮双手抱在胸前，我在她身后紧紧地抱着她，我们两人脸上的表情和周围的环境，一切的一切，好像都在说：终于。

题外话

我们的主人公思考了为人父的磨难和回报。

没有人能教你怎样做父母。这需要你自己不断地摸索，你只能焦虑地前进，有些地方失败，有些地方成功，尽力而为。不过，一些聪明的指导总是有益的，所以请允许我跟大家分享我个人总结出的 20 条育儿经验，这些实用的经验都是基于亲身实践的经历得来，是我在 30 年的父亲生涯里，跟七个孩子斗智斗勇，在洛杉矶这个并不那么有利于养育小孩的城市里积累的。

（1）小孩子和大量收集的珍贵的盖尔灯具并不是一个最好的组合。当孩子越来越多，我把许多珍贵的藏品都卖掉了，因为这总比把它们粘回去要明智一些。

（2）多年来在摇滚乐队巡演途中和住酒店时学会的恶作剧（可能并不令人惊讶）在家庭生活中也很好用，比方说：在孩子卧室的门上放一桶水。

（3）同样，你可以悄悄地把他们卧室里的灯泡都取下，制造困惑和沮丧感。

（4）不过你要小心"洗手间里的马桶圈上罩玻璃纸"这个诡计，这是孩子们采取的报复行动，针对之前提过的取下灯泡或放水桶等行径。

（5）如果你的一岁大的孩子坐在妈妈的腿上，突然伸出手，从年迈的有些糊涂的奶奶嘴里抢走了假牙，不要慌。掰开这个一岁娃娃的手指，把假牙夺回来，然后火速拿到厨房冲洗，再把它放回桌上。运气好的话，奶奶根本没有回过神来，她会疑惑地看看桌上的假牙，似乎想着"这不是我的吗"，然后拿过来装回自己的嘴里，什么事也没有。

（6）当往你孩子的书包里放在学校里吃的午餐时，除了放进三明治和巧克力，还要放些螺丝刀啊，砂纸啊，或者火车玩具之类，好让他们有的忙。

（7）披一条床单扮鬼，保证每一次都能把孩子吓到，特别是当你们住在英国乡间一个古老的大宅子里时。

（8）如果你的孩子觉得你买的浅蓝色兰博基尼过于迈阿密风格，

第 18 章 命中注定

加油，凯尔特人队！格拉斯哥的白绿条纹球衣。从左到右：利亚姆（18 岁）、我、阿拉斯泰尔（7 岁）、艾登（20 个月大）、肖恩（32 岁）。

仔细看。我在树上刻了"RS 爱 PL"，这是在非洲旅行的时候。我已经陷入爱河。

日常装扮的美丽的彭妮·兰开斯特，第一次跟我一起巡演。我们共同的生活刚刚开始。

穿着苏格兰短裙的罗德和亲爱的彭妮一起在摩纳哥。

在巴黎极为浪漫的那一天，彭妮接受了我的求婚。我们两个都眼睛湿润。她是最好的女人。2005年3月。

一起重访巴黎，彭妮怀着阿拉斯泰尔。她让我如此幸福。

跟我的孩子们一起在棕榈滩看日出。我觉得无比幸运。

并且清楚地表示他们被人看见坐在里面时感到很尴尬,你要很乐意地答应他们的要求,在离学校不远的拐角处把他们放下来,不要直接开到门口。然后,稍稍等一会儿,悄悄跟在他们后面把车开到学校门口,在他们正要进去的时候,按喇叭,挥手,大声地跟他们说"再见"。

(9) 记住,没有什么比在泳池,看到他们的父亲穿着一条范思哲泳裤更让孩子们感到尴尬的了。

(10) 所有年龄的孩子都喜欢"沙发游戏",大家在沙发边缘坐成一排,然后数到三,用力向后仰,把沙发翻过来。这游戏能玩上几个小时。就算心情再坏,玩上两三轮沙发游戏,也会转怒为喜。

(11) 同样棒的游戏:搬桌子游戏。这个游戏的玩法是在吃饭的过程中,悄悄地一寸一寸地移动桌子,直到桌子被移到餐厅中央或者别的地方,让服务生大为困惑。在露天的餐厅里就更好玩,桌子可以一半在人行道,最终全部挪到马路上。在圣特罗佩松的时候,桌子甚至可以直接挪到海里。关键是,全过程你都要面无表情,不要露出破绽。

(12) 可以将书堆满孩子们的床,给他们制造点障碍,要非常整齐地铺满整张床,三本或者四本的厚度。

(13) 再懒惰的孩子早上也能被叫起来去上学,只要你在房间里他们够不着的地方放足够多的闹钟。

(14) 同样有效的方法:在他们的房门外大声地放风笛音乐。

(15) 如果你十几岁的孩子坚持要把车停在房子周围你不希望他们停的地方,把他的车钥匙裹上30层玻璃纸,让他明白你的意思。

(16) 如果你受够了孩子们养的吉娃娃在花园里拉便便,而且留在那里无人清理,你就用纸巾捡起便便放在你孩子的车的驾驶座下,让车里的温度和湿气跟它调和在一起,产生令人终生难忘的效果,给他们上关于照看宠物的生动一课。

(17) 把宠物便便放在孩子房间的地板上，也可以产生相似的效果。

(18) 如果你就是受够了孩子养的吉娃娃，就用记号笔在它的额头上写下那个怪物的数字"666"。

(19) 你的管家一天清晨在厨房旁边的起居室的沙发上发现的那个熟睡的陌生人，可能并不是一个无家可归的流浪汉。他可能是蒙克·科恩乐队的吉他手，是你的孩子深夜邀请来的客人，在这儿住上一晚。所以，你的管家最好不要马上打电话报警，说有入侵者。（我很高兴，这件事发生的时候我不在家。）

(20) 说到不在场，还有一件事：当汤米·李，金属乐队"克鲁小丑"的创始成员，和他的驾驶员飞来看你的孩子们，并异想天开地把他们的直升机停在你的后花园里时，你会希望跟我一样刚好在巡演，不在家，这样你就不用面对接下来的一系列混乱场面，让别人去跟物业管理和消防部门去解释究竟发生了什么吧。

我为人之父30多年，不仅积累了以上的宝贵经验，还有一点关于父亲节的感想想要谈谈。对我来说，父亲节比圣诞节或者我的生日要重要得多。父亲节这一天比较容易被忽视。所以我提前就会感到紧张，担心今年会不会有哪个孩子忘了这一天。如果他们没忘，他们联系我，送来问候，我就会感觉心被融化了，因为这就是我想要的。

我特别需要这种安慰，可能是因为我容易感到自责。我经常自责的一件事是：作为父亲，我没有尽力做到最好。我从来不是一个坏爸爸，相反，考虑到我对孩子们的爱毫不动摇这一点，我是个好父亲。但是，对于我的几个大点的孩子来说，很长一段时间我都是一个缺席的父亲。歌手这个工作本身就意味着我会在家待一个月，然后出去三个月。这对我的孩子们来说很不好，如果他们觉得生活中有我没我没什么差别，我当然也不会好受。而且，又因为重组家庭，使这件事更加复杂。我的每个孩子都知道我爱他们，但是我的关爱大多数时候都是从遥远的地方送来。我后来意识到，这些空白是我无法弥补的，这些时间我也无法追回。我能做的只有尽力弥补，就像我现在做的一样——试图让自己更多地出现在他们的生活里。

我是多么地以他们为荣：萨拉、金伯莉、肖恩、露比、蕾妮、利亚姆、阿拉斯泰尔和艾登——我的最后一个孩子（我可以肯定）。艾登迟迟才出现。我们尝试了两年，想给阿拉斯泰尔添一个弟弟或妹妹。后来，专家发现彭妮身体里汞含量偏高，建议我们体外受精。这并不容易。我们试了三轮试管受精（这对彭妮来说身体会受很多痛苦）都不起作用的时候，两个人都很伤心。不过我们依然不断努力，把它看成一种勇敢的冒险。我可以在诊所提供精子，但我更愿意在家里这么做。然后彭妮和我会跳进法拉利，直奔诊所而去，那个管子就放在彭妮的大腿间，保持温度。2010年夏天，我在莫斯科巡演的时候，彭妮打电话告诉我，她终于怀孕了，我俩都喜极而泣。2011年2月16日，我们可爱的男孩诞生了。半年之后，金伯莉也生了德利拉。我刚刚成为一个骄傲的父亲，又同时成了一个骄傲的祖父。

我很高兴我的孩子们相互视彼此为兄弟姐妹，而不是同父异母的兄弟姐妹。这里没什么同父异母的说法。有一种真正的家庭凝聚力把他们拉在一起——一种家族感，斯图尔特家族。

这些年还有一场斗争——跟他们的母亲，还有我的良心做的斗争，是关于身为父亲提供的物质方面，关于哪些是孩子们应该得到的，哪些是他们应该自己去挣得的。我是劳动阶层出身，我坚持我的理念——白手起家，自己挣钱。但是，我的孩子们当然出身比较好，跟我的起点完全不是一个层次。我需要在支持他们和宠坏他们之间找到平衡，我在这方面颇多挣扎，有时偏向这边，有时又偏向那边。

经历了这一切，我还是感到很幸运，依然和他们的母亲保持着良好的关系。你跟别人有了孩子，这种联系就是终身的，不管你们之间有多少差异。金伯莉住在我的比弗利庄园别墅的客房里，带着她的孩子。所以阿兰娜作为祖母，就会经常在那里帮她带孩子，把婴儿车推到草地上去。凯莉后来也结婚了，有了两个儿子，现在住在圣迭戈，成了室内设计师。我还请她来比弗利庄园为我的"凯尔特庄园"的几间屋子做设计。我们相处融洽。我和雷切尔从未真正闹翻过，相反我们的友情一直深厚。雷切尔和我离婚之后，恋爱不顺时甚至还会向我倾诉，由此可见我们的关系。

我们大家之间的关系如此稳固，2000年的时候，在我的提议下，我们甚至一起度过了一个很热闹的圣诞节。大家聚在凯尔特庄园里：所有的孩子都来了，还有他们的母亲，阿兰娜、凯莉、雷切尔，还有彭妮。当时我跟彭妮交往还没有几个月，她一定被这景象吓到了——跟她的新交往对象的孩子们的三个强大的母亲（她们几个也从来没有这样聚到一起过）在一个屋里待着。

厨房里展开了某种烹制火鸡的竞赛。总的来说，大家都觉得阿兰娜做的火鸡最好吃，雷切尔把她能找到的每一种香草都用了上去，结果味道煮坏了。凯莉做的是烤土豆和豆芽。彭妮很机灵地靠后站，让她们几个忙去。大家相处得很融洽，孩子们更是非常开心。在场的大人们会不会愿意每年圣诞都这么过呢？可能不会。我们后来还有这样聚过么？没有。不过那天下午，我环顾四周，一个一个望过去时，心里想着："这是你一开始想不到的，上帝也知道这一路有很多的悲伤和冲突。但是，这个家庭依然以一种深远和不可撼动的方式，成为一个整体。"12年过去了，我更加强烈地感觉到这一点。

我无法完整地描述出孩子们带给我的欢乐，他们给我的爱，还有我看着他们从蹒跚学步到长成强壮的成人时的心底的那种喜悦——现在又要看着阿拉斯泰尔和艾登长大，这是多么大的幸运！再多的唱片销量也无法与之相比，永远不能！

第 18 章 命中注定

彭妮带来的一个奇迹,她尽力把我的孩子们都叫到一起,还有我的外孙女德利拉,然后给我们拍了这张合影。纯粹的爱。2012 年 8 月摄于洛杉矶。

第 19 章

辉煌重现

主人公绝望于能否再有一首畅销歌曲，结果突然就有了一大堆。他思索了关于个人的创造才能，回顾了苏格兰的小屋，以及跟一位音乐界传奇人物面对面跳舞的事。

有一晚，我跟阿诺德在洛杉矶梅尔罗斯大道的莫顿牛排馆吃晚餐。点完菜后，我告诉他我对下一张专辑的构想。

我说："我想我应该做一张经典歌曲的专辑。"

话音未落，阿诺德不知道是不是因为突然被面包屑呛到了，他的脸涨得通红，然后止不住地一阵咳嗽。

我没有理会他，继续说："是的，一张经典歌曲专辑——收录一些美国的老歌，例如科尔·波特、欧文·伯林、罗杰斯与哈特，我从小听的那些歌曲，当我还坐在父亲的膝盖上时，就喜欢听的那些歌。"

我可以看到阿诺德试图保持镇定，仿佛我并没有说出这个类似求死的愿望。

过了一会儿，他说："我能跟你说实话吗？"

我说："当然可以。"

阿诺德说："我觉得你这个构想得再放上十年或者二十年。"

他的意见很正确。这段对话发生在 1983 年，那时阿诺德刚成为我的经纪人不久。我们当时的当务之急是消除《你觉得我性感吗?》

大获成功所带来的负面影响，采取各种必要的措施来改变人们把我看作"迪斯科先生"的错误印象。这个时候如果翻唱《这些傻事》（These Foolish Things）这样的经典歌曲，不管它有多么受欢迎，都于事无补。所以，我在阿诺德的建议下，回到自己的摇滚源头，制作了那张专辑《伪装》。

我现在重提这段对话，是为了说明翻唱这些美国老歌的想法是长久以来一直留在我脑海里的。当我还是个小孩子时，在阿奇维路的房子里，听到收音机里传来的埃拉·菲茨杰拉德的温暖的声音，这些歌就成了我生命的一部分。在那段对话过去 19 年之后，终于，时机到了。

即便在那时，那依然是在我的音乐生涯里我迈出的巨大的一步。一个喜欢踢足球、喜欢把他的麦克风杆抛到半空中的英国摇滚歌星要来演绎美国经典歌曲？且不说人们会觉得我狂妄自大，连我自己都清楚这么做等于要在观众眼中重新定位自己，能不能赢得他们的肯定还是个未知数。可是我就是想冒这个险。我上一张专辑——《人性》（Human）（2001 年）——卖得很糟，非常糟。销量跌得就像石膏落在游泳池里一样，沉得飞快。它是我所有专辑里首周销量最低的，也是我发行的所有专辑里，第一张没有包括我自己创作的任何歌曲的专辑。这两者之间有没有必然的联系，我都没有勇气去想。我觉得自己已经江郎才尽，创作不出歌曲了。

我怎么能不这样想呢？我上次写得很成功的歌曲是 1988 年的那首《青春永驻》——已经过去 14 年了。创作歌曲对我来说一直很难，而在 90 年代这几乎就成了不可能的事。而且我自己也找不到原因，所以更加沮丧。我记得自己跟制作人特雷弗·霍恩讨论过这个问题。特雷弗说："你为什么不在苏格兰租一个小屋子，然后一个人带把原声吉他去，看看有没有好的灵感？"他是出于好意，不过我觉得这真是个可怕的主意。一个人在苏格兰一个偏远的地方，孤零零地带着一把原声吉他，在我看来，地狱也不过如此了。

在那段时期，当我硬逼着自己写出几首歌时，我又受了点打击。我拿出几首给唱片公司看，结果都被否定了，说是感觉有些衍生，不够原创，不合格。我写的歌，连自己的专辑都上不了，真是够打击我的。我 1995 年的专辑《阻碍》(A Spanner in the Works) 里只有两首是我自己创作的，到了 1998 年的专辑《当我们还是新人的时候》(When We Were the New Boys)，就只有一首是我参与创作的：与专辑同名的主打歌。其余的都是公司尽力为我挑选的歌曲。自己没有做出什么贡献，我开始觉得自己就剩下个声音了：叫我唱什么，我就唱什么。这一点在《人性》这张专辑上体现得再明显不过了。所以，真的到了必须做些改变的时候了。

一天晚上，我跟制作人理查德·佩里一起吃晚餐，他是我的好朋友。理查德制作了一些极为成功的流行歌曲：卡莉·西蒙的《你真虚荣》、芭芭拉·史翠珊的《冰冷终点》(Stoney End)、哈利·尼尔森的专辑、诱惑乐队的、阿特·加芬克尔的、蒂娜·特纳的，还有许多其他人的。理查德的家在西好莱坞，日落大道上方，他家最著名的是一个他取名为"佩里酒吧"的活动室，里面有一个藏有许多好酒的吧台。70 年代那里有许多深夜好戏发生，你随便哪个晚上踱进去，都能在里面享受美酒、音乐和跳舞，度过兴致高昂的一夜。

吃晚饭的时候，我跟理查德提起了我长久以来的关于制作一张经典歌曲专辑的梦想。他跟我一样热爱比莉·哈乐黛和埃拉·菲茨杰拉德，他对这个构想很热心。我们提出许多好歌：《脸贴脸》(Cheek to Cheek)、《你是我的一部分》(I've Got You Under My Skin)、《雨中的九月》(September in the Rain)……多得我需要找服务生要纸笔把它们记下来。我们每提出一首歌，我就当场把它唱给理查德听，看看可不可行。餐厅里的其他顾客多半以为他们看到了一出过火的诱惑场景——我对着桌子对面的那个男人，深情地唱着《非你不可》(It

Had to Be You）。

我们决定录制些样带出来。理查德雇来几个流行爵士类的乐手，我们花了三四个小时录制了歌单里的五首歌。不过我觉得不是很满意，整体做法太过传统。我觉得大家都会那样诠释，而且也已经那样诠释过了，没有新意。我想要点不同的，多用一些现代的元素。于是理查德又找了另一批乐手，这一次是在瓦利的一个小工作室里完成的，伴奏声音更加丰富，用了一些电子合成音，整体感觉比较现代。

最后，我们手里就有了十首歌，可以拿给别人听，像《浮现脑海》(You Go to My Head)、《暴风雨天气》(Stormy Weather)，还有《我习惯了看到她的脸庞》 (I've Grown Accustomed to Her Face)——这是电影《窈窕淑女》里勒纳和洛伊创编的歌，我在1974年就录制过，把它收入我的《微笑者》专辑里了。我们觉得这一套歌曲真不错，自己听得都很兴奋。

现在的问题是，别人会不会喜欢呢？阿诺德马上把样带拿去给瓦尔·阿佐利听，想看看他有没有兴趣发行一张罗德·斯图尔特的经典歌曲专辑。他是华纳兄弟公司旗下的大西洋唱片公司的联合主席，我当时的专辑都是华纳兄弟公司发行的。阿佐利摇了摇头说："不好，我没这个打算。"

连我自己的团队都看不上，真是一个沉重的打击。

阿诺德接下来找了莫和迈克尔·奥斯廷，还有莱尼·瓦罗科，我曾跟他们几个在华纳兄弟公司合作了很长时间，也都很成功，不过他们现在都去了梦工厂电影公司。他们的反应也跟阿佐利一样，也许更糟。他们说："这个糟透了，这个可卖不出去。这个对罗德的事业没有帮助。"

第二次打击。

不管怎么样，阿诺德已经依照常理，先把样带给我们这一行里最亲密最坚定的合作伙伴们看过了，他们不欣赏，所以现在他可以扩大范围，把样带拿去给他认为最理想的接收者：克里夫·戴维斯，这位经典的艺术家和音乐界人士是这个行业的传奇人物，哥伦比亚唱片公司和爱丽斯塔唱片公司的前总裁，2000年他还创立了J唱片公司。阿诺德飞到纽约去见他，在他的办公室里把样带放给他听。

克里夫认真地听完，然后说："我觉得这个构思不错，里面选的几首歌也很好，不过听起来还是感觉不太对。"阿诺德以为自己又要被拒绝了。不过这个构思里显然有些东西打动了克里夫。过了一会儿，他说："如果罗德·斯图尔特愿意赌一把，我也愿意。好吧，我们就试一次吧。不过只限一张专辑。"经过几个小时的热烈交谈，阿诺德离开的时候，拿到了两张专辑的合约。

克里夫觉得样带的伴奏声音有些问题，所以理查德和我又录制了一些样带，把里面的电子合成音和打击乐器音去除了，加入了管弦乐。2002年的一个下午，我们把新版本拿到比弗利山庄酒店的8A小屋，克里夫当时住在那里。这次会面是我参加过的最奇异的商业会面。这些样带离克里夫的期望近了一些，不过他还是希望这些歌能做得更适合跳舞一些。他说："我不要这些适合电影的低沉的弦乐，我想要它高低起伏、旋律轻快——就像弗雷德和金吉[1]的双人舞一样，高低起伏，旋律轻快。"这位70岁的音乐界巨头一边说，一边站起来挥舞他的双手，仿佛他正在指挥一支管弦乐队一般，身体同时还左右摇摆。阿诺德和我也站起来，开始效仿——挥舞着双手，摇摆肩膀，最后理查德也站了起来，突然间，我们四个都在屋里翩翩起舞起来，嘴里还念叨着"高低起伏，旋律轻快……"我和阿诺德在离开的时候，依然停不下来，在过道上旋转着，叫喊着"高低起伏，旋律轻快……"

得到这个指点后，我们又回到录音室埋头苦干。理查德制作了其

---

[1] 弗雷德·阿斯泰尔和金吉·罗杰斯是好莱坞歌舞片时代的传奇舞蹈组合。

第 19 章　辉煌重现

中的几首，然后我们还请来了另一个制作人菲尔·拉蒙，这个性情可爱的人有堪称传奇的制作史，他几乎为每一个大牌歌星都制作过歌曲，从鲍勃·迪伦到法兰克·辛纳屈。我们请他来打造另外几首歌，给它们增加那种"弗雷德和金吉"的感觉。

在这个阶段，我开始感觉到这个项目跟我个人生活的关联——我把这些录制好的歌曲放给彭妮听。通常晚饭后，在"佩里酒吧"，我和理查德会把歌放给她听，然后从她的反应来判断这些歌是否有感染力。当时我和彭妮还处在交往初期，她还要往返于伦敦和洛杉矶之间来完成她在大学里的摄影课程，她的手提箱好像总是收拾好了，放在门口等待出发。而我当时选的这些歌仿佛都在诉说我俩的困境：分离，重聚，遥远的思念等等这些爱情初期的痛苦。《每次我们说再见》、《一想到你》、《我们会再次相聚》、《靠近你》，这些歌曲就像是我们恋爱初期那些日子的配乐一般，仿佛是为我们的恋情量身订做的，因此它们对我来说更有特别的意义，我更想把它们以最好的方式呈现出来。

最终，我们推出了一张专辑：《非你不可：美国流行金曲簿》。现在我要做的就是让公众接受，迄今为止在公众眼中一直都是一个摇滚歌星的罗德·斯图尔特，有能力唱好经典情歌。我爱这些歌曲，歌曲内在的韵律，歌词驾驭曲调的那种自然和娓娓道来，结构的精巧完美——对一个歌手来说，这类歌曲是一种难得的礼物。

不过在录音室里闭起眼睛唱这些已经被比莉·哈乐黛和埃拉·菲茨杰拉德唱红的歌曲是一回事，在公众面前唱又是另一回事。我人生中最紧张不安的时刻之一就是在洛杉矶瑞吉酒店举行专辑发布会的前夕。这次发布会设在一个巨大豪华的宴会厅里，里面摆着许多点着蜡烛的小圆桌，圆桌旁坐着五百个音乐界和娱乐圈里的大人物，大家喝着鸡尾酒，吃着小点心。克莱夫孜孜不倦地宣传着这张专辑——做了不计其数的访谈，还跟我一起上电视节目（幸亏有他，因为我很怕做这些事），他极其重视这张专辑，仿佛它是甲壳虫乐队的重生。

那晚，他走上舞台，带着满满的感情和信心向大家介绍了这张专辑，然后播放了几首专辑歌曲。接下来我出其不意地出现在舞台上，给大家现场演唱了其中的四首。之前在后台的时候，我又一次感受到了许多年前，我跟杰夫·贝克乐队一起在纽约的菲尔莫尔之东剧场，第一次对着美国观众演唱蓝调时的那种恐惧，我感觉自己就要暴露在观众面前。我跟阿诺德说了一句那段时期我反复说的话："经纪人，如果这一切搞砸了，你来承担后果。"然后我深吸了一口气，喝光了一杯鸡尾酒，走了出去，演唱了《他们不能把它夺走》、《你今晚的容颜》、《这些傻事》和《浮现脑海》。我想要证明的是，我并不是一个拙劣的模仿者，我会认真地对待这些好歌，用我的声音演绎它们，并把它们的内涵展现出来。

反响不错。不久之后，一个周六的晚上，我在纽约的索尼工作室里为一个电视节目录制了这些歌曲的现场版本，这件事增强了我的信心。这场演出中有一个完整的管弦乐队，舞台灯光打得极美，现场有几百名观众，乐谱架上都刻着"RS"的标识。我穿着燕尾服，打着白色的领结。当我在试衣间里穿上它们的时候，那种恐惧感又出现了。不过当我一走上舞台，就立刻进入角色，仔细倾听乐队的伴奏，沉浸在音乐中，逐渐地，我的肩膀放松下来，歌声开始流淌。

这张专辑在英国达到白金销量，在美国卖到双白金销量，共卖出500万张，还出了后续系列。意想不到的是，2003年推出的第二张系列专辑《时光流逝：美国流行金曲簿2》，跟第一张一样大受欢迎。当这个系列出完的时候，我们总共已经卖出了2 200万张。

对我来说，最有说服力的事情是在金曲簿系列第四张出来后，有一天，我在洛杉矶的咖啡馆里跟一个美国大兵聊天，他参加了二战时期盟军在诺曼底的奥马哈海滩的第二次登陆。我们聊了一会儿二战，然后他说："顺便提一下，这些老歌你唱起来有种全新的感觉。"这是

第 19 章 辉煌重现

我的大胆又让人愉快的经纪人阿诺德·施蒂费尔。要是没有他,我怎么可能做得这么好!

不可抗拒的克里夫·戴维斯,一个非常聪明的家伙。

我的好友兼制作人理查德·佩里,慈爱地抱着我。

我从最想听到的，能够从听众那里得到的最好的支持。

我甚至因此还拿了格莱美奖——最佳传统流行演唱专辑，就是我2004年的那张《星尘：美国流行金曲簿3》。当我得知这一消息（奖项宣布的时候，我正在澳洲巡演），我确定世界是疯了。我之前曾经被这个美国音乐界的著名大奖提名过至少12次，不过一次也没能获奖，我很久之前就已经认定这个奖与我终身无缘。

金曲簿系列的惊人的出乎意料的成功无比地令人振奋、欣喜，同时也为我带来信心，我永远都会为此感激。2001年，这一切还没有发生的时候，我还在想着："你这么多年做得很不错了，伙计，可能现在是退出的时候了，承认吧，派对已经结束，拿起你的外套准备离开。"

然后，一晃十年过去了，2010年，我65岁的时候，回首过去，这十年是我一生中商业方面最成功的十年。

结语

幸运人生

我们的主人公思考了退休事宜的方方面面，描述了他戴着不同寻常的领饰去白金汉宫的一次经历，排除了在那里打高尔夫球的可能。

我不抱幻想。我知道有一天，一切都会结束。我知道最终——可能很快——我会到这样一个阶段，到那时走出去表现基本是不可能的事。我不知道自己到时候会有什么感觉。它一直是我生活的一部分。我为它付出了这么多，它也给了我这么多回报。我担心在它结束后，生活里会留下空洞。

我说的是足球，你没想到别的地方去吧。

目前，我还在坚持。我参加 50 岁以上的足球联赛，在富兰姆队效力，这支球队原先是洛杉矶的挪威移民创立的，不过现在主要队员都是英国移民。我每个星期天早晨都会一早起来，开车去我们的练习场地——富兰姆森草地。这是联赛里最好的一块场地了，因为它有平整的草皮，没有凹坑、沙坑或者突出的洒水装置，跟我们踢过的其他坑坑洼洼的场地不同。我们都有些年老体弱了，不过我们并不在意，因为我们还穿着球服在比赛。我依然紧紧把袖口攥在手心里，像丹尼斯·劳一样。虽然已经 67 岁了，但我还可以在场上跑足 45 分钟，有时候甚至 70 分钟，必要时，还可以慢跑过去从左侧射出一个致命的角球。

等到比赛结束后，我们会艰难地——经常是蹒跚地——回到用护墙板做成的更衣室里，里面装饰着各式各样的英国足球纪念品、苏格兰和英格兰的围巾、查利·库克和乔治·贝斯特在加利福尼亚比赛的照片，还有一张我的照片，从《花花公子》上剪下来的。我们会在长凳上坐一会儿——肯和特雷弗，他们是球队的管理者，还有弗雷迪、凯尔特·约翰。有人会打开一箱啤酒，苏格兰人汤米会站起来讲一些重口味的笑话，然后大家会相互打趣，开开玩笑，有时候他们会嘲笑我用的那个很可爱的、棕色的软软的普拉达旅行包。在那半个小时里，我过得无比惬意和满足。

如果有一天我再也不能踢球了，怎么办？我真是不愿去想这事儿。打高尔夫球？我父亲会玩，不过我觉得它不适合我，虽然我也许会喜欢高尔夫球衫。各式各样的高尔夫球衫，我倒是很愿意穿穿看。灯笼裤也有一定的复古魅力。至于高尔夫球本身嘛，我不确定。我觉得我可能没有这份耐心。

我真的尝试过一次。电影演员肖恩·康纳里劝说我跟他一起去尝试一下。那还是20世纪80年代的事了，在西班牙的一个高尔夫球场上。他教我基本的握杆法和站位："两脚分开，罗德。肩膀放松……"。

我挥了一杆，打到了球的上方，看着它飞了出去，只有兔子那么高，落到了25英尺外右边的草丛里。

肖恩很耐心。他说："你的手要适当放松一点，你刚才把杆握得太紧了。"

于是我又试了一次，这次手放松了些。但这次根本没打到球，它还在球座上，倒是球杆飞了出去，在空中划了一圈，落到很远的地方去了。我打高尔夫球也就这水平了。课程结束，我回到了会所的更衣室。

如果不是因为足球，我倒不是很担心老去。我环顾四周，看看跟我一起工作了这么多年的伙伴们，我觉得，相对来说，我保养得还算不错。保湿很重要，女士们、先生们：多抹些玉兰油。不过主要还是靠运气——还有基因。我哥哥唐现在还在给足球比赛当裁判，他已经八十多岁了。我也常锻炼身体——在健身房里或是每天早晨到球场上，在我的经验丰富的私人教练加里·奥康纳的陪同下，他的职责就是帮助我成为世界上最老的右后卫。我的饮食习惯也很明智：适当的食物，吃饭时喝一两杯葡萄酒，仅此而已。

当然，还有一点：不沾毒品。十年前，我就基本不用可卡因了——最多偶尔在埃平的时候，用一点点，给夜晚增加一点色彩。但是即便只用一点点，我还是注意到它影响了我的嗓子——使喉咙的黏膜变干。彭妮也会说："你不再年轻了，应该照顾好自己的身体。况且，你用了那东西，又没有变得更有趣：你只会大谈特谈足球，我又不爱听。"这些理由对我来说，足够了。

那我后不后悔当年吸食了那些可卡因呢？我不否认当时过得蛮开心的。不过，我并不以此为荣。我是少数比较幸运的人，我吸食可卡因的时候，它刚新兴起来，很好玩，也很令人兴奋。我吸食的都是一些质量很好的东西，所以在我尝试了一番之后，又能全身而退。我从未沉溺到离不开可卡因或其他毒品的程度。其他人就没有这么好运，他们深受其害，吃了不少苦。

这里还要澄清一件事：我一生从未买过任何毒品。我用的可卡因都不是买的，实际上我都不知道去哪里买，就是周围有。乐队里总有人有一些，我就会跟舞台经理洛格说："去看看谁有一点提神的东西"或者"你能给我弄一点粉吗？"

除了不用买可卡因，我也不用在埃塞克斯当地的酒吧"塞东橡树"里买饮料，就算我想买也不能……生活对我真的很好。（约翰和希拉，橡树酒吧的老板和老板娘，一直这么照顾我。）

331

比起年老，我更担心我的事业。作为一个摇滚明星，老了之后该怎么办，没有模板可参照。我们是第一拨走这条路的，当年肆意炫耀着自己的年轻，现在别无选择，只有继续走下去，即使青春不再。我们只能自己摸索，做些适合自己的事。我希望自己能有足够的判断力和先见之明在适当的时机就此打住，而不是一直不肯放手，然后只能在越来越小的地方演出。我太骄傲，不愿意那样做。但是与此同时，我又多么渴望能够一直表演下去，以这样或那样的形式。毕竟，只有在演出的时候，我才是我。我好像是为演出而生的，如果一个月没有一场演唱会，我就会浑身不自在，无比想念舞台。如果这一切结束了，我的人生就像缺了极大的一块。

令人庆幸的是，它目前并没有结束的迹象。事业并没有进入瓶颈期——不像 90 年代初期，那时候我真觉得自己就要进废纸篓了。金曲簿系列的成功，意味着人们又开始来看我的演唱会了。第一张金曲簿推出之后，我在 2004 年的那段巡演，是我这么多年里最喜欢的巡演之一。它的标题是"从《麦琪·梅》到《美国流行金曲簿》"，我们演出时会先唱一套摇滚歌曲，再唱一套金曲簿，然后以《你觉得我性感吗？》和《麦琪·梅》结束。虽然标题里面说得很清楚明白了，不过还是有不少只想听金曲簿系列的老一辈的听众过来看演出。我也希望将来有机会能做这样一个只有怀旧金曲的巡演。不过这一次，当我们开始演奏《可爱的小摇滚歌手》时，台下有一些观众露出受惊吓的神情，好在他们很快就适应了。乐队成员都穿着半正式的晚礼服，女孩子们穿着长裙，我穿着燕尾服，我们的舞台背景帘幔低垂，美丽而古典。舞台是伊恩·奈特设计的，他在这方面是个天才。从 80 年代中期开始，我就一直跟他合作，请他帮我设计巡演舞台。伊恩会把他的构想做成一个舞台模型，里面放着小小的乐队成员——在我看来，这就好像我的铁路模型里的铁路员工一样。他经常有一些很棒的构思，像 2007 年巡演的时候，他设计了一个中心舞台，用 1 500 码长的格子布把它围绕起来。伊恩在2010年去世了，我们都很怀念他。

在2011年8月，我很荣幸地得到在拉斯维加斯凯撒宫的圆形大剧场驻唱两年的机会。我哥哥唐说："你不会喜欢那里的，罗德。人们在那里吃饭聊天，你在一旁唱歌。"这是过去的理解了。实际上，做这里的驻唱意思是，一年里能有26个夜晚在这个拥有4 100个座位的剧场演出。这个剧场可能是我所有演出场所里装备最好的一个：一流的音响，还有一个可爱的低低的舞台，这样你会觉得离观众很近。我和我的配合最默契的乐队一起在这里以喝酒喧闹的狂欢形式演绎了我们的歌曲，我甚至还向观众席里踢了几个足球，兴致来时，还走到前排的观众席中去。就像派对一样。

日子就这样继续下去。过了一阵子，我和阿诺德坐下来商量2013年的巡演安排，我们把重要的日期先用笔圈出来（苏格兰杯决赛——8月在温布利举行的英格兰队与苏格兰队之间的友谊赛），然后开始设计巡演的路线——我们选择了伦敦的氧气体育馆、苏格兰的汉普登公园球场、纽约的麦迪逊广场花园。经过了这么多年，感觉这一切真的不可思议。我对命运无比感激。

* * *

如果说，我在2005年拿到格莱美奖时，感觉极为震惊的话，那么我在2006年得到CBE的时候几乎当场就晕倒了。CBE是大英帝国最优秀勋章，授予那些为国家做出杰出贡献的英国人。这个消息传来时，我和彭妮当时正在棕榈滩跟阿拉斯泰尔一起。阿诺德飞过来，专门给我办了一个庆祝派对，用三个蛋糕拼出CBE这几个字母。然后，2007年7月，在我们办完婚礼两个星期之后，我和彭妮去白金汉宫参加了授勋仪式。如果你是一个来自伦敦北部的劳动阶层的家伙，能收到皇室授勋的邀请，这真的像童话一般。彭妮和我小的时候都曾坐车经过皇宫，只能站在栏杆外面，或者坐在维多利亚纪念碑前的石狮子上面。白金汉宫，对于我们英国孩子来说，是传统的一部分。现在我们到了这里，进入大门，开车经过拱门，进入里面的庭院，走上铺着红地毯的台阶，进入皇宫，就好像以前看电视里的人们做的那样。我穿着一件轻便上衣和白色宽松的裤子，里面还穿了一件带黑色条纹的白衬衫，打着一条骷髅图案的领带。我本来想穿常礼服的，不过不要紧，我看起来时髦极了。我们被带到前厅，在那里喝了一杯葡萄酒，然后列队进入了正厅，那里已经有一支小型管弦乐队在演奏，氛围正式又轻松喜气。在队伍的最前端，查尔斯王子向我表示祝贺，把装在天鹅绒盒子里的系着银色丝带的勋章递给我。

我对自己的 CBE 勋章感到非常自豪。一有机会，就把这几个字母写在我名字的后面。有些人会把勋章放在盒子里收起来，我不是。我在拿到它不久之后，就戴着它，跟我的四个孩子一起去了一家小餐馆，当时还被一些小报拍了下来。我正靠在桌子上，勋章贴着一瓶棕酱——这一定是一枚 CBE 勋章离这种传奇的棕色调味品最近的一次了。我喜欢把勋章挂在我能经常看到的地方。现在，它就挂在我浴室里那尊拿破仑雕像的脖子上。

现在我有了金曲簿，有了格莱美奖，有了 CBE，甚至还有了用我的歌曲编的音乐剧：本·埃尔顿的《就在今夜》，它从 2003 年 10 月起在伦敦的维多利亚宫剧场上演了一年。彭妮在这部剧演出的最后三星期还担任剧中"美腿舞蹈团"的领舞角色，参加了表演。这个角色，她之前在这部剧早期的一次慈善演出时就扮演过。

还有一件事是，我收到邀请，在女王陛下面前唱歌。是真的就站在她的面前，她坐在宝座上，离我只有十英尺的距离。这对一个来自阿奇维路的家伙来说是多么大的殊荣，同时也是多么大的一个挑战！当年那个蛮横的拿着一份《工人日报》的伪马克思主义者，现在好像成了一个保皇党人了。那是 2007 年夏天的一个晚上，在圣詹姆斯宫，为英国皇家盲人协会举行的活动中，我唱了那首《你今晚的容颜》，并把它献给彭妮，那时离我们的婚礼还有两星期。

虽然这些美妙的经历和好事在 2000 年以后不断地到来，但是我心头依然有一个阴影，因为我知道我的歌曲创作才能已经一去不复返。创作歌曲对我来说一直都很困难，现在不用去想也好。我告诉自己，我已经把那点创作才能用得淋漓尽致了。我告诉自己，我可能根本就没有什么创作才能。不要误解我的意思，我对自己写的那几首歌很满意——《麦琪·梅》、《你穿那个好极了》、《曼陀林风》和《青春永驻》，但是感觉好像是一个我不认识的人创作了这些歌曲。

正当我完全放弃希望的时候，我突然又成为了那个人。

2011 年底的一个星期天，吉姆·克雷根来埃平的伍德庄园吃午饭，饭后我们去了最干净的一个屋子。吉姆拿出吉他，开始扫弦。他想让我听听他创作的一些旋律，然后他说："我们为什么不试着写一些东西出来呢？"老实说，我正想着周日下午美美打个盹。吉姆只要拿起吉他就很认真，神情好像在说"这是我生命中很重要的一部分"。我当时对即兴创作的热情并不高。吉姆弹奏着，我就着他的旋律即兴哼了一小段，吉姆用他的苹果手机把我们的合作录了下来。很快，我就说："先这样吧，吉姆。"因为我暗自觉得"这出不来什么东西"。

然后他带着我们录的东西回家了，在他的工作室里倒腾了一下，重新弹奏了吉他的部分，润色了一下，再发给我听。我听了一遍，暗想："等等，这曲子真的挺不错的。"《布莱顿海滩》（*Brighton Beach*）这个名字就突然冒出来——我也说不出它是怎么想出来的，歌名都是这样突如其来。就在那时，我开始写歌词，写自己少年时在英国南部的海岸嬉闹，做披头族的那些事。很快——比平常快得多，我就写了一首歌。不仅如此，这还是一首好歌，我能够引以为傲的歌。

突然间，各种歌词的灵感都冒了出来。我很快写了第二首《结束》（*It's Over*），是关于离婚和分离——大家从我之前的章节里，可以看出我对这些事还是略有体会的。我甚至半夜爬起来把歌词写下来，这可是从未有过的事：一首是写给孩子们的建议，一首是对父亲的感激。我很快完成了七八首歌，还意犹未尽，看来这次我可以录十首原创歌曲了——一张完全原创的专辑，我还从未做过。以前的专辑，都只有五六首原创，其他都是翻唱。

我不知道这一切是怎么发生的。没有人逼我，它就突如其来地发生了，感觉就像又一波好运降临。（说真的，这些年我每天醒来，都会庆幸自己是多么幸运。）灵光一闪，我意识到自己有那么多东西可写——整个人生的话题，你读到的整本书里的内容。

2012年我把这些新歌拿到工作室录制，准备2013年发行，我又一次爱上了这整个过程。我又在全心全意地经历这一切，感觉像重生，回到了最初的状态。而且，说实话，在70年代初期，在伦敦录制最早的几张专辑的时候，我恐怕都没有这么满满的热情。那时我还是一个顶着鸡冠头的青年，凭着直觉和勇气摸索前行。而且，有一点可以肯定，自从《汽油巷》之后，作为一个创作者和制作人，我还从没有感到这么信心十足过。

当然，等专辑发行之后，我们再来看结果。不过，无论这张专辑是成是败，都不那么重要了。重要的是我从这件事中领悟到的真谛，有时候你以为自己完结了，结果事实证明并非如此。

注意，如果这张专辑没有在全世界大卖的话，我会很伤心的哦！

结语 幸运人生

充满欢笑和泪水的拥抱。爱和幸福的化身。摄于 2007 年 6 月 16 日。

致　谢

　　感谢一路走来我身边的每一个人。这本书没有足够的空间记录你们每个人，不过你们肯定都知道你们对我的重要性，以及我们在彼此生命中所占的位置。发自内心地想对你们说：谢谢！

　　尤其要感谢贾尔斯·史密斯，我的编辑和密友。我不可能找到比你更可爱、更有才华、更孜孜不倦的合作者了。你使得完成这本书成了一种乐趣。

　　就说这些吧。我要去烧壶水，给自己泡杯好茶了。再见。

译后记

得知自己要翻译的是罗德·斯图尔特的自传时，有一种意想不到的缘分之感，因为他的那首《航行》是我一直很喜欢的一首歌。苍茫悠扬的旋律，在他的略带沙哑的嗓音演绎下，有一种理解人生各种苦痛的沉郁气质。译完全书后，上网搜了一下作者的新闻，发现他书中提及的正在酝酿的最新专辑，取名"时光"（Time），已经发行，世界巡演也在火热进行中，不由感慨良多。与他同时代出道的众多摇滚歌手里，许多因吸毒、酗酒、混乱的生活而葬送了自己的事业，仅在歌坛中昙花一现，甚至英年早逝。而他自20世纪60年代出道至今，依然活跃在舞台上，力求变革，推陈出新，不断挑战自我的创造力。他的人生仿佛就像他唱的两首歌那样：《有些人拥有所有的运气》、《青春永驻》。

罗德是一个很有童心的人，人生过得很有趣味。你看他住酒店，就把里面弄得天翻地覆（当然不值得提倡）；在饭店里吃饭，还要趁服务员不注意，偷偷挪桌子；在自己家里，也要捉弄自己的孩子，把他们房间里的灯泡悄悄取下来，等着看他们懊恼的样子。他的演唱会也犹如派对，他会把麦克风杆抛向空中，有一次抛得如此之高，以至于再也没掉下来；他会在舞台上弄个吧台并喝上一杯，会把上好的足球往观众席里踢几个。这样好玩的演唱会，就算不是摇滚乐迷，也会想去感受那种快活的氛围吧。

罗德也是个害怕孤单的人。他不是那种享受孤独的歌手。他喜欢热闹的大家庭，喜欢嘻哈的乐队，喜欢一群人踢足球。当别人建议他去苏格兰一个安静的地方，一个人带把吉他，静静地找找写歌的灵感，他会觉得那跟地狱没两样。

罗德可能不算是一个以创作为主的歌手（他还在继续努力），他自己也常为此苦恼。他不像鲍勃·迪伦那样酷爱读书，如果他多爱读书一点，也许会发觉创作没有那么难。罗德也很爱物质。他喜欢一辆接一辆地买最炫的跑车，一幢又一幢地买大房子，又买好多幅名画把房子装饰起来。

音乐方面，鲍勃·迪伦曾带给罗德最大的震撼。不过他俩显然是截然不同的人。鲍勃·迪伦几乎已被架上圣坛，不管他自己愿不愿意。而罗德并不是让人肃然起敬、敬而远之的人，他的发型、他的装扮、他的顽童气质，不会让人害怕，只会令人莞尔。他还很爱卖弄自己的唱片销量、自己的各种荣誉，不掩饰自己的小虚荣。

罗德的父亲留给他的一句话很有智慧，一个人要快乐，必须要有三样东西：一个职业、一项体育运动和一个爱好。罗德始终遵循着这条教诲，做他的摇滚歌手，踢着他的足球，忙着他的铁路模型，执著、乐观、踏实地筑造他的精彩人生。

最后交代一下翻译方面的一些考虑。为了适应各个年龄层的读者，本书没有使用过于新潮的词语。全书的翻译里，最反复斟酌的是一些名字的译法。一般的人名，大都按照商务印书馆出的《英语姓名译名手册》对照翻译。一些成名已久的人，则采用约定俗称的译名。而有些在国内没有较一致的中文译名，如 the Faces 乐队，最后选择了"脸孔乐队"这一译名。又如罗德早期所在的另一个乐队 the Hoochie Coochie Men，几乎没有现成的中文译名，而且这几个词在字典中都很难查到。这个名字是出自马蒂·沃特斯的同名歌曲，在参考了这首歌的歌词和维基百科的相关解释后，采用了"浪子"这个译名。罗德的一张专辑《A Night on the Town》，这标题是个短语，意为吃喝玩乐。国内有些人译为"乡村的夜晚"，其实并不确切。最后我决定还是采用另一个现成的译名"城里的一夜"，比较接近灯红酒绿、吃喝玩乐的生活。另外，一些极有影响力的专有名词在国内有既鼓相当的两种译法，我这里就凭个人喜好选择其一了。例如 Beatles，有人译为"甲壳虫乐队"，也有人译为"披头士乐队"，本书选择了前者；blues，有人译作"蓝调"，也有人译作"布鲁斯"，本书选择"蓝调"。有不同喜好的读者请见谅。至于其他乐队名称、专业术语，我参考了《欧美流行音乐指南》、《韦氏新世界音乐词典》、《新格罗夫爵士乐词典》等，在此一并致谢。

在此还要特别感谢我的导师中国人民大学刁克利教授的引荐，中国人民大学出版社费小琳女士耐心细致的专业指点，还有父母双亲的仔细审阅和建议。在他们无私的帮助下，这本书的翻译才能如期顺利地完成。

由于书中乐队、歌曲等细节众多，疏漏之处恐在所难免。望读者不吝指正。

吴振寅
2013 年 8 月于杭州

Rod: The Autobiography by Rod Stewart

Copyright © Rod Stewart 2012, published by century 2012.

The book was first published by Century.

Rod Stewart has asserted his right under the copy right, Designs and Patents Act 1988 to be identified as the author of this work.

Simplified Chinese version © 2014 by China Renmin University Press.

All Rights Reserved.

图书在版编目（CIP）数据

浪人情歌：罗德·斯图尔特自传/（英）斯图尔特著；吴振寅译.—北京：中国人民大学出版社，2015.1
ISBN 978-7-300-19944-3

Ⅰ.①浪… Ⅱ.①斯… ②吴… Ⅲ.①斯图尔特，R.D.-自传 Ⅳ.①K835.615.76

中国版本图书馆CIP数据核字（2014）第204302号

歌者传记
浪人情歌：罗德·斯图尔特自传
[英] 罗德·斯图尔特 著
吴振寅 译
Langren Qingge

出版发行	中国人民大学出版社		
社　址	北京中关村大街31号	邮政编码	100080
电　话	010-62511242（总编室）		010-62511770（质管部）
	010-82501766（邮购部）		010-62514148（门市部）
	010-62515195（发行公司）		010-62515275（盗版举报）
网　址	http://www.crup.com.cn		
	http://www.ttrnet.com（人大教研网）		
经　销	新华书店		
印　刷	北京联兴盛业印刷股份有限公司		
规　格	160 mm×235 mm　16开本	版　次	2015年1月第1版
印　张	22 插页2	印　次	2015年1月第1次印刷
字　数	279 000	定　价	59.00元

版权所有　侵权必究　印装差错　负责调换

Blind Prayer ∾ An Old Raincoat Won't Ever Let You
Lament ∾ Gasoline Alley ∾ Lady Day ∾ Jo's La
Mandolin Wind ∾ True Blue ∾ Lost Paraguayos ∾
∾ Dixie Toot ∾ Three Time Loser ∾ Alright for an
Sober ∾ Still Love You ∾ Tonight's the Night (Gon
(Part I and II) ∾ The Balltrap ∾ Hot Legs ∾ You'
Born Loose ∾ You Got a Nerve ∾ I Was Only Jokin
Love a Bitch ∾ The Best Days of My Life ∾ Is Th
Blondes (Have More Fun) ∾ Last Summer ∾ Scarre
Behaviour ∾ So Soon We Change ∾ Oh God, I Wis
She Won't Dance with Me ∾ Somebody Special ∾
∾ Tora, Tora, Tora (Out with the Boys) ∾ Only a B
Up on a Dream ∾ Dancin' Alone ∾ Baby Jane ∾
Am I Gonna Do (I'm So in Love with You) ∾ Ghetto
∾ Infatuation ∾ Bad for You ∾ Heart Is on the L
Another Heartache ∾ A Night Like This ∾ Who's G
Crazy Way ∾ Every Beat of My Heart ∾ Ten Days
Dose of Love ∾ Forever Young ∾ Dynamite ∾ C
Illegal ∾ Rebel Heart ∾ When a Man's in Love ∾
Glory ∾ If Only ∾ Lady Luck ∾ Muddy, Sam an
∾ Too Bad ∾ Stay with Me ∾ Borstal Boys ∾ T
Love You ∾ Around the Plynth ∾ Flying ∾ Three
Mary ∾ Had Me a Real Good Time ∾ Miss Judy's
Silicone Grown ∾ Cindy Incidentally ∾ Flags and
Me Love You ∾ Blues de Luxe ∾ Spanish Boots ∾